Future School Education: what and how to prepare

미래 학교교육:

무엇을 어떻게 준비할 것인가

송진웅 · 박휴용 · 정용재 · 마틴산야 · 임효진
나지연 · 장진아 · 조형미 · 강다연 공 저

북스힐

본 저서는 2016년 정부(교육부)의 재원으로 한국연구재단의 지원을 받아 수행된 연구임(NRF2016S1A3A2925401).

서 문 PREFACE

> 과거의 교실 모형은 급격히 변화하는 우리의 필요에 더 이상 어울리지 않는다. 기본적으로 과거의 교실은 소극적인 학습방식에 적합하지만, 오늘날의 세계는 점점 더 적극적인 정보처리를 요구하고 있기 때문이다. 과거의 교실은 학생들에게 연령별 단일 교육과정을 적용할 때 학습의 결과를 얻을 수 있게 될 것이라는 희망적 가정에 기초하고 있었다. 이러한 교실 모형은 적어도 100년 전에는 최선이었을지 모르나, 이제는 절대 그렇지 않다. 또한, 최근에 등장한 새로운 기술들은 효과적인 교수학습의 미래를 가능케 할 수도 있지만, 동시에 혼란을 야기하고 두려움을 발생시킬 가능성도 있다. (Salman Khan, 2012: 1)

2018년 봄, 특강을 위해 들렀던 스탠포드 대학의 구내 서점에서 작은 포켓용 책자를 한 권 샀다. *The One World Schoolhouse: Education Reimagined* 라는 제목을 가진 이 책의 저자는 세계인을 대상으로 무료 온라인 강의를 제공하는 칸 아카데미(Khan Academy)의 설립자인 살만 칸(Salman Khan)이다. “Whoever you are, wherever you are, you only need to know one thing: You can learn anything.”이라는 슬로건에서 알 수 있듯이, 칸 아카데미는 인터넷을 통해 전 세계의 모든 학습자에게 무상으로 교육 콘텐츠를 제공하겠다는 원대한 포부에 기초하여 설립되었다. 책의 서문은 다음과 같이 이어진다. “세상은 경험해 보지 못한 속도로 변화하고 있으며, 그 시스템 역시 변화하고 있다. … 매일같이 그리고 매수업마다, 아이들이 배우는 방식과 아이들이 실제로 배워야 할 것 사이의 간극은 점점 더 벌어지고 있다.” (Khan, 2012: 2).

최근 세계는 4차 산업혁명, VR & AR, 빅데이터, 딥러닝, 인공지능, 5G 등 눈부신 데이터 혁명을 통해 맞이하게 될 미래사회에 대한 기대와 찬사 그리고 우려로 가득하다. 사람들은 온라인 다이어리를 확인하는 것으로 하루를 시작하여, 교통 관련 앱이나 모바일 내비게이션의 도움을 받으며 출근한다. 인터넷 포털에서 필요한 정보와 지식을 얻고,

클라우드를 통해 데이터를 올리고 내려받으면서 업무를 수행한다. 하루 종일 SNS로 전 세계 사람들과 소통하고, 언제 어디서나 인터넷 강의를 들으며 부족한 내용을 보충한다. 이러한 데이터 혁명의 파고는 이미 우리 일상의 모든 국면에 침투해 있다.

본 책은 혁명적 데이터 기술에 기초한 글로벌 사회변동의 파고 속에서 우리의 학교교육이 어떻게 변화해야 하는가에 대한 문제의식으로부터 출발하였다. 이 책에 참여한 저자들은 한국연구재단이 지원하는 SSK 중형 과제인 <글로컬 사회변동과 교육적 대응(Glocal Changes and Educational Responses): 저출산·초연결 사회에서의 교실문화와 교육체제 혁신> 사업단(이하, GCER 사업단)의 구성원들이다. GCER 사업단은 크게 서울대 연구팀과 전북대 연구팀으로 구성되어 있으며, 각 팀은 다시 여러 대학의 구성원들로 이루어져 사회변동과 교육의 혁신적 변화에 관한 연구를 지속적으로 수행하고 있다. GCER 사업단이 주목하는 글로컬(Glocal, Global & Local) 사회변동은 크게 두 가지로 말할 수 있다. 즉 글로벌 차원에서 벌어지고 있는 '초연결 사회'로의 이행과 로컬 차원에서 벌어지고 있는 '저출산·고령화의 문제'가 그것이다. 이 책은 그중에서도 '초연결 사회'로의 변화 및 그에 관련된 교육적 문제들에 초점을 맞춰 기획되었다.

이 책은 크게 3부로 구성되어 있다.

먼저, '(Ⅰ부) 기술혁명 시대의 교육적 쟁점'에서는 '(1장) 4차 산업혁명과 학교교육의 미래 (전북대, 박휴용 교수)'라는 주제로 미래사회의 변화가 우리 학교교육에 던지는 문제점과 과제에 대해 살펴보고 있다. 이 장에서는 4차 산업혁명의 개념과 배경, 미래 사회의 기회와 위기, 기술주도 시대의 등장, 그리고 이러한 미래사회의 변화에 따른 교육적 도전과 과제가 무엇인지를 살펴보고, 교육변화의 구조와 관련하여 미래 교육의 변화 원리를 제시하고 있다. 이어서 학교지식과 학습의 형태가 어떻게 이루어질 것인가를 교육목표, 사고, 교수학습의 변화 차원에서 제시하고, 앞으로 기술 중심 시대에 맞춘 교육의 교육적 대응이 필요함을 강조한다.

이어서 '(Ⅱ부) 미래사회를 대비한 학교교육'은 세 개의 장으로 구성되어 있다. 세계의 여러 나라에서 진행되고 있는 미래사회를 대비한 학교교육 혁신의 방향과 현황에 대해 살펴보고, 현재의 학교교육을 새로운 관점에서 재구성하는 방안에 대해 논의하고 있다. '(2장) 세계 각국의 미래학교 정책과 이슈 (전북대, 조형미 박사)'에서는 세계 각국에서 시도하고 있는 바 미래학교 또는 학교의 정보화를 위한 정책들을 교육방법, 교육공간, 교육체제, 그리고 교육환경 면에서 살펴본다. 특히 수요자의 요구 변화에 따라 첨단 기술을 활용하는 새로운 형태의 학교 모델들에 대해 알아보고, 한국에서 일어나고 있는 미래교육 및 미래학교를 위한 정책적 지원과 시도들 또한 비판적으로 검토하고 있다. '(3장) 미국 작은학교 운동의 성과와 시사점 (서울대, 마틴산야 교수 & 강다연 박사과정생)'에서는 미국의 작은학교 운동이 우리나라의 교육에 줄 수 있는 시사점을 모색하고 있다. 먼저 미국 작은학교 운동의 배경과 의의를 살펴보고, 관련된 선행 연구를 분석함으로써 그 효과를 알아보았다. 이어서 학생과 교사 학교 및 학교 밖 구성원 등 다차원에서 분석한 결과를 우리나라 교육이 당면한 문제와 접목하여 고찰함으로써 미래 교육이 나아가야 할 방향을 논의하고 있다. '(4장) 미래교육의 대안으로서 공동체 기반 교육 (공주교대, 정용재 교수)'에서는 미래사회에서 필요로 하는 교육으로서 공동체 기반 교육에 대해 개관하였다. 이 장은 미래 사회에 대응하는 공동체 기반 교육의 필요성을 역설하고 있으며, 그에 대한 방안으로 마을탐구공동체 기반 교육과 이종네트워크 활용 교육을 제안함으로써 미래사회 학교교육의 새로운 모습을 그려내고 있다.

마지막으로 '(Ⅲ부) 디지털 기술과 교실의 변화'에서는 다양한 데이터 기술들이 학교교육에 어떻게 적용될 수 있는지에 대해 디지털교과서, 교사의 TPACK 전문성, 그리고 디지털 읽기 역량을 중심으로 구체적인 적용 사례를 소개하고 혁신 방안을 제안하고 있다. '(5장) 디지털교과서 개발 현황과 교육의 변화 (호주 커틴대, 장진아 박사 & 서울대, 송진웅 교수)'에서는 최근 국내외에서 활발히 개발 중인 디지털교과서의 국내외 현황을 개관하고, 국내 디지털교과서 구성의 특징과 교육적 변화를 논의하고 있다. 특히 과학교과를 중심으로 디지털교과서를 통한 수업 활동의 변화와 어려움, 그리고 발전 가능성을 살펴봄으로써 미래사회에서 교과서의 역할과 가치 및 지향점에 대해 논의하였다. '(6장) ICT 시대의 교사 전문성: 테크놀로지 활용 교수내용지식(TPACK) (춘천교대, 나지연 교수)'에서는 21세기 사회변화와 함께 등장한 대안적 교수법과 이를 실천하기 위해 필요한 교사 전문성에 대해 살펴보고 있다. 특히 테크놀로지 활용과 관련된 교사 전문성을 뜻하는 TPACK(Technology, Pedagogy, and Content Knowledge) 개념을 중심으로 교사의 TPACK 발달, TPACK을 평가하는 방법 등에 대해 소개하면서 교사 재교육의 필요성을 제안한다. 끝으로 '(7장) ICT 핵심역량으로서의 디지털 읽기와 협력적 문제해결(서울교대, 임효진 교수)'에서는 컴퓨터 기반으로 실시된 국제학업성취도 결과 중에서 미래핵심역량과 관련된 디지털 읽기와 협력적 문제해결력에 대해 개관하고 있다. 이를 위해 OECD 주관의 PISA의 평가 결과를 토대로 디지털 읽기와 협력적 문제해결 역량의 특성과 관련 요인들을 기술하고, 우리나라 학생들의 성취 결과를 토대로 이러한 역량 발달을 위해 교수학습과 교육정책적 측면에서 어떠한 지원이 필요한지를 제안하고 있다.

최근 우리의 일상으로 파고든 첨단 기술들은 '무언가를 배우는 것(학습)'에 대해 이전과는 근본적으로 다른 가능성을 보여주고 있다. 학습활동에 있어서 로봇은 곧 인류의 경쟁자이자 동반자의 역할을 동시에 하게 될 것이다. 인류는 역사상 처음으로 새로운 학습의 시대에 돌입하였고, 이러한 의미에서 지금 맞이하고 있는 기술혁명은 인류 최초의 '학습 혁명'이라고 불릴 만하다. 어쩌면, 우리는 미래는 이미 시작되었고, 미래의 시민을 길러낼 '교육의 미래'는 더욱 그러할지 모른다.

2019년 6월

대표저자 송진웅

저자 소개

AUTHOR INTRODUCTION

» 송진웅

현재 서울대학교 물리교육과 교수이며, SSK 글로컬 사회변동과 교육적 대응 사업단(GCER)의 단장을 맡고 있다. 한국과학교육학회 회장, 동아시아과학교육학회(EASE) 회장, BK21+ 미래사회를 선도하는 더불어 과학교육사업단(ToSEF) 단장, Asia Pacific Science Education(APSE) 편집위원장 등을 역임하였다. 서울대학교에서 물리교육 및 과학교육으로 학사 및 석사 학위를 마쳤으며, King's College London에서 과학교육학 분야로 박사 학위를 취득했다. 과학교육학의 역사와 철학, 과학 교육과정 및 교과서, 과학교육 국제비교, 비형식 과학교육, 과학적 소양, 중등 물리교육 등이 주된 연구 관심 분야이다. 최근 동아시아 교실문화, 과학교육표준, 미래형 작은학교 등에 대한 연구를 진행하고 있다.

» 박휴용

현재 전북대학교 교육학과 교수이며, SSK 글로컬 사회변동과 교육적 대응 사업단(GCER)의 공동연구원으로 활동하고 있다. 현재 한국다문화교육학회 부회장, 등재지 [교육종합연구] 편집위원장, [교육과정연구], [다문화교육연구], 그리고 [한국교육]의 편집위원을 맡고 있다. 연세대학교 교육학과에서 학사 및 석사를 마친 후, 미국 University of Wisconsin-Madison에서 Curriculum and Instruction 전공으로 박사학위를 취득하였다. 주요 연구분야는 교육과정이론, 다문화교육, 인지과학 등이고, 최근 포스트휴머니즘 시대의 교육에 대한 연구와 저술을 이어가고 있다.

» 정용재

현재 공주교육대학교 과학교육과 교수이며, SSK 글로컬 사회변동과 교육적 대응 사업단(GCER)의 공동연구원으로 활동하고 있다. 한국과학교육학회 기획이사를 역임하였다. 서울교육대학교에서 초등교육으로 학사 학위를 마쳤으며, 서울대학교에서 과학교육(물리전공)으로 석사 및 박사 학위를 취득했다. 공동체적 접근의 과학교육, 탐구공동체, 가설설정과 귀추법, 초등 물리교육 및 교사교육 등이 주된 연구 관심 분야이다.

» 마틴산야

현재 서울대학교 과학교육과 교수이며, SSK 글로컬 사회변동과 교육적 대응 사업단(GCER)의 공동연구원으로 활동 중이다. 또한 Asia Pacific Science Education(APSE) 학술지의 편집장이자 National Association for Research in Science Teaching(NARST, 미국과학교육학회)의 International coordinator를 맡고 있다. Bryn Mawr College에서 생물학으로 학사 학위를 마쳤으며, 미국 Pennsylvania 대학에서 초등교육, 화학교육 석사 학위를, 호주 Curtin 대학에서 과학교육 박사 학위를 취득했다. 주된 연구 관심 분야는 특수교육 대상자, 다문화 학생들을 위한 과학교육을 실현하고 이를 위한 과학교사를 양성하는 데에 있다.

» 임효진

현재 서울교육대학교 교육전문대학원 교수로서 한국교육심리학회와 대한사고개발학회 이사, 한국초등교육학회 위원, [교육심리연구[부편집위원장을 맡고 있으며, SSK 글로컬 사회변동과 교육적 대응 사업단(GCER)에 공동연구원으로 참여하고 있다. 서울대학교에서 교육학 학사 및 교육상담 석사 학위를, University of Southern California에서 교육심리학 박사 학위를 취득했다. 아동청소년의 학습동기, 읽기성취의 발달 등이 주된 연구 관심 분야이다.

» 나지연

현재 춘천교육대학교 과학교육과 교수이며, 동대학 과학교육연구소 소장, 한국초등과학교육학회 총무이사 및 SSK 글로컬 사회변동과 교육적 대응 사업단(GCER)의 공동연구원을 맡고 있다. 초등교사와 서울대학교 교육종합연구원 소속 연구원 직을 수행하였다. 춘천교육대학교에서 학사와 석사 학위를 마치고, 서울대학교에서 과학교육학 석박통합 박사학위를 취득하였다. 초등 물리교육, 초등학생의 과학적 의사소통, 스마트 테크놀로지 활용 과학교육, 과학과 교육과정, 놀이를 통한 과학교육 등이 주된 연구 관심 분야이다.

» 장진아

초등학교 교사이며, 현재 호주 커틴(Curtin)대학교 박사후과정 연구원으로 활동하고 있다. 서울교육대학교에서 초등교육(과학교육 전공)으로 학사 및 석사 학위를 마치고, 서울대학교에서 과학교육(물리전공)으로 박사학위를 취득했다. 이후, 서울대학교 교육종합연구원의 SSK 글로컬 사회변동과 교육적 대응 사업단(GCER) 연구원으로 활동하였다. 주된 연구 분야는 초등 물리교육, 학교 과학탐구와 학습의 사회문화적 맥락이며, 최근 디지털 테크놀로지를 활용한 탐구, 디지털교과서, 디지털 환경에서의 표상 등으로 연구 영역을 넓히고 있다.

» 조형미

현재 SSK 글로컬 사회변동과 교육적 대응 사업단(GCER)의 전임연구원으로 활동하고 있다. 서울대학교 수리과학부에서 이학사를 마치고, 동 대학교 대학원에서 수학교육으로 석사 및 박사학위를 취득했다. 주된 연구 분야로는 수학교실의 사회문화적 특성에 대한 것으로 교실의 규범과 수학적 의사소통에 있으며, 수학교사의 역량 및 교직문화 등으로 관심의 영역을 넓혀가고 있다.

» 강다연

현재 서울대학교 과학교육과 박사과정생이며, 동 대학의 지구과학교육 및 과학교육으로 학사, 석사 학위를 취득했다. 대학원 재학 동안 SSK 글로컬사회변동과 교육적 대응 사업단(GCER)의 연구원이자 Asia Pacific Science Education(APSE) 학술지의 편집 간사로 활동하고 있다. 과학교육학에 대한 사회문화적 접근, 소외된 학습자 및 교실 내 상호작용, 글로벌 환경문제에 대한 활동 역량 등이 주된 연구 관심 분야이다.

차 례 CONTENT

PART Ⅰ

기술혁명 시대의 교육적 쟁점

01

4차 산업혁명과 학교교육의 미래

박 휴 용(전북대)

1. 4차 산업혁명과 교육

최근 과학기술의 비약적인 발전으로 사회가 급속도로 변하고 있다. 인터넷과 정보통신 기술이 결합된 모바일 환경이 확대되면서 사람들의 삶이 크게 바뀐 것이다. 휴대용 단말기로 게임을 하고 미디어를 시청하며 인터넷을 검색하고 소셜미디어를 사용하는 일이 어느덧 일상이 되어버렸다. 아울러 업무를 수행함에 있어서도 정보통신 기계들에 대한 의존도가 높아져서, 회사의 업무는 이미 많은 부분들이 사무실이라는 물리적 공간의 제약을 받지 않게 되었다. 이러한 기술의 변화와 그에 따른 산업구조의 변화, 그리고 현대인의 삶의 급격한 변화 가능성을 상징적으로 잘 표현하고 있는 것이 바로 "4차 산업혁명"이라는 용어이다. 4차 산업혁명을 주도하는 대표적 기술들을 예로 들면, 인공지능, 로보틱스, 사물인터넷(Internet of Things), 드론(Drone), 자율주행차, 3D 프린터, 그리고 Nano 기술 등이다. 그렇다면 이러한 기술적 진보는 우리의 삶에 어떤 영향을 미칠 것인가? 그리고 그에 따른 교육적 대응 방안은 무엇인가?

1.1 4차 산업혁명과 미래사회의 변화

(1) 4차 산업혁명의 개념과 배경

4차 산업혁명이란 2016년 1월 20일 스위스 다보스에서 개최된 '세계경제포럼'의 주요

의제였던 '과학기술의 변화'의 핵심 개념으로서, "3차 산업혁명을 기반으로 한 디지털과 바이오산업, 물리학 등의 경계를 융합하는 기술혁명"을 가리키는 용어이다(Schwab, 2016). 이전의 산업혁명 과정을 간략히 짚어보면, 1차 산업혁명은 1784년 수력 증기기관의 발명을 시작으로 철도, 면사방적기 같은 기계적 혁명이 일어나 기존의 가내 수공업 생산방식에서 탈피하게 된 산업의 변화를 가리키고, 2차 산업혁명은 1870년대부터 이루어진 전기 동력의 대량생산으로 공장에 전력이 공급되고 그로인해 컨베이어벨트를 이용한 대량생산이 가능해진 변화를 가리키며, 3차 산업혁명은 1980년 이후 컴퓨터 제어 자동화로 촉발된 컴퓨터 성능의 급속한 발전과 인터넷 보급에 힘입어 정보통신 기술의 시대가 열린 것을 가리킨다(Rifkin, 2011). 그렇다면 4차 산업혁명의 핵심은 무엇인가? 그것은 최근 정보통신 기술의 발전이 가져다 준 6대 핵심 기술의 진보, 즉 인공지능, 로봇공학, 사물 인터넷, 무인 운송 수단(무인 항공기, 무인 자동차), 3차원 인쇄, 나노 기술 혁신이 산업생산의 변화를 일으키고 아울러 인간의 삶에도 혁신적인 변화를 일으키는 것이다.

4차 산업혁명의 의미를 올바로 이해하기 위해서는 이 6가지 핵심 기술 분야 자체가 아니라, 그러한 기술이 인간의 삶에 어떤 영향을 미치는지를 이해할 필요가 있다. 이 부분과 관련해서 세계경제포럼(World Economic Forum)은 이미 2015년, 테크놀로지의 급격한 변화가 사회에 주는 영향이 6가지의 거대한 흐름을 가져올 수 있다고 보고한 바 있다(Espinel, O'Halloran, Brynjolfsson & O'Sullivan, 2015). 우선 이 6가지 흐름이 어떤 것들이며, 그것들이 현대인의 삶에 어떤 변화를 가져오는지를 생각해보자.

첫째, 인터넷 환경 내 인간관계의 변화이다. 인터넷 환경이 현대인의 삶 속에 더욱 깊이 파고들면서, 다양하게 개발된 테크놀로지의 조합이 사람들과 정보들의 교류 방식에 영향을 미치게 될 것이다. 예를 들어, 테크놀로지가 사람의 신체 속에 파고들어 기술적 도구들을 착용하거나 심게 되면서("Wearable and implantable") 사람들은 점점 디지털적 존재("digital presence")가 되는데, 이로써 사람들 간이나 사람-사물 간의 상호작용 방식이 달라지게 되는 것이다.

둘째, 컴퓨팅, 의사소통, 정보저장이 시공간의 제약을 받지 않게 된다. 컴퓨터와 정보통신기기의 연결 성능이 크기에 반비례하여 비약적으로 발전하게 될 것이며, 그로 인해 각 사람들은 '언제 어디서나'(ubiquitous) 인터넷을 통해 슈퍼컴퓨터에 접속하여 용량이나 성능에 구애받지 않고 정보 활용에 기반을 둔 생활을 영위하게 된다.

셋째, 사물인터넷(Internet of Things: IoT)의 확장이다. 보다 작고 똑똑하면서도 값싼 센서들의 개발로 인해 거의 모든 기기들이 생산과정뿐 아니라 소비자의 일상생활 속에서 서로 연결되어, 인간의 삶 속에 깊이 자리 잡게 될 것이다. 이러한 사물인터넷 환경은 머지않아 사람들 간의 연결인 사람인터넷(Internet of People: IoP)이나모든 것이 연결되는 만물인터넷(Internet of Everything: IoE)으로 그 범위가 확장되게 될 것이다.

넷째, 인공지능과 빅데이터의 활용 양상이다. 세상의 거의 모든 정보들이 디지털화됨에 따라 데이터의 양도 기하급수적으로 늘고 있다. 동시에 소프트웨어들이 보다 세심한 문제들도 다룰 수 있게 발전됨으로써, 단순히 인간의 프로그래밍에 의존하는 것이 아니라 소프트웨어 스스로가 인공지능을 활용해 학습하고 개선해나가게 될 것이다. 또 이러한 기술은 로보틱스(robotics) 산업에 영향을 미쳐, 인공지능과 빅데이터를 갖춘 로봇들이 각종 직업 현장에 등장하여 인간의 노동력과 의사결정을 대신하는 역할을 하게 될 것이다.

다섯째, 공유경제와 분배된 신뢰의 사회가 전개된다. 이 역시 인터넷에 기반을 둔 네트워크와 플랫폼을 기반으로 한 사회·경제적 모델로 가능해진다. 사회적 자산들이 공유되면서, 단순히 효율성이 증가하는 것이 아니라 새로운 비즈니스 모델과 사회의 자기조직화(self-organization)의 기회를 만들어내게 된다. 예를 들어, 블록체인(blockchain)이라는 새로운 분산적(distributed) 데이터베이스 기술이 재정, 계약, 투표 등의 행위들을 수행해온 외주 기관을 대신하여 사회적 신뢰망을 구축하게 될 텐데, 이로써 사회 기관들의 역할 구조가 정보망에 의존할 수밖에 없는 형태로 변할 것이다.

여섯째, 물질의 디지털화이다. 물리적 사물들이 원재료로부터 3D 프린팅 같은 부가적 기술을 통해 만들어지는 것이다. 이 과정을 통해 산업계의 생산 방식이 가정에서 이루어지게 될 것이며, 이로써 일상생활에 급격한 변화가 이루어질 것이다.

요컨대, 4차 산업혁명의 기술적 혁신들로 개인들(디지털적 존재)과 그 개인들의 사회적 관계(사회적 네트워크 서비스)가 변화될 것이고, 장소와 시간에 제한받지 않는 디지털 기술들과 도구들(IoT)로 현대인들의 삶의 방식이 혁신적으로 바뀔 것이며, 인공지능과 빅데이터에 힘입은 로보틱스의 발전으로 노동과 직업의 생태계까지 큰 변화를 맞이하게 될 것이다. 3D 프린터로 대표되는 물질의 디지털화는 산업계의 역할을 단순한 상품 생산이 아닌, 재료(나노 공학) 및 에너지 개발, 디자인, 응용(연결과 융합)의 영역으로 전환시켰고, 공유경제의 개념과 데이터망 기술에 기반을 두고 개발된 사회적 신뢰망은 전통적 사회기관(우편, 법률, 행정, 금융 서비스 등)의 역할들을 대신하고 있다.

(2) 4차 산업혁명에 따른 미래 사회의 기회와 위기

디지털의 개념을 처음으로 대중화시킨 Negroponte(1995)는 그의 저서 'Being Digital'에서 디지털과 아날로그의 차이를 '움직이는 비트'와 '움직이는 원자'의 차이로 설명한 바 있다. 그 후 약 20년이 지나서 21세기를 본격적으로 경험하고 있는 지금, 4차 산업혁명이란 표현의 등장은 디지털 문명이 본격적으로 인공지능, 로봇, 사물인터넷, 드론 및 자율주행차, 3D 프린팅, 그리고 Nano 및 바이오산업 같은 첨단 기술 분야에 적용되기 시작했다는 것을 의미한다. 디지털 기술은 현대인의 삶 대부분의 영역에 적용되고 있다. 디지털은 더 이상 아날로그 영역의 보완적 역할이 아니라 새로운 규범이 되고 있는데, Hinsen(2013)은 이를 '디지털이 뉴노멀(new normal)화된 시대'라고 표현하고 있다. 디지털이 뉴노멀화 되었다는 것은 앞으로 어떤 사물이나 기술, 현상을 설명할 때 디지털이라는 관용어(예, 디지털 기술, 디지털 장치, 디지털 기계 등)를 더 이상 사용하지 않고, 오히려 아날로그(analog) 방식에 대해 '아날로그'라는 수식어를 붙여야 하는 상황(예, 아날로그 카메라, 아날로그 스피커)이 되었다는 것을 의미한다. 이와 같이 디지털화를 바탕으로 한 기술적 진보는 4차 산업혁명이라고 불리는 다양한 기술적 진보에 의해, 단순한 생산 현장의 혁신을 뛰어 넘어 사람들의 삶 구석구석에 스며들기 시작하였다. 그렇다면 이러한 4차 산업혁명 기술이 미래 사회에 어떠한 영향을 미칠 수 있는지를 살펴보도록 하자(이세민, 2016; 이승협, 2017; 박병원, 2016).

첫째, 전문가들은 4차 산업혁명으로 촉발된 기술은 종전의 혁명과 비교가 되지 않을 정도로 빠르고 또 광범위하게 산업과 삶에 영향을 줄 것이라고 본다. 그렇게 될 수 있는 이유는 지식과 기술의 융합과 연결성이 급속히 촉진되어, 특정 분야에 국한되지 않는 새로운 가치를 끊임없이 창출해낼 수 있기 때문이다. 예를 들어, 인공지능과 빅데이터의 만남은 알파고의 딥러닝(Deep learning)의 사례처럼 인간의 사고력과 판단력을 훨씬 뛰어넘는 지적 능력을 발휘하게 되어, 창의력과 예술적 감성, 도덕적 판단력 등을 제외한 대부분의 사고 영역에서 인간의 사고를 대신할 수 있는 의사결정 시스템을 만들어낼 수 있다. 그리고 이러한 기술들과 다양한 분야의 지식이 융합됨으로써 그 활용성은 무한히 확대될 수 있다.

둘째, 4차 산업혁명의 기술들은 모바일 인터넷, 클라우드 컴퓨팅, 로봇 자동화, 사물인터넷, 드론 및 자율주행차, 나노 및 바이오공학, 연료 전지 및 신소재 공학, 광학 및 레이저 센서 기술 등의 분야에 적용되면서 기존의 산업 및 생활 시스템과는 완전히 차별화된 새로운 시스템을 만들어내게 될 텐데, 이러한 4차 산업혁명의 기술들을 선도하는 사회와 그렇지 못한 사회는 기술 격차가 점점 벌어질 것이다. 또한 각 국가들마다 선도하는 기술의 영역이 차별화될 수 있다. 예를 들어, 제조업이 강한 독일은 스마트, 디지털 공장 시스템을 갖춘, 보다 효율적인 '21세기 초제조업전략'을 추진 중이고, 영국은 금융기술(Financial technology) 분야에서, 미국은 클라우드 컴퓨팅이나 빅데이터 응용 분야에서, 일본은 로봇 산업 분야에서 특화하고 있는 상황이다.

셋째, 4차 산업혁명은 인터넷과 대용량의 데이터를 빠르게 처리할 수 있는 컴퓨터를 기반으로 초연결사회를 지향하면서, 현대인의 삶에 이동성(mobility), 가상성(virtuality), 다양성(diversity), 융통성(flexibility)을 급속히 증가시키고 있다. 이러한 삶의 변화는 다양한 제품의 소량 생산, 기호(taste) 및 디자인의 중요성 확대, 빠른 제품 수명 주기(product cycle), 가상적 경험 증가, 레져 활동 특성 변화 등의 현상을 낳게 될 것이다. 결국 이러한 테크놀로지의 변화는 우리의 삶을 매우 근본적으로 바꾸어 놓을 것이다.

넷째, 4차 산업혁명이 바꾸어놓을 기술적 변화는 산업계에만 영향을 미치는 것이 아니라 노동시장에도 영향을 미쳐, 결국에는 교육 영역에도 변화를 초래하게 될 것이다. 노동시장은 4차 산업혁명이 요구하는 지식과 기술에 더하여 노동자의 자질과 역량의 변화를 요구할 것이고, 그로 인해 직업 생태계의 변화를 가져올 것이다. 현재 산업 현장에 로봇들이 완전히 적용되지 못하는 대부분의 이유는 기술적인 문제 때문이 아니라 투자 대비 생산성, 즉 경제성 때문이다. 이미 전자, 자동차, 기계 등의 생산라인은 산업용 로봇이 상당 부분 차지하고 있다. 4차 산업혁명이 본격적으로 산업계에 적용되는 2030년경에는 인간의 지적 노동 대부분을 인공지능 시스템이 대신할 수 있는 기술이 완성될 것이다.

요컨대, 위와 같은 변화가 우리의 삶을 어느 정도나 바꿔놓을 수 있을지, 즉, 그러한 변화가 과장된 것인지 아니면 실제적인 것인지에 대해서는 여러 가지 평가가 내려질 수 있지만(Drath & Horch, 2014), 미래의 삶이 변한다는 것 자체는 부인할 수 없는 사실이다. 따라서 기술의 혁신이 사회나 개인의 삶에 어떤 변화를 가져오게 될 것인지, 보다 냉

철한 자세로 숙고해봐야 할 것이다.

(3) 4차 산업혁명과 기술주도 시대의 등장

4차 산업혁명이란 사실 미래 사회의 변화를 산업과 기술적 측면에서 조명하는 용어일 뿐이다. 급격한 기술적 환경 변화가 인간 사회에 어떤 변화를 불러일으키는지에 대해서는 인문 · 사회학적 측면에서 논의가 이루어져야 할 텐데, 그러한 논의를 위한 개념이 바로 포스트휴머니즘(posthumanism)이다. 포스트휴머니즘은 오늘날의 과학기술적 변화와 그 영향을 이해하기 위해 제기된 개념으로서, 한 마디로 말하면 과거적인 휴머니즘을 뛰어넘어 인간 주체에 대한 새로운 존재론적 성찰을 다루는 휴머니즘이라 할 수 있다.

옥스퍼드대의 미래학자인 닉 보스트롬(Nick Bostrom)은 미래의 인간상을 대표하는 상징적 존재로 '트랜스휴먼'(trans-human)과 '포스트휴먼(post-human)'을 제시하고 있다. 먼저, '포스트휴먼'은 과학기술 등을 바탕으로 인간 증진(human enhancement)을 통해 "무한한 건강 수명과 현재의 그 어떤 인간보다도 훨씬 더 뛰어난 지적 능력, 그리고 스스로의 감정을 통제할 수 있는 새로운 감성과 감각적 양상"을 지닌 존재이다(Bostrom, 2003, 2005). 이러한 포스트휴먼의 유형으로는 "높은 지능을 가진 인공적 존재들(AI), 인공적 전자적 생명체, 컴퓨터 소프트웨어에 보존되고 로봇 속에 저장된 인간 의식, 인간과 기계가 융합된 사이보그, 유전공학적으로 조성된 안드로이드 혹은 복제된 크론, 유전자가 업그레이드된 강화인, 전자공학적으로 능력이 강화된 인간, 그리고 사이버공간의 사이버 자아, 아바타 등"을 들 수 있다(마정미, 2014).

한편, 트랜스휴머니즘은 현재의 인간 종이 발전의 마지막 단계가 아니라 초기 단계에 있다는 전제로 미래를 바라보는 사유방식으로서, 포스트휴머니즘으로의 변화를 긍정하고 지지하는 운동이다. 보스트롬은 트랜스휴머니즘을 "이성을 응용적으로 활용하여 인간의 지적, 육체적, 심리적 능력을 크게 향상시키는 기술을 개발하고 확대함으로써, 인간 조건을 근본적으로 향상시키는 가능성과 바람직한 상태를 긍정하는 지적 문화적 운동"으로 정의한 바 있다(Bostrom, 2003, p. 4). 그가 제시하는 트랜스휴먼의 구체적인 형태는 "보철(prostheses), 성형수술, 원격통신기술의 광범위한 사용, 세계시민적 모습과 유목적 삶의 형태, 양성정체성, (시험관 아기 같은) 중재적 재생산, 종교적 믿음의 결여, 전통적 가족 가치의 거부 등"이다(Bostrom, 2003, p. 7).

요컨대, 보스트롬에 따르면 트랜스휴먼은 "새로운 진화적 존재의 초기형태"로서, 궁극적으로 포스트휴먼이 되어가는 과정적 존재이다. 결국 포스트휴머니즘은 과학 기술을 통해 현재 인간의 신체적, 지적 능력을 변형시키고 향상시킨 새로운 인간 출현의 가능성을 지지하는 이념인 것이다. 다시 말하면, 현생 인류의 내적이고 생물학적인 기원에 기반을 둔 사회적 구조를 무너뜨리고, 기술이 지배하는 미래 사회에 걸맞은 새로운 존재, 즉 탈신체화된 존재를 등장시킨다. 따라서 4차 산업혁명이 가져올 변화를 올바로 이해하기 위해서는 4차 산업혁명을 주도하는 기술주의 사회가 인류의 존재성에 어떤 의미를 부여하고 미래 사회에 어떤 영향을 미치게 될 것인가를 근본적으로 성찰할 수 있어야 한다.

그렇다면 4차 산업혁명이 이러한 트랜스휴먼적 사회와 구체적으로 어떻게 연관되어 있는지를 살펴보자. 오늘날처럼 근대적, 산업적 삶의 양식 자체가 흔들리고 있는 문명의 대전환기에서 현재 우리가 경험하는 4차 산업혁명은 트랜스휴먼 사회로 진입하도록 돕는 기술적, 사회적 동인이라고 볼 수 있다. 한 마디로 말하면, 트랜스휴먼은 인간의 유한성을 극복해 가는 하나의 과정인데, 오늘날 이루어지고 있는 4차 산업혁명이 바로 그러한 유한성을 획기적으로 극복하게 해주는 기술적 발전의 시작이라는 것이다. 구체적으로 다음 <그림 1.1>은 4차 산업혁명과 트랜스휴먼 기술의 관련성을 잘 보여준다.

오늘날 급변하는 기술적 환경은 산업 구조를 재편하게 되었고, 그에 따라 기업들의 존립과 미래 직업의 생태계는 큰 변화를 맞게 되었다. 우리나라는 R&D 투자 규모가 세계적 수준이지만, 여전히 4차 산업혁명을 선도하는 기술을 개발해내지 못하고, 창의적이고 공감하는 능력을 가진 인재를 양성하는 교육체계를 만들어내지 못하고 있다. 따라서 기술 변화가 인간 삶의 질에 어떤 영향을 미치는지, 또 직업 세계와 노동시장이 이러한 기

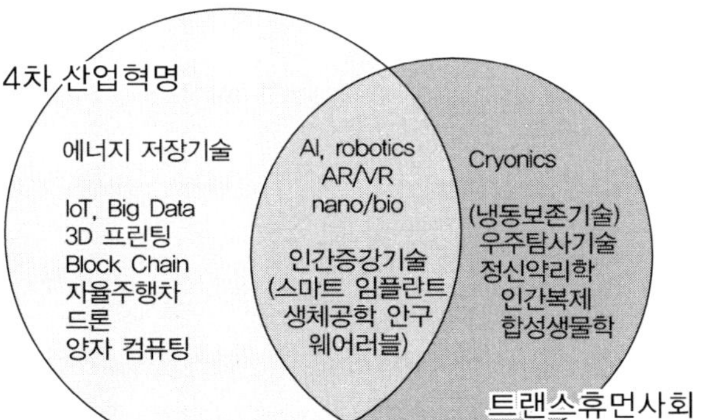

그림 1.1 4차 산업혁명과 트랜드 휴먼 기술의 관련성 (박가열 외, 2017, p. ii)

술적 변화에 어떻게 적응해야 하는지 그 대책을 충분히 논의하고 또 연구해야 한다. 자, 그렇다면 학교교육은 이러한 미래 사회의 변화에 어떻게 선도적으로 대응해야 할 것인가?

(4) 미래사회의 변화에 따른 교육적 도전과 과제

기술의 진보가 현대인들의 삶을 변화시키는 양상에 관해, 본고는 다음 세 가지 사항들이 교육의 측면에서 매우 중요할 것이라고 본다.

첫째, 일과 여가, 놀이와 학습 등의 경계가 모호해진다. 즉, 인간 활동의 성격이 모호해진다는 것이다. 뿐만 아니라, 활동 시간과 공간에 있어서도 경계가 모호해진다. 예를 들어, 미래의 학교 수업은 경직되고 정적인 교과서에 의존하지 않고, 프로젝트나 실천적 현장학습을 중심으로 이루어질 것이다. 학생들은 가정이나 학교에서 개별 혹은 공동 프로젝트로 학습을 진행하고, 그 결과물을 포트폴리오 형식으로 정리하여 평가받을 것이다. 이러한 학습 양식은 자기주도성, 실천적 지식, 협동성, 기획력과 창조성을 기르는 데 훨씬 큰 역할을 하게 될 터, 이러한 학습을 가능케 해주는 매개적 조건들이 바로 휴대용 기기의 발달과 유비쿼터스 기술, 그리고 대용량 데이터와 초고속 통신 등이다. 이를 바탕으로 재택근무, 재택학습, 사이버러닝, 증강 현실 및 시뮬레이션을 활용한 업무 수행 및 학습, 그 외에도 수많은 활동들이 생겨나게 된다. 이제 전통적인 사무실 업무나 전통적인 학교 학습이 어떤 필요가 있는지 그 근본적인 성찰이 필요할 때이다.

둘째, 빅데이터 활용 능력이 중요해질 것이다. 즉, 엄청난 정보의 홍수 속에서 일의 성격과 목표를 정하고, 상황에 따라 필요한 지식과 불필요한 지식을 구분할 수 있어야 한다. 날로 폭증하는 데이터 속에서 의미 있는 것만이 '일반적 정보'(information)가 되고, 그 정보들 중에서도 내가 수행하는 작업의 목적에 따라 혹은 상황에 맞춰 분석되고 가공된 정보만이 '필요한 정보'(intelligence)가 된다. 그러므로 학교는 '일반적 정보'가 아닌 '필요한 정보'를 탐색하고 적용하는 능력을 키워주어야 한다. 사람들이 수많은 지식과 정보 속에서 나에게 필요한 것을 찾아내지 못하는 이유는 정보의 과부하 때문이 아니라 필터링(filtering)의 실패 때문이다. 따라서 수많은 정보를 적절히 걸러내고, 요약하고, 통찰을 얻어낼 수 있는 능력이 중요하게 되었다. 이러한 능력, 즉 적절한 정보를 가공해내는 노하우는 바로 융합의 과정에서 나온다. 과거에는 특정 분야나 조직 속에서 정보들을 단순히 연결하는 '통합'의 작업에만 관심을 가졌다면, 이제는 다양한 분야와 조직 외적

정보들까지 '융합'해내는 작업이 더 주목을 받고 있다. 융합을 통해서만 보다 새로운 통찰이 생겨날 수 있기 때문이다(박휴용, 2018, p. 31).

셋째, '유소년기 학교교육, 청장년기 직업 준비, 노년기 은퇴와 여가'라는 인생 여정의 전형적 형태(prototype)가 사라질 것이다. 매우 짧은 주기로 예측불가능하게 급변하는 사회경제적, 기술적, 직업적 환경 속에서, 또 다양한 타인들과의 역동적인 관계 속에서 사람들은 끊임없이 학습하고 또 적응하면서 살아야 한다. 테크놀로지가 비약적으로 발전하면서, 국가나 기업은 그러한 기술적 진보를 따라잡기 위해 끊임없이 연구개발을 하고 또 기술을 선점하고 있다. 개인들도 평생교육과 평생직업을 위해 자기계발을 하지 않을 수 없는 현실이 되었다. 게다가 4차 산업혁명의 기술들로 인해 생산자와 소비자의 뚜렷한 경계도 허물어지고 있다. 물론 대부분의 복잡한 첨단 기계들은 공장에서 로봇이나 자동화된 생산라인에 의해 만들어지겠지만, 자가조립(DIY), 3D 프린팅 같은 것들은 사용자들에 의해 자체제작이 될 수 있다. 제품 아이디어 개발, 프로그래밍, 디자인 같은 작업 역시 최종 소비자들의 개입을 통해 이루어지는 경우가 점점 늘어날 것이다.

요컨대, 오늘날 같은 테크놀로지의 폭발적 변화는 오랜 역사 속에서 축적된 인류의 전통적 경험과 가치, 문화적 패턴, 사고 등을 급격하게 뒤바꿔버림으로 삶의 변화를 초개하게 되었다. 문제는 테크놀로지로 인한 이러한 미래사회의 변화 양상들은 양면성을 가지고 있다는 것이다. 모든 것이 디지털화되고, 정보가 무한하게 흘러 다니며, 일과 놀이의 구분이 모호해지고, 생산자와 소비자의 구분이 모호해졌다는 것이 반드시 긍정적인 것만은 아니다. 바로 이러한 첨단기술의 환경 속에서 학생들은 하루를 어떻게 보내며, 무엇을 공부하고, 어떻게 미래를 준비해야 하는지에 대해 큰 도전을 받고 있다.

1.2 4차 산업혁명 시대의 교육변화 구조

(1) 미래 교육의 변화 원리: 적응형에서 선도형으로

그렇다면 4차 산업혁명이 가져오는 사회적 변화 양상은 교육적 패러다임에 대해 어떤 변화를 요구하고 있는가? 이와 유사한 질문에 대해 지금까지 여러 가지 모형들이 제안되어 왔다. 대부분은 '미래의 사회 변화에 적응할 수 있는 인재를 교육해야 한다'는 관점으

표 1.1 Education 3.0의 비전(Basu, 2012)

	교육 1.0	교육 2.0	교육 3.0
학자들의 주된 역할	지식의 원천	지식의 원천과 안내자	협동적인 지식 창조의 조정자
내용의 배열	전통적. 저작권 있는 내용	공개된 교육 자료	교육기관과 학문 영역을 초월하여 창조되고 재활용되는 자료
학습 활동	전통적인 숙제, 글쓰기, 시험, 교실 내 그룹 활동	테크놀로지를 활용하는 협력적 학습활동이지만, 대부분 교실 내 활동에 국한됨	국가, 기관, 학문의 구분을 넘어선 개방적이고 융통적 활동들 및 사회적 네트워킹
학생들의 행동	수동적이고 흡수적인 학습	점차 능동적이 되며, 학습 과정을 주체적으로 획득함	능동적이고 강한 자기주도 학습. 자료 및 학습 기회의 협동적 창조와 선택
테크놀로지	단일 교육기관 내의 컴퓨터 학습운영 시스템을 통한 이러닝	다른 기관과의 협력 속에서의 이러닝	개인 분산 학습 환경 속에서의 이러닝

로, 이러한 모형들을 적응형(adaptability)이라고 부른다. 그 중 몇 가지를 소개하면 다음과 같다.

<표 1.1>에 소개되어 있듯이, 미래 교육(교육 3.0)에 대한 비전은 지식이나 자료의 활용이 교육기관이나 학문 영역에 구애받지 않고 자유롭게 이루어지며, 개방적이고 융통적인 사회적 네트워킹에 의한 학습이 이루어진다는 것, 그리고 학습자들이 능동적으로 자기주도학습 및 협력적 학습을 한다는 것이다. 여기에 더해, 개인 맞춤형 및 개방형 기술을 기반으로 한, 시간과 장소에 구애받지 않는 개별화된 통합 교육시스템(Personalized Integrated Educational System: PIES)도 제안되고 있다(Watson, Watson, & Reigeluth, 2015).

미래 교육 변화에 대한 또 다른 관점으로, 직업 세계의 특성, 협업의 수준, 과업의 성격, 그리고 도구 사용의 성격에 따른 다음과 같은 전망도 제시된 바 있다(Lengel, 2013).

표 1.2 노동과 직업의 변화에 교육적 대응 양식

구분	교육 1.0	교육 2.0	교육 3.0
직업 세계의 특성	농경사회, 숙련노동	제조업, 기계 조작	정보사회, 정보탐색 및 창의적 활용
협업의 수준	소그룹 협동 작업	집단 속 독자적 작업	개별화 및 전략적 협업
과업의 성격	다양한 과업의 수행	반복적 과업의 수행	비정규적, 일/노동 혼성형 과업
도구 사용	손도구 사용	기계도구 활용	정보통신기기 활용

결국 <표 1.2>가 보여주듯이, 사회의 변화와 직업 현장의 요구에 따라 그에 맞는 교육의 형태와 내용, 그리고 기대되는 역량이 달라진다는 것이다.

이처럼 사회 변화에 따른 '교육적 기대'가 달라짐으로써, 미래의 학생 혹은 근로자들은 여러 가지 다양한 능력들을 요구받게 되었다. OECD 국가들이 모여 개발한 "21세기의 기술"(21c Skills)에서는 그러한 능력이 무엇인지를 다음과 같이 제시해주고 있다(Dede, 2009; Rotherham & Willingham, 2010).

· 정보수집, 종합, 분석 능력
· 최소한의 감독만으로 높은 수준의 작업을 수행할 수 있는 자율적 능력
· 다른 자율적 근로자를 선도할 수 있는 능력
· 비판적 사고
· 타인의 관점을 파악하고 사건 전체를 이해하는 능력
· 효과적으로 소통하고 테크놀로지를 잘 활용하는 능력
· 엄격한 윤리적 기준 하에서 사회와 자연환경의 발전을 도모할 수 있는 자세

그렇다면 이와 같이 '시대의 흐름에 따른 교육의 방향' 차원에서 학교교육의 목표와 성격을 규정하는 것이 과연 올바른 것일까? 물론 미래교육을 '적응적 관점'으로만 바라본다면 그러한 방식으로 대응할 수도 있을 것이다. 하지만 보다 '선도적인' 관점으로 미래교육의 방향을 제시하기 원한다면, 다음과 같은 근본적인 물음에서 시작해야 한다.

진단 : 4차 산업혁명과 같은 기술적 변화가 미래 사회를 어떻게 바꿀 것인가?
평가 : 그러한 변화는 사회적 발전 및 인류의 공영에 기여하는 올바른 변화인가?
대응 : 미래의 기술적 변화에 올바로 대응하기 위하여 어떠한 교육적 노력이 필요한가?

즉, 단순히 미래의 기술적 변화에 대해 학교교육이 적응해나가는 것이 아니라, 미래의 기술적 변화에 대해 올바른 진단과 평가를 함으로써, 이를 바탕으로 적절한 교육적 대응이 이루어져야 한다는 것이다. 예를 들어, 올바른 교육적 대응을 고려할 때 다음의 사항들을 염두에 둘 필요가 있다.

첫째, 테크놀로지 자체는 가치중립적이므로, '테크놀로지 교육'(Education of Technology, 테크놀로지 자체를 교육하는 것)과 동시에 '테크놀로지에 관한 교육'(Education about Technology, 테크놀로지의 가치를 판단하는 교육)을 병행해야 한다. 테크놀로지는 단지 기능적인 역할만 할 뿐이다. 그 기술이 인류 사회에 어떤 기여를 할 것인가는 다른 요인들에 의해 결정된다. 예를 들어, 원자폭탄 제조 기술을 핵 발전을 위해 사용할 것인지 전쟁무기로 사용할 것인지는 원자폭탄 기술 자체에 의해서 결정되는 것이 아니라, 사회문화적, 정치경제적, 그리고 윤리적 판단에 달려있다. 마찬가지로 4차 산업혁명이 학교교육을 어떻게 바꿀지는 4차 산업혁명 기술 자체에 의해 결정되는 것이 아니라, 그 기술들이 학교교육에 어떤 영향을 미치는지에 따라 결정된다. 따라서 우리는 4차 산업혁명을 어떻게 교육에 활용해야 할지 고민해야 한다.

둘째, 테크놀로지의 지배는 다양한 삶의 양태들이 공존할 수 있는 생태적 환경을 무력화시킬 수도 있다. 즉, 기술문명의 발전이 곧 사회의 긍정적인 발전을 보장하는 것은 아니라는 말이다. 오히려 4차 산업혁명은 기술 중심, 자본의 독점, 인간소외, 물질문명의 팽배 등을 촉진할 수 있다는 것을 염두에 두어야 한다. 그러므로 4차 산업혁명 시대의 교육은 기술을 추종하는 것이 아니라 주도하는 역할을 해야 하며, 그러기 위해서 어떻게 학생들을 가르칠 것인가를 고민해야만 할 것이다.

셋째, 미래사회로 갈수록 예측불가능성은 점점 높아질 것이며, 그러한 예측불가능성이 바로 미래사회와 미래세계의 본질이다. 그러므로 미래의 교육은 예측하기 어려울 정도로 급변하는 기술주도형 사회에 대하여 그 나아갈 방향을 설정할 수 있도록 비판적 성찰 능력을 키워주는 것이어야 한다. 이러한 교육은 현실적응형 교육이 아니라 미래주도형

(future initiating) 교육이라고 부를 수 있다(Sharma & Monteiro, 2016). 그런 의미에서 다음 절에서는 4차 산업혁명 시대를 맞이하여 선도형 교육을 하기 위한 세 가지 성찰적 질문들을 보다 구체적으로 다루어볼 것이다(박휴용, 2018).

(2) 미래 교육의 방향을 위한 성찰 1: 존재론적 성찰

급격한 기술변화의 시대에 올바른 교육의 방향을 설정하기 위한 가장 우선적인 질문은 "어떤 인간을 키울 것인가?" 하는 것이다. 이는 '교육적 인간상'의 방향을 설정하는 질문으로서, 학교교육을 통해 어떤 관계성을 형성하고자 하는가의 문제이다.

Turkle(2010)은 인터넷 같은 네트워크 기술들은 초기에는 실용적 정보를 공유하도록 설계되었지만, 머지않아 사람들 간의 관계성 성립을 위한 공간으로 탈바꿈했다고 지적한다. 예를 들어, 인터넷의 원조인 미 국방부의 ARPAnet은 과학자들이 연구논문을 공유하고 협력하기 위해 고안되었지만, 얼마 되지 않아 소속 연구자들 사이의 소문, 연애담, 자녀 얘기 따위를 주고받는 장소로 변모하였다(p. 62). 이러한 사례는 테크놀로지가 원래의 순수한 목적을 위해서만 사용되는 것이 아니며, 사용자들의 정서나 관계성 형성 과정에 훨씬 큰 영향을 미칠 수 있다는 것을 보여준다.

문제는 이러한 테크놀로지의 발달로 인해 인간관계가 점차 파편화되고 단절되어가고 있다는 것인데(Turkle, 2010), 이러한 지적은 오늘날 인터넷, 휴대용전화기, 소셜네트워크(SNS) 등의 발달로 현대인들이 항상 연결되어 있고(connected) 사회적 관계망이 두터워지고 있다는 생각과는 정반대이다. 그런 의미에서 SNS 환경 속에서 현대인들은 '연결되어 있지만 공허한'(linked but absent) 새로운 자아상을 갖게 되었다.

왜 테크놀로지에 기초한 인간관계가 공허해지고 있을까? 현실과 가상의 구별을 없앤 가상현실 혹은 사이버 세계의 확대도 테크놀로지 발전이 가져온 주요한 변화양상 중의 하나이다. 즉, 프로이트가 무의식의 세계라는 개념을 만들어냈다면, 테크놀로지는 사이버 세계란 개념을 만들어냈다. 대표적인 사례가 세컨드라이프(Second Life)라는 가상현실 시뮬레이션 게임이다. <세컨드라이프> 속에서는 삶과 게임의 경계를 유지하기가 쉽지 않다.

> "세컨드 라이프는 실제 생활에 보다 나은 인간관계를 선사한다. 내가 제일 나답다고 느끼는 곳이다. 그 속에서의 상대는 나를 있는 그대로 받아들여주고, 그와의 관계가 실제 내 결혼생활과 가정을 유지하게 해준다."

이러한 가상공간/세계의 출현으로 현대인의 삶은 오프라인(현실세계)의 삶과 온라인(가상세계)의 삶이 공존하는 혼합적 양상을 띠게 되었다. 다양한 기능과 형태의 스마트 기기들을 통해 facebook, Linkedin, Plaxo 같은 소셜 네트워킹 사이트들을 드나드는 것이 생활의 필수요소가 되면서, 현대인들은 쉽고 빠르게 현실 세계와 가상세계 간을 왕래하고 있다(Barabasi, 2003, p. 67). 즉, 가상과 현실이 혼합된 삶(mixed life)을 살고 있는 것이다. 이러한 양태는 가상적 삶과 현실적 삶이 각각 만들어내는 서로 다른 정체성들 간의 병렬화가 일어날 수 있음을 보여준다. 병렬적(parallel) 정체성이란 기존의 혼성적(hybrid) 정체성과는 다른 개념으로, 서로 다른 정체성들이 공존하면서 서로 다른 환경 속에서 발현되는 현상을 가리킨다.

이처럼 가상과 현실이 빠르게 교차하는 세계 속에서 개인의 정체성은 어떤 속성을 갖게 되고, 그 정체성들 간에는 어떤 상호작용이 일어나며, 그러한 정체성을 갖는 개인들의 인성, 정서, 그리고 사회성의 발달을 위해서는 어떤 교육이 필요할까? 아쉽게도 이에 대해서는 거의 연구된 바가 없다. 따라서 개인의 정체성에 대한 교육은 4차 산업혁명 시대의 학교교육이 관심을 가져야 할 중요한 부분이라고 지적하는 바이다.

(3) 미래 교육의 방향을 위한 성찰 2: 인식론적 성찰

미래 지식사회의 변화를 선도하는 교육을 위한 두 번째 질문은 "지식이란 무엇인가?" 그리고 "학교교육에서 다루어지는 지식은 어떤 성격을 띨 것인가?"이다.

이를 전망하기 위해서, 지식이 역사적으로 어떻게 다루어져왔는지에 대한 McNiely와 Wolberton(2008)의 설명을 들어보자. 고대 로마의 원로원 가문이었던 카시오도루스(AD. 490-580)는 수도원을 세우고 저술활동에 전념하기 시작했는데, 당시 수도원은 수도사들이 필사본을 만들면서 지식을 보존하고 전달하던 기능을 담당했다. 기원 후 800년경 이슬람 아바스 왕조가 번성한 바그다드에는 '지혜의 전당'이 있었는데, 그곳에는 당대 외국의 모든 지혜들을 아랍어로 번역하기 위한 다문화적 학문 공동체가 세워졌다. 당시 이슬람 과학이 최고 수준에 도달할 수 있었던 것은 이슬람 세계가 헬레니즘 도서관의 상속자이자 계승자가 되어 다양한 학문들을 수용함으로 고대의 유산을 계승시켰기 때문이다(Montgomery, 2000). 기원후 1100년~1500년 사이에는 유럽의 대학들(universitas)이 교수와 학생들의 자유로운 학술적 교류와 학문의 보편화를 바탕으로 지식 교류의 모태 역할을 하였다. 이때 대학의 도서관은 지식을 보관하고 전승하는 핵심적인 기능을 수행하였다. 르네상스 이후인 16-17세기에는 유럽의 귀족들과 학식 있는 유한계급들이 기이하고 새로운 사물들과 증거들을 수집하고 이를 박물관에 전시하였다. 이때부터 박물관은 지식을 소개하고 전파하는 새로운 기관으로 성장하여 오늘에 이르게 된다(McNiely & Wolberton, 2008, pp. 110-118).

그렇다면 21세기인 오늘날은 지식이 어떻게 교류되고 있을까? 21세기의 지식과 정보의 교류는 로마시대의 수도원이나 중세 대학의 도서관, 그리고 근대의 박물관 같은 물리적 장소에 한정되지 않는다. 21세기의 지식은 네트워크를 통한 유동성(mobility)의 개념으로 설명될 수 있는데, 한마디로 말하면 모빌리티, 관계성, 확장성을 지닌 네트워크의 구조와 작용의 영향을 받아서 지식이 형성되고 확장되고 전파되는 것이다(Urry, 2014). 이러한 네트워크의 영향력을 보여주는 예가 바로 '메디치 효과'(Medichi Effect: 서로 다른 이질적인 분야를 접목하여 창조적・혁신적 아이디어를 창출해내는 현상)인데(Johansson, 2004), 이 메디치 효과로 인해 서로 관련이 없을 것 같은 이종 간의 다양한 지식과 정보가 서로 교류・융합하여 독창적인 아이디어가 나타나고, 생산성이 향상되며, 나아가 새로운 시너지를 창출하게 되는 것이다. 요컨대, 21세기에 적합한 지식은 그 자체로 의미와 역할을 갖는 단편적이거나 독자적, 교조적 지식이 아니라 여러 지식들 간의 상호융합을 바탕으로 한 관계적인 지식이고, 그 유용성이 상황에 따라 판단될 수 있는 융통성 있는 지식이다. 따라서 학교교육에 있어서도 지식의 유동성(mobility)을 잘 이해하고 그에 적합한 교육이 이루어져야 할 것이다.

(4) 미래 교육의 방향을 위한 성찰 3: 방법론적 성찰

학교교육이 미래 사회의 변화를 선도하기 위한 세 번째 질문은 "지식을 어떻게 다룰 것인가?"이다. 우선, 4차 산업혁명 시대의 지식 공유와 지식 형성은 가상세계(virtual world)에서의 학습과 멀티태스킹(multi-tasking)이라는 두 가지 개념으로 특징 지워진다(Lin, Mills, & Ifenthaler, 2016). 이에 덧붙여, 미래에는 지식을 다루는 방식도 '갖는 것'(소유)이 아니라 '활용하는 것'(공유)으로 변할 것이다. 이처럼 지식의 공유, 가상 학습, 멀티태스킹의 개념들을 바탕으로, 미래의 학교도 지식을 다루는 방식이 크게 변할 것이다.

첫째, 전달이나 소유가 아니라 경험의 공유가 될 것이다. 사회 속에서 지식이 교류되는 방식은 여러 가지 방식을 통해 설명된다. 지식을 상품(commodity)으로 보는 관점에서는, 학자들처럼 지식을 만들어내는 지식의 생산자(producer)와 교사들 같은 지식의 전달자(deliver), 그리고 학생들 같이 수동적 입장에서 지식을 받아들이는 지식의 소비자(consumer)가 구분된다. 또한 자본주의적 관점에서, 지식이 특정 개인에게 귀속된다는 의미로 지적소유권(intellectual ownership) 개념이 생겼고, 그러한 소유권을 나눈다는 의미에서 지식의 공동소유(co-owning)라는 개념도 등장했다. 하지만 지식은 본질적으로 그 소유권이 개인에게 국한될 수 있는 성질의 것이 아니다. 지식은 개인이나 집단이 자연과 사회의 경험 속에서 얻은 이해와 통찰이라는 정신 작용의 결과물로서, 개인들 간의 지식이 공유(sharing)되거나 공유된 기존의 지식을 융합하고 재구성하여 새로운 해석과 가치가 형성(forming)되는 존재일 뿐이다. 학교에서 지식이 다루어지는 방식도 본질적으로 교사와 학생이 지식을 나누거나 새로운 아이디어나 통찰을 만들어내는 경험의 공유가 되어야 한다.

둘째, 지식은 교과서나 학습지 같은 물질적 도구나 자료의 형태에서 전자적, 가상적 형태로 바뀔 것이다. 가상세계에서의 학습의 모형은 크게 세 가지 발달 단계로 구분할 수 있는데, 온라인학습, 사이버학습, 그리고 가상학습이 그것이다. 가장 초기에는 온라인 학습(online-learning)이 있었는데, 온라인 학습은 말 그대로 물리적 교실 현장에서 이루어지는 학습이 아니라, 정보통신망을 이용하여 원격으로 이루어지는 수업을 가리키는 말이었다. 그 후 실제의 교실 환경을 컴퓨터 환경으로 대체하여 테크놀로지 기술이 풍부히 적용된 환경 속에서 학습 효과를 극대화시키는 사이버학습(cyberlearning)의 개념이 유행하게 되었다(NSF, 2017). 예를 들어, 미국과학재단의 'Cyberlearning 프로그램'이 강조하는 바, 사이버러닝을 통해 학습을 촉진하기 위한 원리에는 다음과 같은 것들이 있다(http://circlcenter.org/new2cl/):

· 과학적 통찰력을 학생들의 학습에 적용하는 것
· 새롭게 등장하는 테크놀로지를 이용한 학습법을 개발하는 것
· 기존의 학습활동에서 벗어나 변혁적 학습활동들을 고안하는 것
· 교사나 교육실천가들의 적극적인 개입과 참여를 조장하는 것
· 보다 깊이 있는 학습의 결과를 측정하는 방법을 개발하는 것

그런데 4차 산업혁명의 시대에 들어서자, 위와 같은 사이버학습도 사람들의 삶이 변화

하는 양상을 좇아가지 못하게 되었다. 정보통신 미디어가 늘 대기 상태로 주변에 있게 되자, 사람들은 접속되어 있는(connected) 상태와 접속되어 있지 않은 상태의 차이를 망각하게 되었고, 실재(real)와 가상(virtual) 사이에서 실존적 거주처를 혼동하게 되었다. 사람들은 자신들의 삶을 영화관람 하듯 관찰자의 시점에서 바라보고, 자신의 삶을 엿보려고 자신의 블로그나 커뮤니티 카페 등을 들여다보고 있다. 수업시간에 스마트기기 사용의 필요성에 대한 질문을 던지면, 그 질문의 의도조차 이해하지 못하는 학생들도 있다. 이러한 상황을 고려하여, 현실과 가상의 공간을 오고가는 학생들을 보다 효과적으로 학습의 장으로 이끌기 위한 학습모형이 개발되었으니, 바로 '가상학습'이라는 개념이다(Schank, 1997). 가상세계에서의 학습을 위해 여러 가지 접근법들이 제안되고 있는 바, 여기서 제시하는 가상학습은 다음과 같은 특성들을 갖는다. 즉, 시뮬레이션 혹은 증강현실(augmented reality) 기술을 활용한 가상학습(virtual learning), 학교 안팎이나 형식에 구애받지 않는 학습(informal learning), 개인 맞춤형의 주체적 학습(tailored and personalized learning with ownership), 학자들의 탐구방법을 재현하는 학습, 실세계 경험에 기반을 둔 학습(real world experience), 시공간에 구애받지 않는 학습(anytime anywhere learning) 등이다(Borgman, Abelson, Dirks, Johnson, Koedinger, & Linn, 2008).

셋째, 미래의 학습은 또한 멀티태스킹의 성격을 갖게 될 것이다. 정보통신 기술의 보급으로 많은 현대인들이 장소나 시간에 구애받지 않고 일을 하거나 과제를 수행하면서 동시에 페이스북, 음악감상, 문자메시지 확인, 이메일 교환, 심지어 온라인 MMORP게임까지 동시에 한다. 이러한 멀티태스킹은 현대인의 삶의 특징이기도 하고 그 다양한 장점으로 인해 멀티태스킹에 능한 사람들이 사회적 조명을 받기도 하지만, 그 효과나 부작용에 대해서도 많은 논란이 일고 있다. 예를 들어, 운전을 하면서 간식을 먹거나 화장을 하거나 심지어 문자메시지를 보내거나 업무를 수행하기도 하는데, 이러한 것들은 큰 위험을 초래하기도 한다(Vogel, 2007). 교육적 측면에서는 학습 효과의 문제에서부터 집중력 손실의 문제, 생활습관의 문제, 그리고 심리정서적 문제에 이르기까지 그 부작용에 대한 우려가 훨씬 크다(Ophir, Nass & Wagner, 2009; Jackson, 2008). 한편, 멀티태스킹의 효율성에 대한 논란과는 별도로, 멀티태스킹을 수행할 때 도취 상태를 유도하는 신경화학물질이 분비되어 기분이 좋아지고, 수행자들에게는 특별히 생산적으로 일하고 있다는 착각을 불러일으킨다는 연구결과도 있다(Turkle, 2010).

요컨대, 4차 산업혁명에 대응하는 학교교육의 방향을 설정하기 위해서는 어떤 존재를 키울 것인가(Who: 존재론적 성찰), 어떤 지식을 다룰 것인가(What: 인식론적 성찰), 그리고 그러한 지식을 어떻게 다룰 것인가(How: 전략적 성찰) 하는 문제들이 동시에 고려되어야 한다. 즉, 미래 교육의 방향은 테크놀로지의 변화에 순응하는 것이 아니라, 그 방향을 면밀히 분석하고, 그에 대한 비판적인 평가를 함으로써 설정되어야 한다는 것이다. 이를 위해 미래의 인간상에 대한 올바른 비전 정립, 학교교육에서 어떤 지식을 다루어야 할 것인가에 대한 통찰, 그리고 그러한 지식을 어떻게 학생들로 경험하게 할 것인가에 대한 전략적 성찰이 우선적으로 이루어져야 할 것이다.

1.3 4차 산업혁명 시대의 학교지식과 학습

(1) 교육 목표의 변화

4차 산업혁명에 대비한 학교교육의 방향에 대해서 이미 많은 전문가들이 논문과 저술을 통해서 그 목표나 방향을 제시한 바 있다. 그 중 하나가 최근 <2015개정 교육과정>에서 중점을 두고 있는 '미래역량' 교육과정인데, 여기에 어떤 목표들이 제시되어 있는지 살펴보자.

표 1.3 미래역량 중심 교육과정의 목표(서울시교육청)

구분	학교교육의 목표
지성을 기르는 인지 역량	· 알고 있는 사실을 타인에게 잘 설명하는 능력 · 주어진 현상과 지식 및 정보를 분석하고 종합하는 능력 · 기존의 사실이나 지식에 대한 비판적 사고력 · 지식과 정보를 연결하여 새로운 상황에 적용하는 능력 · 인류의 문화유산에 담긴 지혜를 이해하고 해석하는 능력 · 미래 사회의 변화에 대응하는 자유로운 상상력과 창의력
감성과 건강을 키우는 사회·정서 역량	· 자연 현상이나 예술적 산물에 대한 심미적 감수성 · 자신의 생각을 다양한 방법으로 표현하는 문화예술적 능력 · 다른 사람의 감정을 이해하고 공감하는 태도 · 타인과 협력하고 갈등을 관리하며 사회적 관계를 맺는 능력 · 신체 활동을 통하여 놀이, 학습, 일에 참여하는 능력 · 각종 미디어의 오용이나 중독으로부터 자신을 보호하는 태도 · 신체적, 정서적, 사회적 건강을 키우고 유지하는 능력
인성 및 시민성을	· 자아존중감을 바탕으로 자신을 이해하고 관리하는 능력

함양하는 참여 · 자치 역량	· 민주적 절차와 방법으로 의사를 결정하고 실행하는 능력 · 타인의 고통을 이해하고 극복하기 위해 함께 실천하려는 태도 · 정의와 비차별 정신을 바탕으로 공공의 이익을 위해 참여 · 행동하려는 태도 · 생태, 평화, 인권의 윤리적 인식을 바탕으로 책임감 있게 참여하는 태도 · 문화 다양성에 대한 이해를 바탕으로 세계시민과 공감하고 교류하는 태도

위 <표 1.3>은 미래교육과정을 인지, 감성, 인성이라는 세 가지 역량 개발에 포커스를 맞추고, 각 역량을 위하여 어떤 능력을 길러야 하는지에 대해 서울시교육청이 선정한 교육과정의 목표이다(최광락, 2017). 이러한 목표들은 교육의 방향성을 상징적으로 보여주는 역할을 하지만, 구체적으로 어떤 교육내용과 수업방법으로 이어져야 하는지는 보여주지 못한다. 사실 위와 같은 역량을 기르기 위해 학교교육에서 다루어야 할 교육내용이나 교수방법의 문제는 각 교과 영역의 이해관계와도 맞물려있지만, 실제로 어떤 교과지식을 가르치는가는 문제가 아닐 수도 있다. 즉, 교과 내용을 선별하는 것보다는 지식에 대한 융합적 접근이 더 필요할 것이고, 이러한 융합적 지식에 창의적 사고를 훈련함으로써 학생들로 하여금 어떠한 지적, 정서적, 기술적 발전을 이루게 하느냐 하는 것이 더 중요할 것이다. 그런 의미에서 필자는 학교교육의 결과로 나타나는 학생들의 사고력 간에 어떤 연관성이 있는지를 융합 지식과 창의적 사고의 관련성을 중심으로 논의하고자 한다(박휴용, 2018).

(2) 사고의 변화

필자는 4차 산업혁명 시대 학교교육의 역할을 탐색하기 위한 가장 첫 단계가 ‘지식의 본질’에 대한 이해를 갖는 것이고, 그 대표적 실천이 바로 창의융합적 사고의 훈련이라고 본다. 그런 의미에서 4차 산업혁명 시대의 융합적 지식을 위한 사고의 성격을 창의적, 비판적, 그리고 관계적 사고라는 세 가지 차원에서 살펴보고자 한다.

첫째, 어떤 지식이 창의성 있는 지식이며, 융합적 지식은 어떻게 창의성을 개발할 수 있을까? 창의성이라 하니 뭔가 대단히 새롭고 혁신적이며 커다란 성취를 가져오는 사고라고 생각할 수 있지만, 오히려 창의성은 매우 일상적인 사고 행위에서 드러난다. 이를 설명해주는 것이 바로 ‘일상적 창의성’(everyday creativity)이라는 개념이다(Richards, 2007). 정보화 전문가인 Nisbett(2016)은 창의력에 영향을 미치는 세 가지 요소로 추론과 해석의 역할, 상황이나 맥락의 역할, 그리고 무의식의 역할을 강조한 바 있다. 우선 추론과 해석의 역할을 보면, 세상은 객관적 실체로 이루어진 것이 아니라 사람들의 이해와 해석으로 이루어져 있다. 때문에 창의력에서 중요한 건 세상과 현실에 대한 새롭고 독특한 해석력을 발휘할 수 있느냐 하는 것이다. 또한 사람들은 보통 창의력을 개인의 기질(지능, 창의성 등)에서 발현된다고 생각하는데, 이는 근본적 귀인의 오류(fundamental attribution error)일 뿐, 실제로는 상황과 맥락에 의해 크게 좌우된다. 마지막으로, 무의식은 말 그대로 우리가 의식하지 못하는 것일 뿐, 실제로는 환경으로부터 오는 정보를 의식보다 훨씬 광범위하게 접수하고 처리하여 우리의 행동에 영향을 끼친다. 그러면서도 무의식은 의식만큼 합리적이어서, 의식이 효과적으로 대처하지 못하는 많은 문제들까지 합리적으로 해결한다. 그러므로 창의력을 개발하기 위해서는 의식적(논리적) 사고에만 의존할 것이 아니라, 무의식적 사고들이 의식의 영역과 자유롭게 교류할 수 있도록 '열린 사고'를 훈련하는 것이 필요하다.

요컨대, 환경이나 상황적 요소가 문제해결력이나 고차원적 사고의 발현에 더 크게 작용할 수 있고, 무엇보다도 창의성은 직접적으로 다루어지거나 가르쳐질 수 없다. 이를 Sweller(2009)는 '무목적(non-purposive)적인 조건에서의 창의성' 차원으로 연구한 바 있는데, 이 연구에 따르면 물건의 쓰임새를 생각하기 전에 물건의 모양을 조합해보는 것이 더 효과적이라고 한다. 물건의 쓰임새와 그 모양에 대한 기존의 선입견이 보다 창의적인 사고를 제한할 수 있기 때문이라는 것이다. 같은 맥락에서, 사람들의 창의성을 고무하기 위해서는 특정한 목적이나 목표에 얽매이지 않도록 무엇이든 만들어보게 하는 것이 더 효과적일 수가 있다(Finke, 1996).

둘째, 비판적 사고란 용어는 과학적 사고의 다른 이름으로도 쓰일 만큼 다양한 관점과 의미의 스펙트럼을 가지고 있다. 비판적 사고를 논리적 추론을 위한 가장 기본적인 사고라고 여기는 입장도 있고, 수용, 거부, 유예 등의 판단을 위한 조심스럽고 숙고적인 결단이라고 여기는 입장도 있다. Halpern(2014, p. 4)은 비판적 사고를 "인지기술이나 전략을 사용하여 바라는 결과를 얻을 가능성(probability)을 증가시키는 것으로, 유목적적이고 이성적이며 목표지향적 사고"라고 정의하고, 이러한 사고에는 문제해결, 추론의 형성, 가능성(likelihoods)의 계산, 의사결정 등이 포함된다고 하였다. 아울러 사고자는 특정 맥락과 사고 과업 유형에 맞는 사려 깊고 효과적인 기술을 사용할 수 있어야 한다고 강조하였다.

비판적 사고의 가장 중요한 요소는 바로 상위인지(metacognition: 즉 자신의 생각에 대한 숙고)인데, 이는 어떤 주제, 내용, 문제에 대해 숙고하면서 자신의 생각의 내재적 구조에 대해 합리적인 준거를 바탕으로 평가하고 그 사고를 개선해나가는 것이다(Paul, Fisher & Nosich, 1993, p.4). 비판적 사고는 자발적이고 능동적이며 회고적이고, 관계적, 해석적, 평가적(어떤 사물의 장점, 질적 특성, 효용성과 가치 등을 결정하는 과정)인데, 이러한 성격은 창의성의 기초가 될 수 있다. 이를 '비판-창의적 사고(critico-creative thinking)'라고 하는데, 어떤 주장이나 현상 등을 비판적으로 사고한다는 것은 비난이나 거부 같이 부정적인 생각만 하는 것이 아니라, 다른 가능성, 대안적 고려, 다른 선택 안 등에 대한 매우 상상력 있고 창의적인 추론을 한다는 것이다. 또한 어떤 이슈에 대해 올바른 판단을 하기 위해서는 다른 사람의 견해에서 오류를 찾아낼 뿐 아니라 최상의 주장을 이끌어내어 자신의 판단 근거를 제공해야 하는데, 그러기 위해서는 창의적이 되어야 한다.

셋째, 융합적 지식을 위한 사고의 형성에 필요한 또 다른 요소는 관계적 사고와 모호성이다. 창의성은 단순히 개인적 사유의 특징이 아니라 집단적이고 공동체적인 협력의 산물이기 때문에, 집단 내 상호작용이나 네트워크의 성격 등이 창의성에 영향을 미친다. 즉, 창의성은 시스템적 특질이기 때문에, 새로운 아이디어를 창출하기 위해서는 다중으로 연결된(multiple connected) 네트워크가 필요하다. 예를 들어, 참신성(novelty)은 다중 네트워크의 구조 속에서 아이디어들의 교류가 활성화되면서 차고 넘치기(spillover), 위치변화(transpositoin), 혼합(mixing), 그리고 재조합(recombination) 등의 메커니즘을 통해 나타난다.

모호성(ambiguity) 또한 필요한데, 이는 두 가지 이상의 서로 다른 해석이 공존함으로써 명확성과 확실성이 없는 상태를 말한다. 지식은 개별적으로 분리될 수 있는 것이 아니며, 우리가 지식을 구분하고 범주화하는 것은 단지 논리적인 이해를 돕고 체계적으로 학습하기 위한 것이다. 그런데 범주화는 모호성을 참지 못하고, 새로운 정보나 복잡한 사물의 특성들을 기존에 형성된 범주적 틀 속에 분배해 놓는 경향이 있다. 이러한 범주화가 결코 완전하거나 정확한 것이 아님에도 불구하고, 습관이 된 범주적 사고는 사물들 간의 미세한 차이를 구별하지 못하거나 기존의 사고의 틀에 얽매이게 하는 위험이 있다. 그런 점에서 오히려 모호성이 사물의 본질일 수가 있다. 다중적 의미로 인해 일어나는 혼란(모호성)은 참신한 아이디어와 새로운 발명품을 만들어내는 출발점이 된다. 따라서 창의적(혁신적) 사고는 범주화된 경계를 허무는 과정에서 나오며, 모호성을 있는 그대로 수용하고 그것을 사고의 출발점으로 삼는 태도 속에서 창의성이 발현될 수 있는 것이다.

요컨대, 4차 산업혁명에 대비하기 위한 학교교육의 방향은 결국 학생들의 사고력 변화에 초점이 맞춰져야 한다. 그리고 그 사고력의 변화에서 가장 중요한 요소가 바로 창의적 사고의 본질을 이해하는 것, 비판적 사고력을 기르는 것, 그리고 관계적 사고를 활성화시키는 일이다. 그렇다면, 이러한 사고력의 증진을 위해 교수학습과 수업은 어떻게 바뀌어야 할까?

(3) 교수학습의 변화

앞 절에서 논의한 창의적 사고, 비판적 사고, 관계적 사고 등을 바탕으로 한 융합수업을 촉진하기 위해 교수학습의 성격은 어떻게 변해야 하는가? 이를 교수학습 원리, 교육과정, 그리고 교수법의 차원에서 한 가지씩 사례를 통해 살펴보자.

① 교육과정: 맞춤형 교육

맞춤형 교육이란 개별 학습자의 학업성취 수준, 심리특성, 가정환경 등을 종합적으로 고려하여 개별 학습자에게 가장 적합한 학습경험을 제공하는, 다양한 방식의 교수지원을 말한다. 말하자면, 학생의 다양한 특성을 고려한 차별화(differentiated: 교육목표와 내용은 모든 학생이 동일하지만, 교수방법에 있어서는 학습 속도와 선행학습 정도를 반영하여 소규모 집단별로 나누어 수업하는 것) 수업이다. 이 차별화는 개인화(individualized: 소규모 집단별 수업이 아닌 개인별 지도에 의한 차별화 수업)와 개별화(personalized: 각 학생의 교육목표와 내용이 다르고 교수방법도 다르게 이루어지는 것)로 구분될 수 있는데, 저학년 수준에서는 주로 개인화 수업이 이루어지며, 이후 학습자로서 성숙하고 자기주도적 학습이 가능해지면 개별화 수업으로 발전한다.

이러한 맞춤형 수업을 위해서는 교육과정의 재구조화나 학교제도의 유연화 등이 선행되어야 한다. 즉, 지식과 이해 위주의 인지적 교과 학습의 경우 학습자의 학업성취 수준과 학습속도에 맞는 학교 제도(예, 무학년제)의 도입이 필요하며, 음악, 미술, 체육 같은 예체능 교과나 동아리, 봉사활동 같은 창의적 체험활동 등 비인지적 활동에서는 인성과 사회성에 보다 초점을 맞추어 수업이 진행되어야 한다. 교육과정의 측면에서는 개별화 교육과정을 바탕으로, 학년 군이나 학교 급별로 모든 학생들이 성취해야 할 핵심 성취기준(standards)을 설정하고, 성취기준에 따라 절대평가에 의해 이수를 점검할 수 있는 성취수준(mastery level)을 관리하는 것이 필요하다. 또 교육평가의 측면에서는 모든 학습자들이 학습의 과정에서 성공을 경험할 수 있는 절대평가가 더 적절할 것이다. 무엇보다 교사의 전문성과 자율성이 존중되면서, 교사는 학생의 성공적인 학습을 지원하는 '학습 멘토, 코치, 컨설턴트'로서 자신의 역할을 재정립할 필요가 있다(정제영, 2017).

② 교수법: 게임기반 교육

4차 산업혁명 시대에 걸맞은 새로운 교수방법적 접근 중 하나로 게임기반 교육에 대해 소개하고자 한다. 교육용 게임이 학생들로 하여금 지식을 통합적으로 적용하도록 자극함으로써 학습에 도움을 주는 바를 연구하는 분야가 바로 게임기반 교육(GBL; Game-based Learning)이다(Mozelius, Fagerström, & Söderquist, 2016). 게임기반 교육이 학습에 기여하는 원리는 바로 몰입, 관계성(협력), 시뮬레이션이라는 특성을 극대화하는 것인데, 이 원리를 간단히 살펴보면 다음과 같다.

첫째, 몰입의 원리이다. 게임을 통한 학습이 가진 가장 두드러진 장점은 재미이다. 그래서 학습자들의 몰입을 이끌어낼 수 있고, 실제로 타자연습 게임처럼 학습 효과도 뛰어나다(Malone & Lepper, 1987). 즉, 참여자들의 몰입과 집중을 강화함으로써, 게임에 대한 내적 동기화 효과를 활용하는 것이다. Zichermann과 Cunningham(2011)은 '게이미피케이션(Gamification)'을 '게임적인 사고와 기법을 활용해 유저를 몰입시키고 문제를 해결하는 과정'이라고 정의하고, '몰입(engagement)'을 '어떤 사람이 다른 사람이나 장소, 물건, 생각 등과 관계를 유지하는 기간'이라고 정의하였다. 게임이 가진 이러한 재미와 몰입의 특성은 학습의 차원에서 많은 장점을 가지고 있다. 게임이 대부분 내적 동기에 의한 활동이라는 점과 몰입력이 높다는 점 때문에 쉽게 학습 내용에 집중할 수 있고, 초기 학습 효과가 크다는 것이다. 특히 '심시티(Sim City)'나 '문명(Civilization)' 같은 시뮬레이션 게임들은 게임의 목표를 달성하기 위해 다방면의 지식들을 활용하고, 메타인지적 전략을 활용하며, 리얼리티에 입각한 적용을 시도하는 등 융합 지식 활용 차원에서 효과가 있다.

그러나 이러한 재미, 몰입, 집중이라는 게임의 특성들로 인해, 자기 조절 능력이 부족한 청소년들에게 악영향을 미칠 수 있다는 우려도 제기된다. 예를 들어, 청소년 폭력 문제가 불거질 때마다 그들이 몰입했던 게임들과 게임 중독으로 인한 현실감 상실이 문제의 원흉으로 지목되며, 이를 예방하기 위한 정책으로 '셧다운 제도'가 등장하기도 했다. 그러므로, 인간의 정신 활동에 있어서 몰입은 긍정적인 효과와 부정적인 영향을 같이 가지고 있는 양날의 검이기 때문에, 몰입이 가진 이 양면적인 성격을 잘 조절하여 교육적 원리로 활용할 필요가 있을 것이다.

둘째, 관계성(relationship)이다. 사람들이 게임에 몰입하고 더 나아가 중독이 되는 이유에는 중독의 메커니즘이 있다. 그 중독의 요인에는 목표 의식, 동참자들과의 관계성, 현실 생활의 스트레스 해소와 탈출구라는 측면, 그리고 게임을 통한 보상의 구조가 포함된다. 그렇다면 게임이 갖는 동기화 혹은 흥미 유발의 요소를 학습이나 훈련(운동)에 적용하여 건전한 몰입이 이루어지게 하려면 어떤 보상 체계가 필요할까? 지커맨은 이러한 몰입을 위한 보상책으로 지위(Status), 접근권(Access), 권력(Power), 물품(Stuff) 등 네 가지를 꼽고 있는데, 이 네 가지 보상책은 결국 게임에 참여하는 사람들의 관계성이나 역할 분담의 문제이다. 예를 들어, 다중 참여 역할 게임(MMORPG)들의 경우 이러한 관계성이나 역할 분담은 참여자들의 내적 동기를 높일 수 있고, 그것은 또한 게임 참여의 중요한 요인이 된다(Dickey, 2007). 즉, 학습이든 게임이든 그러한 활동에 있어서 동참자들 간의 관계 형성이나 집단 속에서의 역할은 개인이 그러한 활동에 의미를 부여하고 적극적으로 참여하는 데 매우 중요한 요인이 된다는 것이다.

이러한 관계성의 형성과 그 관계성을 만들어가는 협력의 원리를 활용하여 교육적 효과를 누릴 수 있는 많은 게임들이 개발되고 있다. 예를 들어, 집단의 참여를 바탕으로 개발된 과학 영역의 게임 프로젝트가 바로 '폴드잇(FoldIt)'이다. 이 게임은 2008년 5월 데이빗 베이커 워싱턴 대 교수팀이 제작했는데, '흔들기', '구부리기', '다시 만들기' 등의 기능을 이용해 단백질의 3차원 구조를 더욱 효율적인 형태로 바꾸는 게임이다. 접힘 현상의 효율이 좋아질수록 높은 점수를 받을 수 있는 이 게임에는 6만여 명이 참여하였는데, 지난 해 9월 '네이처 구조분자생물학'에는 이 폴드잇 게이머들 덕분에 세포에서 에이즈 바이러스가 증식하는 데 필수적인 한 단백질의 구조를 알아냈다는 연구 결과가 발표되기도 했다. 10년 간 수많은 과학자들이 해결하지 못한 문제를 게이머 수만 명이 달려들어 10일 만에 해결한 것이다. 이와 유사한 사례로 캐나다 맥길 대에서 개발한 '파일로(Phylo)'라는 게임이 있다. 이것은 컴퓨터의 DNA 해독 오류를 찾아내는 게임으로서, 컴퓨터와 인간이 서로 부족한 부분을 보완해내는 과학 연구 게임이다. 이러한 사례들은 게임의 형태로 수행된 집단 지성과 협력이 얼마나 큰 교육적 효과를 나타내는지를 잘 보여주고 있다. 요컨대, 집단 참여 게임은 게임 속에 제시된 문제들을 많은 사람들이 집단 지성을 활용하여 공조와 협력을 통해 해결해나가는 기회를 제공한다. 이때 집단 지성의 역할은 서로 다른 관점에서 문제를 바라보게 하고, 브레인스토밍을 이끌어내며, 다양한 사례와 자료들에 대한 통찰을 통해 문제해결의 실마리에 훨씬 쉽게 접근하도록 해주는 것이다.

셋째, 시뮬레이션(simulation)이다. 시뮬레이션은 현실을 사실적으로 모사하거나 확대하여 재현할 수 있고, 혹은 현실을 초월한 상황을 보다 창의적으로 구현해내면서도, 안전하고 반복적인 장면을 연출해낼 수 있다는 것이 가장 큰 특징이다. 실제로 과업을 수행할 때에는 다양한 지식을 활용하여 문제를 해결하는 능력이 필요한데, 시뮬레이션 게임이 바로 그러한 실제 상황을 연출해냄으로써 탁월한 효과를 보이고 있는 것이다(Kriz, 2003; Leger, 2006). 즉, 시뮬레이션 게임처럼 참여자 스스로 목표 의식을 가지고 게임의 내용을 구성해나가는 방식은 교육적인 효과가 크다.

시뮬레이션 게임의 교육적 효과는 지식의 융합 차원에서도 분명하다. 하나는 실제 현실에서는 할 수 없는 많은 것들에 대해 모델링이나 시뮬레이션을 통한 지적 탐색 과정으로 해결 방법을 찾게 한다는 것이며, 또 하나는 시뮬레이션이 문제 해결을 위한 맥락을 제공해 주고 또 아이디어 산출의 구심점이 되는 플랫폼 역할을 해준다는 것이다. 무엇보다 시뮬레이션 게임은 이론을 실제 기술과 문제 해결에 적용해 볼 수 있는 가장 좋은 방식이다. 지금까지 교육계에서는 '에듀테인먼트'라는 명목 하에 수많은 게임을 개발해 보급했지만, 그리 성공적이지는 못했다. 기존의 교육용 게임들은 부모나 교사, 교육 전문가들이 교육용 소프트웨어에다가 게임적 요소들을 작위적으로 적용해 놓은 것들이 대부분이다. 그래서 게임의 특성과 교육적 효과가 적절히 융합되지 못했고, 게임에 참여하는 학생들도 지속적인 흥미를 느끼지 못했다. 게임과 교육을 표피적으로 혼합한 시도가 쉽게 파악되었기 때문이다. 따라서 시뮬레이션 원리의 교육적 효과를 생각해 본다면, 단지 교육용 게임에만 적용할 뿐 아니라 실제 교수학습에서 어떻게 활용해야 할지 더 많은 연구가 필요할 것이다.

요컨대, 게임 기반 교육은 게임의 내용을 통해서 학습자들의 내적 동기화가 쉽게 이루어지고, 게임에 참여하는 과정에서 다양한 개인들의 아이디어와 협력이 새로운 통찰과 집단 지성을 발현하게 되며, 무엇보다 이론이나 개념을 현실 사례에 적용할 수 있는 가장 좋은 학습 메커니즘이다. 따라서 게임 기반 교육은 4차 산업혁명 시대의 산업 및 기술적 요구에 부응할 수 있는 가장 효과적인 학교교육 방법론이라고 여겨진다.

③ 4차 산업혁명 이후의 교육: 기술 중심 시대의 교육적 대응

과거의 교육에서 교육 목적, 교육 대상, 그리고 교육 방법을 설정함에 있어 가장 기본적인 이념의 토대는 인본주의였다. 즉, 이성적이고 자율적인 존재로서의 인간상과 사회적 정의, 인권, 인간평등주의 등 다양한 인본주의적 가치들이 교육의 목표가 되었고, 인간 특성에 대한 심리학적 이해가 교육 대상을 이해하기 위한 기본 지식이 되었으며, 교육 방법도 그러한 인간관을 바탕으로 설계되었다. 이러한 인본주의적 교육관은 유럽 교육의 전통 속에서 '양성(Bildung)', '훈련(Apprentisage)', 계몽 등의 개념으로 학교교육 시스템을 통해 세습되어 내려왔고(Pedersen, 2010), 결과적으로 오늘날까지 윤리 교육, 사회성 교육, 자기주도학습 등의 교육 원리와 방법론을 통해 그대로 이어져왔다.

하지만, 4차 산업혁명 이후 기술 중심의 사회로 급변하고 그에 따라 융합 지식의 중요성이 높아진 지금, 과거의 인본주의적 교육 가치들은 근본적인 한계에 직면하게 되었다. 인본주의 교육은 인간중심적 세계관, 즉 인간을 중심에 두고 세상(지식, 물질, 환경, 생태계 등)을 인식하는 인류중심주의를 토대로 하고 있다. 하지만 포스트휴먼적 기술 중심 시대의 교육은 기존의 인간중심적 관념을 넘어서, 자연과 환경, 모든 생명체에 이르기까지 그 범위를 넓혀가고 있다. 물질세계와 기술들 간의 인위적인 구분과 경계를 넘어서, 그동안 타자화 되고 정복의 대상이 되어왔던 자연, 생태계, 심지어 도구나 기술들까지도 교육의 담론 속에 포섭하려고 한다.

사실 "교육은 본래 포스트휴먼적이다."라고 할 수 있을 만큼, 교육 원리에는 포스트휴먼적 성격이 많이 녹아있다. 예를 들어, 교육심리학의 이론적 토대를 마련했던 Pavlov와 Thorndike 등의 비교심리학적 연구들은 인간과 동물에 대한 구분 없이 실증주의적이고 경험주의적인 실험을 통해 수립되었던 것이다. 실제로 교육심리학의 대표 저널인 <교육심리학(Educational Psychology)>의 창립판에서 Thorndike(1910)는 "심리학은 인간을 포함한 동물의 지능, 성격, 행동을 연구하는 과학이다."(p.5)라고 선언한 바 있다. 이후 100년간 심리학은 인간의 학습이 동물의 학습과는 본질적으로 다르다는 가정 하에 연구되어 왔지만, 최근 인지과학, 신경과학, 그리고 인공지능, 진화신경과학 등 최첨단 연구들은 이러한 인간과 동물, 혹은 인간과 기계의 학습 사이에 근본적인 차이가 없다는 것을 전제로 이루어지고 있다. 그러한 맥락에서, 최근 유행하고 있는 자기주도적 학습(self-regulated learning)의 원리도 '학습자의 주체성과 자율성에 기반을 둔 인지 과정'으로 파악하는 것이 아니라, '학습자-내용(지식)-교육매체(네트워크)의 다중적 연결 속에 흐

르는 데이터(학습내용)의 분석, 보고, 수행, 그리고 피드백 과정을 통해서 이루어지는 자기-적응적 네트워크'로 간주하고 있다(Winne, 2006, p. 14).

마찬가지로, 최근 활발히 연구되고 있는 뇌신경학적 연구의 결과들은 인간의 학습과정을 '컴퓨터로 연결된 네트워크 속의 데이터 흐름을 관할하고 통제하는 알고리즘'의 차원에서 이해할 수 있음을 보여준다. 만일 인간의 두뇌에서 발생하는 학습의 내적 구조가 이렇듯 컴퓨터 네트워크 속의 알고리즘으로 이해(설명)될 수 있다면, 머지않아 학습의 주체 혹은 교육의 대상은 자기정체성을 가진 '인간'이라기보다는 그 인간의 두뇌 신경구조나 패턴이라고 보게 될지도 모른다. 그렇다면 교육은 개별적 인간 존재들의 잠재력을 형성하거나 실현하는 과정이 아니라, 신경망들의 구조나 관계성을 미세하게 조절(tuning)하는 작업이나 두뇌 시스템의 수행을 최적화하기 위한 데이터 교류의 과정이 될 수도 있겠다.

1.4 나가는 말

4차 산업혁명은 사실 테크놀로지의 발달에 따라 미래 사회가 변화하는 양상들 중의 하나에 불과하다. 따라서 기술의 발전이 가져올 미래 사회의 변화를 떠올릴 때는, 단순한 기술적 측면뿐 아니라, 사회적, 문화적, 환경적 측면 등을 모두 고려해야 한다. 그런 의미에서 4차 산업혁명 시대를 맞이한 교육적 대응을 미래의 인재상, 미래학습의 방향, 그리고 공교육의 역할 차원에서 간략히 논의하고 본 장을 마치고자 한다.

첫째, 미래 교육의 목표로 제시되는 학생의 자질, 역량, 혹은 인재상이 학생 자신과 사회에 어떤 의미를 갖는지에 대한 반성적 성찰이 필요하다. 최근 미래의 인재상을 말할 때 자주 언급되는 협업 능력, 소통 능력, 사회적 네트워크, 자기 주도성, 의사결정 능력, 비판적 사고력, 창의성 등의 요소들이 과연 개인과 사회 혹은 공동체에 어떤 가치나 의미를 가져다주는지 충분한 성찰이 필요하다는 것이다(Zajda & Geo-JaJa, 2010). 이러한 성찰에는 오늘날 교육의 문제를 야기하는 과도한 경쟁주의나 성과주의, 그리고 교육 격차와 사회적 차별 등의 문제까지 포함되어야 한다. 그런 후에야 기술의 진보가 어떤 사회를 가져올 것이며, 그 사회가 얼마나 살만한 사회인지에 대해 올바른 판단이 내려질 수 있을 것이다.

둘째, 미래 기술의 진보가 가져올 학습 환경 및 교수 학습 방식의 변화에 능동적으로 대응할 필요가 있다. 미래 교실 수업의 모습은 분명 과거나 현재와는 달라질 수밖에 없다. 미래교육은 오랫동안 학교교육이 안주해왔던 폐쇄적 교수 학습이나 현재까지 이루어지고 있는 협력적 교수 학습에서 벗어나, 점차 개방적이고도 공동적인 교수 학습의 형태로 나아가야 할 것이다. 특히 4차 산업혁명의 변화로 학습은 교실이라는 물리적 공간에 국한되지 않을 것이다. 인터넷 및 사이버 공간 활용이나 외주 자원 활용의 비율이 높아질 것이고(개방적 교수 학습), SNS 같은 다양한 사회적 관계망을 바탕으로 한 사회적 기술(social technology)이 활용되며, 참여자들의 지속적인 협력 속에서 프로젝트 및 현장학습이 이루어지는 방식(공동적 교수 학습)으로 변화할 것이다.

셋째, 미래 교육의 방향에서 가장 중요한 것은 공교육으로서 학교교육이 어떤 역할을 하게 될 것인가 하는 문제이다. 앞서 언급했듯이, 기술적 진보는 대부분 기업에서 이루어지고, 기업들이 그에 따라 유능한 인재를 학교로부터 공급받는 산·학 협력이 이루어지고 있다. 이러한 현상은 학교교육을 기능주의적이고 엘리트주의적으로 만들어버리며, 학교를 생산성 및 효율성에만 초점을 둔 인재 양성 기관으로 규정하는 경향을 낳게 된다(Saltmarsh, 2007). 문제는 이러한 경향이 공공성, 즉 평등성과 기회 균등의 원칙을 기반으로 한 학교교육의 역할을 침해하는 결과를 초래한다는 것이다. 그러므로 기술적 진보에 대한 대응에만 초점을 맞추다가 교육의 공적 가치를 훼손시키는 일이 없도록 유념해야 할 것이다.

방과 후 학생과 교사가 떠난 텅 빈 학교와 교실은 덩그러니 남은 건물과 설비로만 존재한다. 그 건물의 외형적 규모, 시설 현황, 건물 내부의 첨단 교육 시설 자체는 아무런 교육적 의미를 갖지 못한다. 이렇듯 교육은 건물이나 도서, 학습을 위한 컴퓨터 및 설비들이 아니라, 사람들이 기술과 정보를 바탕으로 아이디어와 지식을 나누는 경험 그 자체이다. '4차 산업혁명 시대의 교육'을 생각할 때도 기술 자체의 개발이나 유능한 과학자를 양성하기 위한 훈련이 아니라, 그러한 기술이 어떤 사람과 사회를 만들어줄 수 있을지에 대한 성찰이 먼저 이루어져야 한다. 교육의 보다 근본적이고 포괄적인 역할은 자라나는 세대들이 그러한 지식과 기술의 타당성과 의미(합목적성)를 깨닫게 하는 것이며, 미래 사회를 만드는 데 필요한 지식과 가치와 마음가짐을 갖도록 가르치는 것이다. 이것이 바로 4차 산업혁명 시대의 교육에 대해 고민해야 할 핵심 과제이다.

참고문헌

마정미 (2014). 포스트휴먼과 탈근대적 주체. Communication Books.

박가열, 최영순, 손다혜, 박성원, 진설아, 홍성민 (2017). 인간기술융합 트랜스휴먼 시대에 따른 미래직업세계 연구 (기본연구 2017-37). 서울: 한국고용정보원/과학기술정책연구원.

박휴용 (2018). 융합지식과 융합교육과정. 전주: 전북대출판문화원.

박병원 (2016). 인공지능, 로봇, 빅데이터와 제 4차 산업혁명. Future Horizon, 28, 4-5.

이세민 (2016). [제 402회 과학기술정책포럼] 미래사회 변화를 선도할 핵심기술: 우리사회를 어떻게 변화시키며, 우리의 대응은 무엇인가? 과학기술정책, 26(7), 74-77.

이승협 (2017). 4차 산업혁명과 노동의 변화. Future Horizon, 33, 16-19.

신상규 (2017). 호모 사피엔스의 미래: 포스트휴먼과 트랜스휴먼. 서울: 아카넷.

정제영 (2017). 4차 산업혁명 시대 학교교육의 전망과 과제. 이슈페이퍼(2017-02-06). 서울: 한국교육개발원.

최광락 (2017). 4차 산업혁명을 대비하는 서울혁신 미래교육과정. 서울교육[Webzin], 232(60). http://webzine-serii.re.kr/

Barabási, A. L. (2003). Linked: The new science of networks. American Journal of Physics 71, 409. https://doi.org/10.1119/1.1538577

Basu, C. (2012). Education 360: Journey of the digital amphibians. Global Business Resource Center, University of Wisconsin-Whitewater.

Borgman, C. L., Abelson, H., Dirks, L., Johnson, R., Koedinger, K. R., & Linn, M. C. (2008). Fostering learning in the networked world: The cyberlearning opportunity and challenge. A 21st century agenda for the National Science Foundation. Report of the NSF task force on cyber learning.

Bostrom, N. (2003). Human genetic enhancements: a transhumanist perspective. The Journal of Value Inquiry, 37(4), 493-506.

Bostrom, N. (2005). In defense of posthuman dignity. Bioethics, 19(3), 202-214.

Dede, C. (2009). Comparing frameworks for "21st century skills". Harvard Graduate School of Education.

Dickey, M. D. (2007). Game design and learning: A conjectural analysis of how massively multiple online role playing games (MMORPGs) foster intrinsic motivation.

Educational Technology Research and Development, 55(3), 253 273.

Drath, R., & Horch, A. (2014). Industrie 4.0: Hit or hype?[industry forum]. IEEE industrial electronics magazine, 8(2), 56-58.

Espinel, V., O'Halloran, D., Brynjolfsson, E., & O'Sullivan, D. (2015). Survey Report:"Deep Shift: Technology Tipping Points and Societal Impact.". In World Economic Forum, September.

Finke, R. A. (1996). Imagery, creativity, and emergent structure. Consciousness and cognition, 5(3), 381-393.

Halpern, D. F. (2014). Thought and knowledge. An Introduction to critical thinking (5th ed.). New York: Psychology Press.

Hinsen, P. (2014). 뉴 노멀(New normal). (이영진 역). 서울: 흐름출판. (Original work published in 2011)

Johansson, F. (2004). The Medici effect. Boston, MA: Harvard Business School Press.

Kriz, W. C. (2003). Creating effective learning environments and learning organizations through gaming simulation design. Simulation & Gaming, 34(4), 495-511.

Léger, P. M. (2006). Using a simulation game approach to teach enterprise resource planning concepts. Journal of Information Systems Education, 17(4), 441.

Lengel, J. G. (2013). Education 3.0: Seven steps to better schools. Teachers College Press.

Lin, L., Mills, L. A., & Ifenthaler, D. (2016). Collaboration, multi-tasking and problem solving performance in shared virtual spaces. Journal of Computing in Higher Education, 28(3), 344-357.

Malone, T. W. & Lepper, M. R. (1987). Making learning fun: A taxonomy of intrinsic motivations for learning. Aptitude, learning, and instruction, 3, 223 253.

McNiely, I. F. & Wolberton, L. (2009). 지식의 재탄생: 공간으로 보는 지식의 역사(Reinventing Knowledge). (체세진 역). 서울: 살림. (Original work published in 2009)

Montgomery, S. L. (2000). Science in translation: Movements of knowledge through cultures and time. Chicago: University of Chicago press.

Mozelius, P., Fagerström, A., & Söderquist, M. (2016). Motivating factors and intrinsic integration of knowledge in educational games. In The 10th European Conference on Games Based Learning (ECGBL), Paisley, United Kingdom, 6th to 7th October 2016. Academic Conferences Publishing.

Negroponte, N. (1995). Being digital. Alfred A. Knorpf: New York.

NSF (2017). Cyberlearning and Future Learning Technologies(Cyberlearning).

https://www.nsf.gov/funding/pgm_summ.jsp?pims_id=504984

Ophir, E., Nass, C., & Wagner, A. D. (2009). Cognitive control in media multitaskers. Proceedings of the National Academy of Sciences, 106(37), 15583-15587.

Paul, R., Fisher, A., & Nosich, G. (1993). Workshop on critical thinking strategies: Foundation for critical thinking. CA: Sonoma State University.

Pedersen, H. (2010). Is 'the posthuman' educable? On the convergence of educational philosophy, animal studies, and posthumanist theory. Discourse: Studies in the Cultural Politics of Education, 31(2), 237-250.

Richards, R. E. (2007). Everyday creativity and new views of human nature: Psychological, social, and spiritual perspectives. American Psychological Association.

Rifkin, J. (2011). The third industrial revolution: how lateral power is transforming energy, the economy, and the world. Macmillan.

Rotherham, A. J., & Willingham, D. T. (2010). "21st-Century" Skills. American Educator Press.

Saltmarsh, S. (2007). Cultural complicities: Elitism, heteronormativity and violence in the education marketplace. International journal of qualitative studies in education, 20(3), 335-354.

Schank, R. (1997). Virtual learning. McGraw-Hill Companies.

Schwab, K. (2016). The fourth industrial revolution. Portfolio Penguin.

Sharma, R., & Monteiro, S. (2016). Creating social change: The ultimate goal of education for sustainability. International Journal of Social Science and Humanity, 6(1), 72.

Sweller, J. (2009). Cognitive bases of human creativity. Educational Psychology Review, 21(1), 11-19.

Thorndike, E. L. (1910). The contribution of psychology to education. Journal of Educational Psychology, 1(1), 5.

Turkle, S. (2012). 외로워지는 사람들(Alone together). (이은주 역). 서울: 청림출판. (Original work published in 2011).

Urry, J. (2014). 모빌리티(Mobility). (강현수, 이희상 역). 서울: 아카넷. (Original work published in 2007)

Vogel, S. (2007). Teen driver menace: Text-messaging. Suite 101.

Watson, W. R., Watson, S. L., & Reigeluth, C. M. (2015). Education 3.0: Breaking the mold with technology. Interactive Learning Environments, 23(3), 332-343.

Winne, P. H. (2006). How software technologies can improve research on learning and bolster school reform. Educational Psychologist, 41(1), 5-17.

Zichermann, G., & Cunningham, C. (2011). Gamification by design: Implementing game mechanics in web and mobile apps. O'Reilly Media.

PART II

미래사회를 대비한 학교교육

02

세계 각국의 미래학교 정책과 이슈

조 형 미(전북대학교 GCER 연구단)

1. 세계의 미래학교 교육정책

학교 교육의 변화와 혁신을 위해 지금까지 많은 노력이 있었지만, 여전히 현재의 교육과 학교들은 산업혁명 이후 대규모 노동자를 길러내기 위해 만들어졌던 체제를 벗어나지 못하고 있다. 교실에는 수십 개의 책상이 칠판을 향해 열을 맞춰 정렬되어 있고, 같은 나이의 학생이 같은 학년에 배치되어 동일한 내용으로 교육받으며, 또 동일한 평가를 받는다. 여전히 공장형 대량생산의 모델을 따르는 학교체제에서 학생들은 성숙하지 못한 개체, 지도와 감독이 필요한 대상으로 간주되고 있으며, 수업하는 방식도 개별 교과목을 나열하는 형태로 이루어지고 있다.

시대가 바뀌고 기술이 발전하면서 교육내용과 학교체제는 많은 변화를 요구받고 있다. 특히 4차 산업혁명 시대를 맞이하면서, 미래사회의 인재상과 그에 따른 학교의 모습에 대해서도 커다란 변화가 있어야 한다고 요청받고 있다. 그렇다면 우리가 상상하는 미래교육과 미래학교는 어떤 모습일까?

인공지능, 사물 인터넷, 클라우드, 빅데이터, 무선통신 등 최첨단 기술이 도입된 학교, 세계와 소통할 수 있는 개방된 교육공간, 학습자 개인의 흥미와 적성에 따른 맞춤형 교육과정의 적용 등으로 미래학교에 대한 상상은 교육적 기대와 사회적 기대를 모두 품고 있다. 매해 교육에 도입될 기술과 관련하여 5개년 전망을 하는 NMC(New Media Consortium)와 CoSN(Consortium for School Networking)은 2017년, 메이커스페이스나

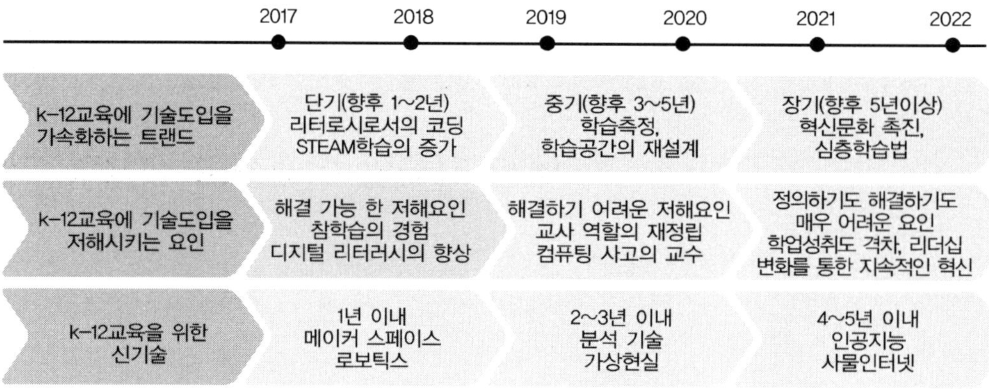

그림 2.1 유치원과 초·중등학교 교육에 도입될 기술과 도전들(NMC & CoSN, 2017)

로보틱스 같은 기술들이 근시기 안에 유치원과 초·중등교육에 도입될 것으로 전망하였고, 인공지능과 사물인터넷 역시 5년 이내에 교육에 도입될 신기술이라 예상했다(NMC & CoSN, 2017). <그림 2.1>은 NMC와 CoSN이 전망한 교육에 도입될 기술들과 도전들을 보여준다.

2019년 4월 우리나라 이동통신사들은 미국, 일본, 중국을 따돌리고 세계 최초 5세대(5G) 이동통신 상용화를 개시했다. 5G 기술을 통해 스마트 팩토리, 자율주행차, 증강현실, 가상현실, 드론, 넥밴드 카메라 등 스마트 디바이스들이 고도화되고 상용화되며 전기, 인터넷처럼 우리 사회와 산업 전반을 혁명적으로 바꾸어 놓을 것으로 예상된다. 정보통신기술의 최강국인 우리나라의 교육현장은 이러한 기술의 변화를 받아들일 준비가 얼마나 되어 있을까?

OECD 회원국의 8학년을 대상으로 디지털기기의 접근성, 디지털기기의 활용빈도, 디지털미디어와 기기에 대한 태도를 조사한 PISA 2015 결과에 따르면, 우리나라 초·중등학교의 정보통신기술(ICT) 인프라 수준은 OECD 평균과 비교하면 매우 낮은 것으로 조사되었다. 학교에서의 디지털기기에 대한 접근성 지수는 30개국 중 22위를 차지하여 평균 이하인 것으로 나타났으며, 노트북, 태블릿 PC, 무선 인터넷에 대한 접근성은 OECD 절반에도 미치지 못하는 것으로 나타났다. 또한, 학교의 ICT 인프라 수준을 학생 수 대비 PC 비율과 학교의 보유기기 현황으로 비교 조사해 보았을 때, 우리나라 학교의 학생 수 대비 PC 비율은 0.371(32위)로, OECD 평균 0.768보다 한참 낮은 수준인 것으로 조사되었다. 학교의 보유기기를 하위영역별로 살펴보아도, 학생 수 대비 교사용 컴퓨터 비율은 OECD 평균보다 높은 85.2%나 되었지만, 정작 학생용 노트북(15.41%), 전자칠판(2.74%), 프로젝터(20.92%)의 비율은 대체로 OECD 평균보다 낮았다(김혜숙, 김진숙, 김한성, 신안나, 2017).

미래학교에 대한 상상은 교육적 기대와 사회적 기대를 모두 품고 있다. 우리나라에서 미래학교를 논할 때 10년 정도의 가까운 미래를 설정하고, 지금 우리 교육이 당면하고 있는 다양한 문제점들 중 핵심적인 문제를 개선해 나가는 것을 미래학교의 목표로 삼는다. 2030년 근 미래에 도달할 한국 사회의 변화를 바탕으로 학교 교육의 변화 방향을 연구한 주형미, 최정준, 유창완, 김종윤, 임희준, 주미경(2016)은 교육 목표 및 내용, 방법, 교육과정, 교육환경에 대해 예측되는 변화의 방향을 <그림 2.2>와 같이 제시하였다. 미래의 한국 교육의 방향은 저출산 고령화와 같은 한국 사회의 인구구조 변화와 지능정보기술의 발달과 지식기반 사회의 심화와 같은 글로벌 사회변화를 동시에 고려할 필요가 있음을 잘 보여준다.

우리나라에서 미래학교 또는 미래교육에 대한 방향은 '지능정보사회에 대응한 중장기 교육정책의 방향과 전략(시안)'에 잘 나타난다. 2016년 교육부는 주요 국책 연구 기관들

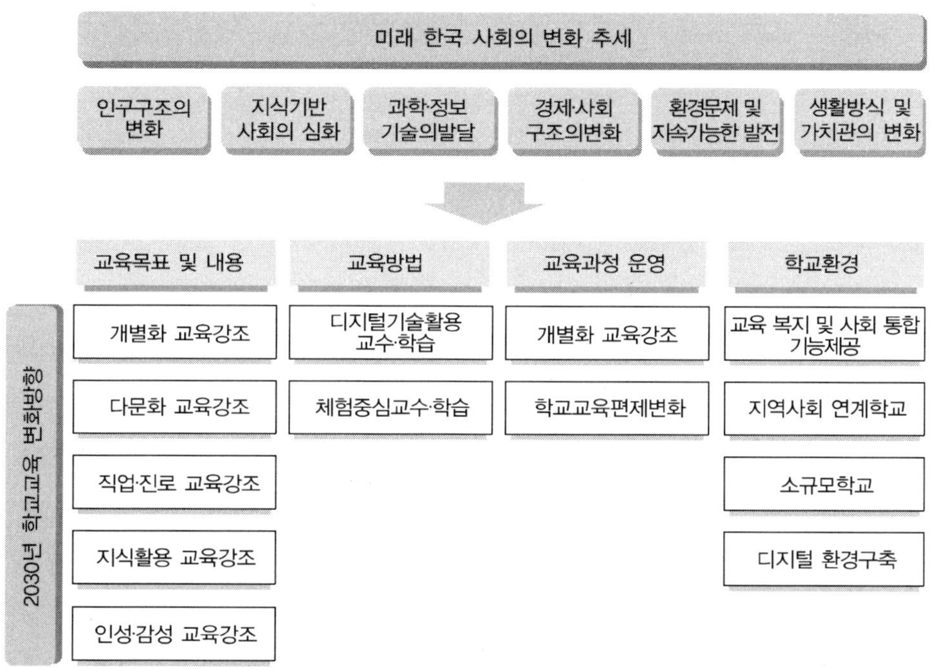

그림 2.2 2030년 미래 사회변화에 따른 학교 교육 변화 방향 및 주요 키워드 (주형미, 최정준, 유창완, 김종윤, 임희준, 주미경, 2016)

과 여러 전문가들과 협력해서 지능정보사회의 변화를 진단하고, TF를 구성해 여러 차례 토론과 논의를 거쳐 '지능정보사회에 대응한 중장기 교육정책의 방향과 전략(시안)'을 발표하였다. 지능정보사회에 대응한 중장기 교육정책의 방향과 전략에는 4차 산업혁명 시대에 대응하여 대한민국 교육이 2030년까지 나아가야 할 5개 방향을 아래와 같이 설정하고, 그에 따른 추진전략을 담고 있다(교육부, 2016, 12월).

① (유연화) 학생들의 흥미와 적성을 최대한 발휘할 수 있는 교육
② (자율화) 사고력, 문제해결력, 창의력을 키우는 교육
③ (개별화) 개인의 학습능력을 고려한 맞춤형 교육
④ (전문화) 지능정보기술 분야 핵심인재를 기르는 교육
⑤ (인간화) 사람을 중시하고 사회통합을 이루는 교육

우리나라는 지능정보기술의 교육적 활용에 대한 국가 차원의 관심과 투자가 부족함을 인식하고, 단기적으로 첨단 미래학교 구축을 통해 학습 효과를 극대화하고 교육경쟁력을 높이기 위해 다양한 미래학교 모델을 발굴하는 방향을 설정하였다. 2015 개정 교육과정에 따라 2018년부터 초등학교 3～4학년과 중학교 1학년의 사회·과학·영어 디지털교과서가 보급되었고, 디지털교과서가 학교 현장에 적극적으로 활용될 수 있도록 2021년까지 전국의 모든 초·중학교에 무선 인프라를 확충해 나갈 계획이다. 또한, 2018년부터 중학교 1학년부터 정보 과목을 편성해 소프트웨어교육 시행하고 있으며, 2020년에 전체 학년에 적용하고, 초등학교는 2019년에 모든 초등학교(5학년 또는 6학년)에 적용된다(교육부, 2018, 3월).

우리나라에서 미래학교는 21세기를 맞아 당당하게 살아갈 수 있는 핵심역량을 잘 길러줄 수 있는 학교로, 현재의 학교를 개선하고 발전시켜 나아가는 '현재와 연결된 학교'이다. 미래학교 교육의 주요 목적은 디지털 시대에 적합한 교육내용과 방법을 학교 교육에 적용하여, 개별화 교육, 지식활용 교육이 강조하여 미래세대의 학생들로 하여 변화하는 시대가 요구하는 능력을 갖추게 하는 것이다. 또한, 우리나라의 전통적인 가치와 정신을 존중하는 가운데, 미래에 나타날 글로벌사회에 대비하는 것도 주된 목적이다(김태완, 2015).

그렇다면 세계 각국은 어떻게 미래 교육을 대비하고 있을까? 세계 각국이 가진 미래학교에 대한 개념이 무엇인지 탐색하고, 미래학교를 위한 정책들의 교육목표 및 방향,

미래학교의 환경, 교육방법에 대해서 살펴보자.

2. 미래학교를 위한 준비

2.1 세계 각국의 미래학교 정책 방향

2013년 미국은 "스마크교육"을 실시하였다. 스마트교육은 정보통신기술과 이를 기반으로 한 네트워크 자원을 학교 교육에 효과적으로 활용함으로써 교육내용, 교육방법, 교육평가, 교육환경 등 교육체제를 혁신하고, 모든 학생이 글로벌 리더가 될 수 있도록 그들의 재능을 발굴 육성해주는 교육이다. 2013년 미국은 연방정부 차원에서 연결성(Connectivity)이라는 개념을 중심으로 미래교육을 위한 인프라 구축 지원정책을 세웠다. 백악관과 연방정부가 관심을 두고 추진한 이 정책의 브랜드는 'ConnectED'이며, 이를 뒷받침하는 하위정책으로 'Future Ready School'이 있다. 이 정책은 학생들의 디지털 격차를 해소하는 것을 큰 과제로 하는 인터넷 활용 학습 지원 교육사업이다. 모든 교사가 IT기술 활용능력을 갖춤으로써 학생들에게 풍부한 디지털 콘텐츠를 접하게 해주고, 또 그렇게 함으로써 개별화된 교육을 할 수 있게 하려는 목적으로 설계되었다. 2018년까지 99%의 학교에 초고속 인터넷을 연결하는 것이 목표이다(김현준, 2016. 4월). 또 미국은 연방정부를 중심으로 학교의 인프라를 구축하는 것에 중점을 두고 있으면서, 동시에 하이테크 기업이 많이 있는 캘리포니아 주를 중심으로 기업들이 직접 학교를 설립하여 인재를 키우는 방향으로 나아가고 있다.

영국 정부의 미래학교의 개념은 공간에서 신기술을 도입하여 기술에 의해 수집된 데이터를 활용하는 교육 방법을 구상하는 것이라 할 수 있다. 영국 정부는 낙후되어 있는 학교 환경을 미래지향적인 학습 환경으로 조성하기 위한 '미래학교 건축 프로젝트(Building Schools for the Future)'를 계획했다. 2020년까지 영국 내 모든 학교를 재건축하거나 지속 가능하게 새로 꾸밈으로써 모든 학교의 학생들이 21세기적인 시설에서 배우도록 보장해 주겠다는 것이다. 단위학교, 주정부, 중앙정부가 연계적으로 사업을 추진했으며, 시범학교를 선정하여 다양한 기술적, 환경적 디자인을 학교 건축에 활용하고, 또 디자인적인 요소와 학습 성과와의 연관성을 연구하는 사업도 병행하여 추진하였다. 그러나 이 사업은 예산낭비 및 효과 부족의 이유로 중단되었고, 현재는 우선순위를 두어 학교를 재건하고 있는 가운데 2012년부터는 미래형 학교(School 21, Stanley Park High School)를 신설하여 지원하고 있다. 이러한 지원은 중앙정부에 의해 이루어지고 있으며, 공개적인 공모절차를 통해 현대적인 시설을 갖추도록 도와주고 있다. 이러한 신설 학교는 미국의 차터 스쿨 같이 운영되며, 교육자 출신보다는 주로 기업 경영 경험을 가진 사람들이 학교 경영에 참여하고 있다(김태와, 2015; 계보경, 2011).

영국 정부는 에듀테크를 신 성장 동력으로 선정하고, 에드테크 UK(Edtech UK)란 조직을 신설해 전략적으로 육성하고 있다. 2016년 기준, 영국은 1,000여 개의 에듀테크 기업과 30조 원에 달하는 관련 산업 규모를 보유한 에듀테크 선두 국가이다. 교육 현장 생태계를 바꾸고, 관련 서비스 산업 육성을 위해 매년 1조원을 학교 교육기술 현장에 투입하고 있다. 2014년부터 5~14세 학생들을 대상으로 코딩교육을 의무화하였으며, 마스터 교사 제도를 통해 컴퓨터 전문 교사들이 전국적으로 지식공유 허브를 만들어 일반교사들과 코딩교육 전문 지식을 공유하는 중이다(과학기술정보통신부, 2017, 11월).

핀란드의 미래학교를 위한 대표적인 프로젝트는 2007~2010년까지 진행된 'InnoSchool'이다. 'InnoSchool' 프로젝트에서는 미래학교 모델 개발이라는 큰 주제 아래 InnoArch(학습 공간 구성), InnoEdu(혁신적 교수 방법), InnoPlay(놀이와 같은 학습 환경 구성), InnoServe(교육서비스의 혁신)라는 네 가지 하위 연구 프로젝트로 나뉘어 유기적으로 실행되었다(계보경, 김현진, 서희전, 정종원, 인은화, 2011). 핀란드 미래학교 프로젝트의 특징은 단순히 교육환경의 첨단화, 디지털화와 같은 교육의 물리적 측면만을 혁신하는 것이 아니라 교사 연수 지원, 학생의 예술과 문화 활동 지원, 교육과정의 유연성, 교사와 학생의 자율성 보장 등과 같은 교육 소프트웨어적 측면의 혁신도 다루어지고 있다는 점이다.

핀란드는 2015년부터 'Finland 2025'라는 비전 아래 향후 10년의 교육 혁신 목표를 달성하기 위해 '새로운 학습 환경과 디지털화', '직업계 고등학교 교육 혁신', '직업현장으로 이동 가속화', '예술과 문화에 대한 접근', '대학과 기업 간 협력', '청년 보장과 공동체 보장제도'라는 6가지 핵심 프로젝트를 실행하고 있다(남궁욱, 2016, 4월). 현재 핀란드에서는 'InnoSchool' 프로젝트와 같이 직접적이고 대규모적인 미래학교 프로젝트는 이루어지지 않고 있다. 하지만 지역별, 학교별 소규모 단위로 미래학교에 대한 실험은 지속하고 있으며, 핀란드 정부는 교육 혁신 프로젝트를 통해서 이러한 미래학교에 관한 실험을 정책적으로, 재정적으로 지원한다(남궁욱, 2016, 4월).

2.2 교육 공간의 재설계

영국은 2005년부터 본격적으로 전국적인 규모의 미래학교 건축 프로젝트를 추진하기 시작했으며, 새로운 학교환경을 구축하기 위해 이해당사자 간의 다양한 협력 모델들을 개발했다. 이 프로젝트는 모든 아동이 21세기 환경에서 교육받게 한다는 기치 아래, 학교를 재건축하거나 개조 또는 개선하겠다는 계획이다. 학교에 질 좋은 시설과 통합정보 기술을 갖춰줌으로써, 모든 학생의 요구, 흥미 및 적성에 맞춘 개별 학습을 제공토록 하겠다는 것이다.

이 '미래학교 건축 프로젝트'는 선도학교와 지역을 중심으로 확산 되었다. 미래학교 설계에 있어 중요한 요소는 다음과 같다.

- 안전하고 배움을 장려하는 학교
- 영감을 불러일으키고 혁신을 추구하는 학교
- 확대와 변형이 쉬운 선형적 구조
- 내부 마당과 야외 교실이 있는 학교
- 지속가능성이 있는 학교
- 학생과 지역 공동체를 위한 학교
- 새로운 교육학적 아이디어를 적용할 수 있는 학교
- 학습 공동체를 위한 설계
- 효율적인 교수-학습을 지원하는 학교

미래학교 건축 프로젝트에서는 이러한 공통적인 디자인 콘셉트를 바탕으로 하여, 초등학교와 중학교 각 학교 급에 맞는 세부적인 설계 모델을 제시하였다. 초기 영국 전 학교를 대상으로 했던 이 프로젝트는 예산 낭비와 실효성 미흡 등의 비판을 받으며 도중에 중단되고(계보경, 김현진, 서희전, 정종원, 인은화, 2011), '우선순위 학교 건축 계획'으로 수정되어 추진되었다. 이것은 예산에 대한 보다 효과적이고도 효율적인 사용을 고려해 만든 계획으로, 미래학교 대상 학교를 사전에 검증한 후 우선순위를 두어 순차적으로 구축하는 방식이다. 현재는 이 계획의 2단계가 진행 중이며, 1단계에서 선정되어 신축된 학교들이 하나둘 문을 열고 있으며, 기존에 선정된 학교들에 대한 설계 및 건축 승인 작업도 진행 중이다. '미래학교 건축 프로젝트'는 학교 시설을 단순히 보수하는 것 이상으로, 전통적인 교실 배치에서 벗어나 최신 컴퓨터 시스템을 활용함으로써, 학생들로 하여 21세기에 맞는 새로운 학습 방법에 전급하게 해 주는 공간에 대한 아이디어를 포함하고 있다는 점에서 의의가 있다.

핀란드의 대표적인 미래학교 프로젝트인 InnoSchool 프로젝트의 하위 프로젝트 InnoArch는 물리적 학습 공간의 설계가 어떻게 성공적인 학습 과정 및 결과와 연관되는지를 연구하였다. 또한 "Designing with Children(아동과 함께 디자인하기)", 전략을 통해 어른들의 시각이 아닌 학생들의 시각으로 바라보는 미래학교상을 적극적으로 구현 하고자 하였다. InnoSchool 프로젝트가 시행된 2007년, 학생들과 건축 관계 연구자들이 다수 참여한 워크숍이 열렸고, 학생들은 자신이 원하는 미래교실과 학교의 모습을 그림을 통해 창의적으로 표현하였다. 학생들이 표현한 미래학교 건물의 주요 테마에는 충분한 빛과 공간의 양, 융통성있는 공간설계, 건물 내부와 외부의 자연적 요소 배치, 학습자 개인의 사적 공간 배치, 미팅을 위한 다양한 공간 구성, 대형 구조 내부 속 소형 구조 설치, 그리고 다양한 외부 활동 공간 구성 등이 포함되었다(계보경, 2016년 6월).

InnoSchool의 대표적인 성공사례로 에스포 시에 위치한 사우나라흐띠 학교가 꼽히는데 <그림 2.3>은 이 학교의 혁신적 교육 공간을 보여준다. 2012년 8월에 개교한 이 학교는 전일제 유치원, 종합학교(초 · 중학교 통합과정), 공공도서관, 청소년 센터, 다양한 방과 후 활동을 통합한 최초의 다목적 미래학교이다. 아동 중심 수업, 정직과 정의, 다양성

그림 2.3 사우나라흐띠 학교 외관, 식당, 시민 레저·스포츠센터, 체육관 (좌측 위부터 시계방향)
출처: livejournal(http://aleks1780.livejournal.com/196626.html?thread=161298)

과 평등, 지속가능성, 공동체 의식, 전인적 발달을 기본 운영 원칙으로 두고 있으며, 이 학교의 모든 학생은 자신의 기술, 필요, 관심에 따라 개별적인 교육과정을 가진다. 학생들의 개별 학습 계획은 부모와의 협력 아래 세워진다.

2.3 교수학습 방법의 개혁

미국의 ConnectED 정책은 교육구 차원에서 'Future Ready School'로 구체화 되었다. 'Future Ready School'은, ConnectED 정책을 통해 정비된 각종 자원들을 최적으로 활용하기 위해 학구별로 보다 구체적인 디지털 학습 전략이 필요하다는 인식을 바탕으로 2014년 11월에 시작되었다. 성공적인 디지털 전환을 위하여 '학생에게 맞춤화된(또는 개별화된) 학습'을 중심에 두고, 다음과 같이 7가지의 핵심 기어(Gears)들을 조정할 것을 강조하고 있다(계보경, 2016).

- 개별 학생의 개인적 · 학업적 배경, 강점, 흥미, 요구에 대한 이해를 통해 학생들 스스로가 학습의 주인이 되어 자신의 학업을 이해할 수 있도록 도와주고, 학생 개개인과 함께 학업 경로를 설정하여 풍부한 교육이 이루어질 수 있도록 지도함.
- 학생들이 어려워하는 부분에 있어서 각각의 학생에게 맞춤화된 지도와 수업, 지원을 제공하는 한편, 학생들이 어려운 학문 및 기술에 도전할 수 있도록 가이드함.
- 일대일 학습, 동료학습, 소규모 그룹 학습, 온라인 수업 등 교실 안팎에서 보다 탄력적인 학습 환경 및 기회를 제공하여 학생들이 학문 내용과 역량을 성취할 수 있도록 도와줌.
- 인턴십, 도제제도, 실습 프로젝트, 글로벌 연구 등 실제 세계의 학습 기회들에 참여시킴으로써 각각의 학생들을 교실 밖 지역사회 및 세계와 연결함.
- 여러 가지 툴, 테크노롤지, 데이터를 활용하여 교실 수업을 개선하고, 개별 학생의 발전 정도를 평가하며, 학생의 요구에 부응하는 다음의 학습 단계를 학생과 함께 확인함.

싱가포르의 미래학교를 위한 움직임은 2006년 FutureSchools@Singapore(FS@SG)를 발표하면서 시작되었다. FS@SG 프로젝트는 싱가포르의 대표적 ICT 정책인 MasterPlan in Education II(2003-2008년) 기간 동안 발표 되었고, 구체화 되었다. 이 프로젝트는 싱가포르 학교의 ICT 혁신에 대한 계층적 구조를 설정하였다. 싱가포르 전체 학교의 15-20%가 LEAD ICT 학교로 선정되어, 최소 한 학년이나 한 과목에서 ICT를 활용하게 된다. 또 전체 학교의 5%는 미래학교로 선정되어, 학교 전체에서 ICT가 집중적이고도 통합적인 방법으로 사용된다. 이러한 계층적 구조는 미래학교 및 LEAD ICT 학교에서 실험 · 검증된 효과적 교수-학습 방법을 다른 학교에 점차적으로 흡수 및 전이되도록 하는 체제적 교육개혁의 모델이라고 할 수 있다. 이 프로젝트는 기존의 부분적, 비통합적 ICT 활용을 지양하고, 학교 전체를 ICT라는 매체로 개혁하여 21세기 정보화 사회가 원하는 인재를 양성하고자 하는 싱가포르 정부의 교육혁신 의지를 보여준다. FS@SG는 ICT를 활용한 학교 교육 방법과 환경 면에서 가장 앞서있다고 평가받고 있다. 미래학교로 선정된 8개 학교에는 기업, 국립연구기관, 대학이 구성한 프로젝트 컨소시엄이 상주하여, 학교가 새로운 학습 플랫폼을 도입하는 데 필요한 인적, 물적 자원을 지원한다(계보경, 2016). 그리고 이 과정에서 성공한 혁신 기법들을 일반 학교에 보급한다. 각 미래학교에서는 게임 기반 학습이나 3D 실험 같은 가상 체험 수업을 비롯하여 태블릿으로 글, 사진, 음성 형태의 답변들을 받아서 실시간으로 피드백하는 모바일 문제중심학습을 통해 자기 주도적 수업을 하게 된다(과학기술정보통신부, 2017, 11월).

싱가포르 미래학교 프로젝트의 장점은 교육부, 정보 통신 개발청(IDA, Infocomm Development Authority of Singapore)학교, 연구 기관, IT 기업이 다각적이고도 밀접한 협력 체계를 이루고 있다는 것이다. 특히 1기 미래학교는 공모를 통해서 PPP모델 (People-Private-Public)을 채택하였는데, 이는 학교 및 기업, 정부가 협력적으로 시너지를 창출하여 미래학교를 구성하려는 의도였다. 하지만 첫 번째 선정된 1기 미래학교(5개교)는 기업과의 컨소시엄 형태로 테크놀로지를 개발 및 활용하는 데에만 치우지고, 교육 연구 측면에서는 효과성 연구가 부족했다. 2기 미래학교부터는 연구자들과의 밀접한 협력 관계를 바탕으로 미래학교 교수 및 학습 방법의 효과성을 체계적으로 측정 할 예정이다. 앞으로 싱가포르 미래학교의 결과에 관심을 가지고 살펴볼 필요가 있다.

3. 세계의 미래 학교 사례

3.1 미국의 SOF

미국의 경우, 연방정부나 주정부는 인프라를 구축하고, 혁신적 학교를 재정적으로 후원하는 역할을 주로 하고 있으며, 실제 미래지향적 학교를 기획하고 운영하는 일은 민간 및 지역 단위로 이루어지고 있다. 미국의 미래학교에 대한 논의는 마이크로소프트나 애플 사 같은 컴퓨터 관련 대기업들이 주도하는 프로젝트를 중심으로 각종 정보통신기술 산업기반 교육재단이 미래학교의 흐름을 주도하는 것으로 보인다.

마이크로소프트사는 지난 2006년, 필라델피아 시 교육청과의 협력을 통해 미래학교인 School of the Future(SOF)를 웨스트 필라델피아에 개교하였다. 테크놀로지를 기반으로 한 새로운 교수 및 학습 모델을 통해 고등학교 환경을 본질적으로 재설계 및 재구조화하고자 하였다. 종이와 교과서가 없는 학교를 표방하며, 언제 어디서든 학습할 수 있고, 실제 세계의 문제를 탐구하며, 자신의 학습을 학생 스스로 관리하는 것을 교육 목표로 삼았다.

건축 설계 측면에서, SOF는 학교 전체가 무선 인터넷으로 연결되며 각 교실에는 비디오 화상통화 시스템과 디지털 스마트 보드 등이 설치되어 있어, 교사와 학생이 언제든지 원하는 정보에 접근 및 사용 가능한 환경을 구현하였다. 건물 자체도 에너지 절약과 친환경을 고려하여 설계되었다.

SOF는 필라델피아 학교구로부터 각종 행정적 편의 및 교육과정 운영의 자율성을 가질수 있게 인정받았다. 교육과정은 학생 개개인의 욕구에 부응하며 학습 진행 과정을 평가하고 도와주는 형태로 설계되었다. 초기 SOF의 교육과정에서 학생들은 자신들의 성취수준에 맞는 속도로 학습에 참여하고, 자신만의 교육적 경험을 형성할 수 있도록 지도되었다. 영어, 수학, 과학 등 교과 중심이 아니라 융합형 프로젝트 학습을 중심으로 개발되었고, 모든 것이 통합된 형태로 수업이 이루어졌다(박종필, 2016). 각 프로젝트는 한 학기 혹은 2년 동안 운영되었으며, 교사 4명이 한팀이 되어서 학생 30~40명의 프로젝트를 이끌고, 학기 말에 발표하는 형식을 취했다. 학교 활동의 대부분은 큰 프로젝트를 수행하는 것에 집중되어 있지만, 4년 동안 인근에 있는 박물관을 정기적으로 찾아 역사를 배우고 박물관 기념품으로 팔릴 만한 상품을 개발하는 프로젝트나, 필라델피아 동물원에서 동물학을 배우는 과정 등과 같은 소규모 프로젝트도 운영되었다. 또한, 학생 스스로 프로젝트를 정하고 성취하게 하는 MBA식 학습 방법이 적용되었다(박영숙, 2011).

초기 프로젝트 형식의 간학문적인 교육과정을 따르던 SOF는 학생의 학습의 수량화 및 학교구가 요구하는 표준화 검사에 기반한 책무성의 문제로 현재 소규모 프로젝트 수업을 위한 시간을 1주일에 2시간씩 배정하고, 프로젝트 기반 및 간학문적 수업과 학교구의 핵심 교육과정(core curriculum)과 주(州) 기준을 연결하려는 노력을 하고 있다.

현재 단계에서 SOF 프로젝트의 성공 여부를 논의하기는 이르나, 다음의 여섯 가지 사항, 참여적 학습 공동체, 능력적 교육과정이 주도되는 환경, 융통성 있고 확장 가능한 학습 환경, 다 학문적 교육과정 통합, 전문성을 지닌 지도력, 동기성, 융통성, 협력성을 고려한 공간 구성 등이 성공에 영향을 미치는 요소로 제시되고 있다(박종필, 2016; 계보경 2011, 6월).

3.2 핀란드의 드림 스쿨

핀란드 카우니아이넨(Kauniainen)의 지역학교 당국은 2006년부터 학교에서의 ICT 활용 가능성과 방법을 모색하기 위해 '드림스쿨' 프로젝트를 추진하였다. 드림스쿨은 기존의 학교 모델에서 벗어나 '학생 중심의 접근법'을 강조하는 새로운 학교 모델로, 핀란드 교육부, 핀란드 국립 교육위원회(Finnish Board of Education)의 재정지원과 지역 중소기업들의 참여로 이루어진 민관협력 파트너십을 통해 추진되었다(계보경, 2016). 드림스쿨의 목적은 학교와 학습 환경의 재배치를 통하여 학생들이 가지고 있는 지식을 통합시키는 교육과정을 운영하여 궁극적으로 '학생 중심적인 교육'을 가능하게 하는 것에 있다(계보경, 김현진, 서희전, 정종원, 인은화, 2011; Pekka, Allan, Aki, 2016). 드림스쿨 프로젝트는 다음 5가지 비전을 갖는다.

- 학생 중심의 멀티 프로페셔널 학습 지원: 드림스쿨은 학생을 학습 커뮤니티의 능동적이고 책임감 있는 구성원으로 간주하고, 다양한 능력을 가진 직원들을 통해 학생들의 다양한 학습 경로를 지원해 준다.
- 교사의 역할 재정의: 교사는 단순한 지식의 전달자가 아니라, 스스로가 학습자이면서 학생들과 함께 협력 학습에 참여하여 지도를 해주는 가이드의 역할을 수행한다.
- 학습을 위한 평가: 학습에 긍정적인 영향을 주는 평가를 강조한다. 교사는 퀴즈, 프로

젝트 작업, 학습 포트폴리오, 동료 평가, 자기성찰(self reflection) 등을 통해 평가를 하고, 학생들에게 맞춤 학습을 가이드 해준다.

- **오픈 소스 테크놀로지:** 드림스쿨은 리눅스 기반(Linux-based) 서비스 플랫폼을 통해 만들어진, 비용면에서 효율적이고 사용도 간편한 오픈 소스 제품들을 활용하고 있다. 학교는 학교의 요구에 부응하는 도구 개발에도 능동적으로 참여한다.
- **배움을 지속하는 학습 조직:** 학생들뿐 아니라 학교 자체도 'Plan - Do - Study - Act'의 원칙들에 따라 꾸준히 개선을 해나가고 있다. 현재도 대학과 관련된 파트너들이 드림스쿨에서 지속적인 연구를 수행하면서 학습도구와 모범적인 학습사례들을 개발하고 있다. 이를 통해 학교는 하나의 학습 커뮤니티로서 계속적인 성장과 발전, 그리고 학습을 해나가고 있다(계보경, 2016).

드림스쿨의 교육과정은 지식을 갖춘 학생들이 스스로 무엇인가를 만들고 이를 공유하도록 하는 것이다. 드림스쿨은 오픈 소스 기술 모델을 적용하여 오픈 소스 작동 시스템, 오픈 소스 학습 플랫폼, 오픈 액세스, 오픈 아이디(ID), 오픈 WLAN 등을 포함 기술적인 지원을 마련하였다. 대표적으로 드림스쿨 프로젝트 하에서 개발된 '러닝 다이어리(Learning Diary)'는 민관 협력 파트너십을 통해 개발된 어플리케이션으로, 학생들의 학습과정과 결과물을 누적적으로 관리하고 이를 맞춤형 교수학습 자료로 활용하는 데 도움을 주고 있다.

'러닝 다이어리'는 교육 자료들을 저장하고 (학습 관련 활동의) 진행 상황을 파악하며 과거의 경험을 축적할 수 있도록 도와주는 전자 포트폴리오로, 학생들의 모든 작업(그림, 프레젠테이션, 음성/영상파일 등)을 수록한다. 학생들이 최대 12년 동안 자신의 학습과정과 결과물을 누적하여 관리할 수 있게 하는 것을 목표로 한다. 민관협력 파트너십을 통해 다양한 기업들이 학교에 교육용 소프트웨어, 커뮤니케이션 툴, 행정지원 도구들을 제공하고 있으며, 드림스쿨 프로젝트에 참여하는 학교들은 교육 프로그램 개발에 아이디어를 제공함으로써 상생을 도모하고 있다(계보경, 2016).

2013년부터 드림스쿨은 핀란드 전체 범위로 확장 시행되었다. 핀란드 국립 교육위원회는 드림스쿨 파일럿 프로젝트들을 지원하면서 드림스쿨이 확산될 수 있도록 지원하고 있다. 또한 오픈소스 코드가 개방되고 드림스쿨 프로젝트의 효과가 널리 알려지면서 드림스쿨의 서비스는 핀란드 내 15개교에서 활용되고 있다. 핀란드 국립 교육위원회는 드림스쿨 프로젝트를 국제화하기 위한 노력을 기울이고 있다.

3.3 서울미래학교, 창덕여자 중학교

국내에서도 기존 교육이 지니고 있는 한계를 극복하고 미래사회의 변화에 대응하기 위해 미래학교 계획이 추진되었다. 2013년 12월에 '스마트교육 실험학교(가칭) 설립 계획'이 세워졌으며, 2014년 2월에는 '서울미래학교'라는 명칭으로 사업이 시행되었다.

초기 계획은 첨단화되고 있는 기술적 진보를 단순히 학교교육에 활용할 수 있는 방안을 연구하는 정도였으며, 학교 형태도 일반학교로 유지하려는 것이었으나, 나중엔 단순히 기술을 도입하려는 시도를 넘어 교수학습 및 평가방법의 변화에 초점을 맞추게 되었다.

서울미래학교(이하, 창덕여자 중학교)를 물리적 학습공간과 정보통신기술환경으로 구분하여 설명하면, 우선 학습공간은 대규모 공간 시설 공사가 2015년부터 2016년까지 단계적으로 진행되었다. <그림 2.4>와 같이 학교의 공간을 배우는 공간, 표현하는 공간, 즐기는 공간, 나누는 공간으로 구성하였다. 배우는 공간은 교과 교실이나 참관실, 학습용 디지털 기기를 관리하는 테크센터 등이 있고, 표현하는 공간을 연극, 뮤지컬 발표 등이 가능한 소극장이나 온돌방과 같은 공간이다. 즐기는 공간으로는 학교 행사 사진을 볼 수 있는 미디어 월이나 운동장을 주변으로 하는 둘레길 등을 두었다. 마지막으로 나누는 공간으로 정보를 검색하거나 토의와 토론을 할 수 있는 미디어 공간 등을 만들었다.

또한, 교사들의 업무 공간에도 변화를 주었다. 기존에 부장-기획-평교사 순으로 배치된 좌석을 학년부 도입의 취지에 살려 학년별 교사 간 협업 및 협의를 할 수 있도록 교무실을 공간을 구성하기도 하였다. 정보화 환경도 혁신적으로 개선하였다. 2015년 무선 네트

그림 2.4 창덕여자 중학교 공간구성

워크를 자유롭게 활용할 수 있도록 교실의 환경을 개선하고, 그 후에 점차 학생 1인당 1대씩 사용할 수 있는 태블릿 PC를 구비했다. 또 액션캠, 3D 프린터, 짐벌, 화상회의 시스템, 컷팅 프린터, 360도 카메라, 태블릿, VR, 비디오 게임기, 크로마키 장비 등 다양한 기자재를 구비 하였다. 전체 수업 교사 28명 중 76%가 학생용 태블릿 PC를 활용한 적이 있으며, 그 중 32%는 거의 매일 태블릿PC를 사용하고 있다. 활용 비율과 방식에서는 지속적으로 양적 · 질적 성장 나타나고 있다. 정보화기기를 관리하기 위한 공간으로 테크센터를 두었고, 이곳에 전문 인력을 배치하여 태블릿 PC 관리 뿐 아니라 전자기기를 통한 수업활용 방안을 안내하고 있다.

창덕여자 중학교는 미래학교로 시범 운영되면서 교육과정 면에서도 변화를 주었다. 2015년도에는 블록타임제를 도입하고, 중간고사를 대체하여 과정중심평가를 도입하였다. 2016년도는 교육청의 승인을 받아 정규과목으로 짝 활동을 중심으로 토론 문제를 만들고 토론을 하는 '짝토론' 과목을 편성하였으며, 예체능 과목에서는 100% 수행평가를 도입하였다. 2017년에는 예체능 외 과목에서도 100% 수행평가를 도입하기도 하였다.

창덕여자 중학교 교사들은 미래에 학교의 모습에 대한 이상향 혹은 지향점 스스로 질문하고 연구해 가면서 미래학교로서의 모습을 그려내고 있다. 교직원과 운영자, 그리고 학생들의 밀접한 참여를 통해 학교 스스로가 그들이 원하는 교육 서비스가 어떤 것인지, 그리고 어떤 방법으로 이 서비스를 제공할지에 대한 계획을 세우게 실행하고 있다.

4. 논의

주요 선진국의 미래학교에 대한 정책은 교육과정 및 교과서 관리 강도와 관계없이 교육정보화 정책으로 추진되고 있다. 1개 부처의 차원을 넘어 정부 차원의 주요 국가정책으로 추진되고 있으며, 특히 두터운 예산이 배정되어 있는 공통점이 있다. 우리나라도 디지털교과서를 포함한 교육정보화 정책 추진에 예산을 보강하고, 교육환경의 정보화를 위한 정책을 보다 적극적으로 추진할 필요가 있다. 우리나라는 교과서와 교육과정 그리고 교육청과 학교에 대한 국가의 지원 및 관리 권한이 다른 나라들에 비해 상대적으로 높은 편이다. 선진국들에 비해 적은 예산으로 교육정보화 정책을 추진한다면, 국가의 권한이 상대적으로 강한 우리의 학교교육 제도 속에서는 미래학교와 교육에 대한 혁신을 이뤄내기 어려울 것이다. 물론 충분한 예산이 지원되더라도 현장에 대한 이해가 부족한 상태로 성과중심으로만 추진된다면, 영국의 미래학교 건축 프로젝트처럼 시행착오로 이어질 수 있다는 점도 유의해야 한다.

세계의 미래학교 및 연구학교 관련 사업은 관련된 주요 기업과 연계되어 있다. 특히 정책 추진 초기부터 기업과의 연계 협력을 통해 인프라를 구축하거나 해외수출 등을 고려하여 전략적으로 진행되고 있음을 알 수 있다. 따라서 선두적으로 추진한 각국의 학교 교육정보화 사업을 전략적으로 활용할 필요가 있다. 그들의 축적된 경험과 노하우를 활용하고, 기업들과 협력하여 상품화하는 등 국내 및 해외 확산을 도모하는 것도 함께 고려할 수 있을 것이다.

교육정보화 관련 연구학교 정책연구에서, 언급된 주요 선진국의 경우 우리나라와 달리 관련 전공(교육공학, 정보교육) 대학교수뿐만 아니라 교육학 이외의 분야까지 포괄하는 전문가 집단이 두터운 층으로 형성되어 있다. 각국의 미래교육 프로젝트는 학교가 주체가 되어 지속 가능한 미래학교 체제를 도입하고, 운영하는 데 필요한 플랫폼과 체계적인 지원을 국가에서 보장해 주며, 민관학연 및 지역사회와의 협력을 통해 상생과 확산의 구조를 만들어나가고 있다는 점에서 우리에게 시사하는 바가 크다.

참고문헌

NMC & CoSN (2017). NMC Horizon Report: 2017 K-12 Edition.

Pekka, L., Allan, S., & Aki, Aapaoja (2016). The Evolution of Finnish "Dream School"-Via Public Entrepreneurship from Innovative Concepts to National Scale-up. International Journal of Information and Education Technology, 6(7), 508-515.

계보경 (2011, 6월). 미래를 위한 준비, 각국의 미래학교 프로젝트 추진 동향. 월간교육정책포럼. 교육정책네트워크 정보센터.

계보경 (2016). 세계의 미래학교 정책과 변화. 서울교육, 224. 서울특별시교육연구정보원.

계보경, 김현진, 서희전, 정종원, 인은화, (2011). 미래학교 체제 도입을 위한 Future School 2030 모델 연구. 연구보고 KR 2011-12. 한국교육학술정보원.

과학기술정보통신부 (2017, 11월). 21세기를 대비하여 학력이 아닌 능력을 키우는 교육 스마트 교육. KOISK, 42호, 과학기술정보통신부.

김태완 (2015). 미래학교 도입을 위한 기본설계 구상. 현안보고 CP 2015-01-8. 한국교육개발원.

교육부 (2016, 12월). 2030 인재강국 실현을 위한 대한민국 미래교육 청사진. 교육부 보도자료

교육부 (2018. 3월). 미래교육의 첫발, 디지털교과서와 소프트웨어교육 실시. 교육부 보도자료.

김혜숙, 김진숙, 김한성, 신안나 (2017) OECD PISA 2015를 통해 본 한국의 교육정보화 수준과 시사점. KERIS 이슈리포트.

김현준 (2016. 4월). 미국의 미래학교 프로젝트 추진 현황. KEDI 발간문. 해외교육동향 기획기사.

남궁욱 (2016. 4월). 핀란드 미래학교 프로젝트 추진 현황. KEDI 발간문. 해외교육동향 기획기사.

박종필 (2016). 미국의 미래학교가 학교 및 교사 교육에 주는 시사점 탐색 : SOF를 중심으로. 한국교원교육학회, 33(4), 45-67.

주형미, 최정준, 유창완, 김종윤, 임희준, 주미경 (2016). 미래사회 대비 교육과정, 교수· 학습, 교육평가 비전연구(I): 초·중등학교 교과교육의 방향. 연구보고 RRI 2016-10. 한국교육과정평가원.

03

미국 작은학교 운동의 성과와 시사점

마틴 산야, 강 다 연(서울대학교)

1. 들어가며

오늘날 한국 사회는 급격한 변화를 겪고 있다. 경제 성장 둔화, 교육비 급증, 성 역할의 사회적 변화 등 다양한 요인으로 인해 결혼을 하거나 자녀를 갖는 사람들이 줄어든 것이다. 그로 인해 한국은 세계에서 가장 낮은 출생률을 보이고 있으며, 특히 2018년에는 정부 기록상 최저 출생률을 보이게 되었다. 이러한 현상은 자연스럽게 학령인구의 급격한 감소를 가져왔는데, 지난 2000년 795만 명이었던 초 · 중 · 고교 학생 수는 2018년에 559만 명으로 급감하였다. 예상하기로는 2030년이 되면 449만 명까지 줄어들 것이다. 이것은 전국적인 현상으로, 전국 3,463개의 읍면동 가운데 1,503개가 소멸 위험에 처한 지역인 것으로 나타났다(한국고용정보원, 2018). 이러한 학령인구의 감소는 학교 수 및 교원 수에 영향을 미칠 것이며, 미래의 유 · 초 · 중등 교육 및 교사 양성 전반에 엄청난 변화를 가져올 것이다. 신규 교원 임용에 대해서 교육부가 2018년에 발표한 바에 따르면, 2019년에는 초등교사가 3,940~4,040명, 중등교사가 4,310~4,450명으로, 2030년에는 초등교사가 3,100~3,500명, 중등교사가 2,600~3,000명으로 대폭 축소될 것이다.

청년 인구가 급감하고 있는 농촌 지역에서는 학생들의 수가 적은 학교들이 이미 통 · 폐합되고 있으며, 근 미래에는 교외 및 도시 지역에서도 같은 현상이 일어날 것으로 예측되고 있다. 이러한 변화를 바탕으로 많은 학자들은 작아진 학교 및 학급 규모가 교수 · 학습에 미치는 영향에 대해 주목하고 있으며, 이에 대한 대안을 갖춰 교육 전반에 변혁을 꾀하기 위해 연구를 하고 있다. 이 장에서는 미국의 작은 학교 및 작은 학급에 관한 문헌을 분석하고, 그 특성이 향후 우리나라의 교육 환경에 어떻게 접목될 수 있는지를 탐색해 보고자 한다. 또한 문헌 분석 결과를 교사와 학생들이 직면한 문제와 연계하여 고찰함으로써, 우리나라 교육에 줄 수 있는 시사점을 모색하고 추후 연구의 바탕을 구축하고자 한다.

2. 미국의 작은 학교 운동

2.1 미국의 학교 규모에 대한 역사적 개관

지난 20세기 미국의 학교 규모는 학생 수의 증가, 교육과정을 주도하는 경제 체제의 변화, 교육철학의 발달 등에 의해 급변하였다. 1910년의 조사 결과에 따르면, 당시 미국 학교의 80% 이상은 여러 개 학년을 통합하여 한 명의 교사가 지도하는 형태의 복식 수업, 즉 "단일 학급 초등학교(one-room elementary school houses)"로 운영되었다(Snyder, 1993). 이후 1918년에는 모든 주에서 초등교육이 의무화됨에 따라 학생들의 취학률이 크게 증가하였다. 그러나 1929년에 시작한 경제대공황과 1930년대의 경제 침체기로 출산율이 낮아지고, 설상가상으로 1940년대에는 제2차 세계대전이 벌어져 많은 젊은이들이 참전함으로써 종전이 될 때까지 취학률은 크게 떨어졌다(Snyder, 1993). 그러다 1950년대에 이르러 경제 상황이 회복되면서 베이비붐이 일어났고, 갑작스럽게 늘어난 학생들을 교육하기 위해 많은 학교가 필요하게 되었다. 그 결과, 교사 한 명에 의해 운영되던 기존 단일 학급 초등학교의 절반가량이 다수의 교사와 다수의 학년으로 이루어진, 오늘날과 같은 형태의 학교로 전환되었다. 동시에 중등교육에 있어서도 큰 변화가 이루어졌는데, 구 소비에트 연방 청소년과의 학업 경쟁에서 우위를 점하겠다는 명목 하에 정부 주도로 공립 중등교육 확대 운동이 일어난 것이다.

1970년대에는 대규모의 학교 및 교육구 통합 운동을 통하여 전체 교육구의 수를 85% 수준까지 줄였으며, 전체 학교의 2%만이 단일 학급 학교로 남게 되었다(EPICenter, 2011). 이로 인해 1,000~3,000명 규모의 "대형 종합 고등학교(large comprehensive high school)"가 다수 건설되었으며, 각 교육구는 통학버스를 운영하기 시작하였다. 대형 종합 고등학교는 교육비용을 절감하고 학생들에게 폭넓은 교육 기회를 제공할 수 있다는 점에서 보다 현대적인 교육 기관이었다. 학교의 규모가 컸기 때문에 학생들은 교내에서 직업 및 기술교육, 대학 입시 교육 및 보충 교육 프로그램을 다양하게 수강할 수 있었다(Wraga, 2000). 이와 같은 교육구 통합 운동은 농어촌 및 중소 교육구가 더 큰 교육구로 통합되는 결과를 낳았으며, 학교와 학급 규모도 점차 커지는 경향을 띠게 되었다. 이러한 대규모 교육체제는 1980년대 중반 작은 학교 운동(small school movement)이 태동할 때까지 지속되었다.

2.2 작은 학교 운동 전개의 배경

작은 학교 운동은 미국 학생들의 학업 능력이 급변하는 세계 시장 정세에 미치지 못한다는 우려 속에서 시작되었다. 이를 해결하고자 미국 정부는 1983년 위탁 연구를 실시하였는데(Cleary & English, 2005), 이 연구는 당시 미국 청소년들의 높은 문맹률과 취업 준비 미비가 국가 경쟁력에 부정적인 영향을 미친다고 보고하였다. 1983년에 발표된 A Nation at Risk: The Imperative for Educational Reform(National Commission on Excellence in Education, 1983)은 학생들의 높은 중도탈락률과 낮은 성취도의 주 원인이 대형 종합 학교의 열악한 학습 환경에 있다고 지적하였다. 대형 종합 학교가 생긴 원인과 배경은 소재지에 따라 다르다. 농촌 및 교외 지역에서는 앞 절에서 언급한 것처럼 대규모 학교 및 교육구 통합 운동의 일환으로 대형 종합 학교가 생겨났다. 반면, 대도시에서는 1954년 미국 연방 대법원의 '브라운 대 교육위원회 재판'(Brown vs Board of Education)의 판례를 따라 인접 지역의 학교들을 통합하게 되면서 대형 종합 학교가 생겨났다. 브라운 대 교육위원회 재판은 백인과 유색 인종을 분리 교육하도록 되어 있는 남부 17개 주의 법을 위헌이라고 판결했던, 공교육에 한 획을 그은 대표적 사건이다. 당시 유색 인종의 학생들이 주로 다니는 대도시의 공립학교는 백인 학생들이 주로 다니는 농촌 또는 교외 지역의 학교보다 이용 가능한 인적 및 재정적 자원이 부족한 형편이었다. 이는 1960년대에 백인 중산층이 교외 지역으로 대거 이주하면서, 대도시에 위치한 학교의 조세 기반이 불안정해졌기 때문이다(Theobald, 2005). 공립학교의 지원이 교육구의 주민과 기업이 내는 지방세에 의해 충당되는 미국의 교육 재정 구조로 인해, 세수가 한정된 교육구에 위치한 학교는 심각한 예산 부족을 겪고 있었다. 뿐만 아니라 대도시 지역의 학교는 구조 및 건물 특성상 시골 및 교외 지역의 신축 학교보다 유지 보수에 훨씬 많은 자금이 필요한 상황이었다.

1970년대와 1980년대에는 대도시의 지역 경제를 책임지던 공업 및 제조업이 외국 시장으로 공장을 이전하고, 자동화 기술이 발달하게 되면서 일자리가 대폭 줄어들게 되었다. 이로 인해 대도시의 종합 고등학교에 재학하던 소수 인종 학생들은 암담한 상황을 맞이하게 되었다. 여기에 도시 경제의 빈곤과 폭력이 교실에까지 영향을 미치면서 2,000~3,000명을 수용하는 대형 종합 학교들은 점점 더 안전하지 못한 곳으로 변하게 되었다. 게다가 대도시 종합 학교의 낮은 급여와 안전하지 못한 근무 조건은 우수한 교사를 유치하는 데 적합하지 않았고, 이는 결국 학생들의 학습 기회를 제한하는 동시에 학교 전반의 성취 수준을 낮춰버리는 결과를 낳게 되었다. 이처럼 작은 학교 운동은 미국 대도시 교육구 학교들에 재학 중인 소수 인종 학생들의 학교 폭력, 낮은 학업 성취도, 불평등한 학업 문제 등을 해결하기 위해 시작되었다.

1980년대와 1990년대 전반에 걸쳐, 정치집단과 기업, 학부모 단체들은 뉴욕 및 필라델피아, 시카고와 같은 교육구의 학교 행정가들에게 작은 학교를 조성하도록 압력을 넣었다. 그 결과 이 지역의 대형 종합 학교들은 작은 학교들로 분리되거나, 작은 학습 공동체(small learning community) 혹은 학교 안 학교(schools within schools)의 형태로 재편성되기 시작했다(Raywid, 1995; Oxley & Kassissieh, 2008).

작은 학교로의 개혁은 학생과 교직원의 관계를 강화함으로써 생활 지도 방식을 개선하는 한편, 혁신적인 교수 방법을 적용함으로써 학생들로 독창적인 교육과정을 학습할 수 있게 해주었다(Raywid, 1995). 이러한 대도시 교육구의 변화는 학부모들에게 '학교선택'의 기회를 주는 것이 중요하다는 논쟁에 불을 붙였으며, 교육학 연구에도 커다란 영향을 주게 되었다. 그렇게 해서 작은 학교의 교수 학습에 관한 연구들이 진행되었고, 이러한 연구들을 바탕으로 학교 및 학급 규모를 줄이자는 전국 규모의 운동이 추진되었다. 이후 작은 학교 운동이 본격적으로 시작되면서, 교사와 학생 및 지역 사회 구성원 간의 긍정적 관계를 조성할 수 있는 학교의 필요성이 조명되었다. 공립 차터 스쿨(charter school)의 설립을 인가하는 법률이 개정된 지 30년이 지난(Toma & Zimmer, 2011) 오늘날까지 작은 학교 운동은 소규모 교육구 및 차터 스쿨, 홈스쿨링의 형태로 계속 발전되고 있다.

3.3 작은 학교의 최적 규모와 형태

작은 학교를 조성하기 위한 최적의 학생 수는 얼마일까? 적게는 50명부터 많게는 600명까지, 학교 구성원 모두에게 유익한 학생 수에 대해 다양한 연구가 이루어졌지만, 결국 작은 학교의 "최적 규모"에 대해서는 명확히 밝혀내지 못했다. 교육가들마다 작은 학교를 통해 달성하고자 하는 바가 모두 다르기 때문이다(Evan, et al., 2006). 학교의 최적 규모는 학습 공동체의 구성과 학생들의 교육적 요구, 또 교사들의 능력에 달려 있다. 작은 학교에 대한 연구들을 살펴보면 그 규모가 너무나도 다양하기 때문에, 학교의 효과적인 적정 규모를 확정하는 것은 매우 어려운 일이다.

하지만, 비록 이상적 학생 수를 정의하는 것은 불가능하지만, 사회 연결망 및 조직 역동성 분야에 대한 연구 자료들을 보면 그 적정 규모가 어느 정도인지는 대략적으로 생각해 볼 수 있다. 이들 연구에 따르면 개인이 인지적으로 의미를 부여할 수 있는 사회적 연결망의 수는 한계가 있다. Malcolm Gladwell(2001)은 그의 저서 Tipping Point에서 '던바(Dunbar)의 수'를 통해 이 현상을 설명한다. 영국의 인류학자 Robin Dunbar는 인간이 의미 있게 유지할 수 있는 사회적 관계의 수를 약 150명으로 계산하였다(Dunbar, 1992). 사람마다 대인 관계 능력은 다르겠지만, 대인 관계 능력의 95% 수준에서 볼 때, '던바의 수'는 100에서 250 사이의 값을 가진다고 한다. 어떤 이가 이 수를 훨씬 넘어가는 사람들을 마주하게 되면, 그는 개별적인 역할과 관계를 유지하는 대신 사람들을 비슷한 집단으로 분류하는 도식(schema)을 개발하게 된다. Gladwell은 학교 및 학습 공동체의 구성원 수가 150명이 넘을 경우, 학생들은 따돌림을 당할 가능성이 높으며 또래로부터 소외감을 느끼기 쉽다고 주장하였다. 학생들은 작은 학교에서 교사 및 다른 학생들과 보다 의미 있는 사회적 관계를 형성함으로써, 실제로 자신이 소속될 수 있고 애착을 가질 수 있는 공동체를 인지할 수가 있다. 이것은 학생들이 학교에 대해 긍정적인 감정을 가지고 학교 활동에 참여할 수 있는 정서적 참여(Fredericks, Blumenfeld, & Paris, 2004)로 이어진다. 이처럼 집단 역동성에 관한 연구는 효과적인 학습 공동체를 구성하는 방법에 대한 통찰을 제공해준다. 그러나 어쨌든, 작은 학교의 적정 규모를 규정할 방도는 현재까지는 없는 상태이다.

작은 학교에 대한 연구에서 유의할 점은 학교 규모에 대한 연구와 학급 규모에 대한 연구가 혼동되어서는 안 된다는 것이다. 작은 학급에 대한 연구들은 이 장에서 언급한 작은 학교에 대한 연구와 그 결과가 유사하다. STAR 프로젝트, SAGE 프로젝트 등 20명 미만의 작은 학급에 대해 이루어진 대형 연구들은(Finn et al., 2001에서 STAR 프로젝트, Molnar, Smith, & Zahorik, 2000에서 SAGE 프로젝트 참고) 학급의 규모가 작을수록 학생들의 학업 성취도가 높아지고, 교사가 더 큰 소속감을 가지며, 교수에 있어서도 즐거움을 나타낸다고 언급하고 있다(Achilles & Finn, 2002). 또한 교사가 학생 각각에게 개별화된 교수방법을 준비하고 학생 중심의 교수 전략을 사용한다고 한다(Finn, Pannozzo, & Achilles, 2003). 이와 같이 작은 학급에 대한 연구와 작은 학교에 대한 연구는 유사한 결과를 나타내 보인다. 하지만 이 둘은 명백히 다른 가정에서 출발한다는 것을 염두에 두어야 한다. 예를 들어, 학생 150명 규모의 작은 학교가 학생 30명으로 구성된 5학급으로 편재될 수 있는 반면, 학생 500명 규모의 학교는 학생 20명으로 구성된 25학급으로 편재될 수가 있다. 따라서 작은 학교와 작은 학급은 그 교수 · 학습에 미치는 영향을 다르게 고려해야 한다.

앞에서 언급한 바와 같이 미국 대도시의 교육구는 학교 폭력의 발생을 줄이고 학업 성취를 증진시키고자 기존의 대형 종합 학교를 작은 학교로 재편성하였다. 그 방법은 학생을 새로운 혹은 기존의 작은 학교로 전학시키는 방식과 학교 안 학교 및 작은 학습 공동체를 구성하는 방식으로 이루어졌다. 후자의 결과인 학교 안 학교 및 작은 학습 공동체의 경우, 학생들은 같은 학교에 재학하지만 여러 개의 작은 집단으로 분리되어 서로 다른 건물에서 지내게 된다. 각 집단들은 조직 구조상 따로 운영되지만 급식실, 강당, 체육관, 행정실, 수위실 같은 물리적 공간은 공유하는 형태로 공존한다. 이렇게 작은 학교 차원에서 자치권을 부여하는 동시에 대형 학교 차원에서 자원을 공유하는 것은 많은 장점이 있다. 예를 들어, 작은 학교에서는 교육과정을 잘 조율하고 교사와 학생 간의 관계를 개선하며, 학교와 지역 사회 간의 연계를 강화할 수 있다. 이와 같은 결과들은 학생 300~500명 규모의 작은 학교를 대상으로 한 연구들에서 쉽게 찾아볼 수 있다. 연구 결과에 따르면 작은 학교에서는 따돌림 및 학교 폭력이 감소하였으며(Mitchell, 2000), 교수학습 태도가 개선되었고(Lee & Loeb, 2002), 학생들의 학습 효과가 향상되었으며(Meier, 1996), 졸업률이 증가하였다(Nathan, & Tao, 2007). 이들 연구는 노동 협약(labor agreement)이나 자원 분배 같이 작은 학교에서 발생할 수 있는 문제들 역시 밝혀내었다(Allen & Steinberg, 2005). 이어지는 절에서는 작은 학교 및 작은 학급에 관한 연구 결과를 좀 더 심층적으로 논의하고, 현재 우리나라의 교육 체제에 줄 수 있는 시사점에 대해 생각해 볼 것이다.

3. 작은 학교 운동에 관한 연구와 시사점

이 절에서는 작은 학교 운동이 학교의 각 구성원들에게 미친 영향을 살펴보고자 한다. 특히, 작은 학교 운동이 교사와 학생의 관계뿐 아니라 학교 문화 형성, 학부모의 참여 등 거시적인 주제에 미친 긍정적 영향에 대해 논하고자 한다. 이러한 선행 연구 결과를 바탕으로 미국의 작은 학교 운동이 우리나라의 급변하는 교육 현장에 던져주는 시사점을 알아볼 것이다.

3.1 학생의 소속감 증가

작은 학교 운동의 핵심적인 신념은 학교의 규모가 축소되면 학생들과 교사들이 서로 친밀하게 연결되어 서로의 행복에 관심을 가질 수 있는 더 "연결된" 사회적 환경이 조성될 수 있다는 것이다(Cotton, 1996a). 학생들은 작은 학교에서 보다 나은 대인 관계를 형성할 수 있다. 학생들은 서로 간의 원만한 분위기를 형성하고 유대감을 느낄 수 있으며, 교사와도 생활 및 수업 양면에서 일 대 일 소통을 할 수 있게 된다. 이것은 학생들이 학교 내에서 주변 이들로부터 보살핌을 받고 있다고 느끼게 해주며, 학교에 더 큰 소속감을 느낄 수 있게 해준다(Capps & Maxwell, 1999). 학생들이 학교에서 느끼는 사회적 관계는 학생들의 사회적 및 학업적 자아 인식을 향상시켜주는 동시에(McPartland & Jordan, 2000) 교사와 학생들이 학교에 정서적으로 관여할 수 있게 해준다(Fredericks, Blumenfeld, & Paris, 2004). 이로써 교사와 학생은 서로에게 긍정적인 감정을 가지게 되며, 교수・학습에 있어서도 적극적인 태도를 가지게 된다. 그래서 작은 학교는 운영이 잘 될 경우 소속감과 성취 차원에서 고유한 문화를 형성할 수 있다.

작은 학교가 학생들에게 주는 것은 정서적 소속감과 안정감만이 아니다. 학교 규모와 학생들의 중퇴율은 커다란 상관관계가 있다. 이에 대해서도 많은 연구들이 이루어졌는데, Pittman과 Haughwout(1987)는 미국의 744개 이상의 공립 고등학교에 대한 분석을 통해, 학교 규모가 클수록 학생들의 중퇴율이 높다는 사실을 밝혀냈다. 이들은 학교 규모와 학교 분위기, 중퇴율에 대한 경로 분석을 통해, 고등학교 학생 수가 400명 증가할 때마다 중퇴 비율이 약 1%씩 증가할 것이라고 예측하였다. 작은 학교에 다니는 학생들이 학교에 더 큰 소속감을 가지며 낮은 중퇴율을 보인다는 것은 이후의 연구에서도 지속적으로 증명되었다(Fetler, 1989; Werblow & Duesbery, 2009). 이 뿐 아니라, 작은 학교는 학생들이 지내기에 보다 안전한 환경을 제공한다고 알려져 있다. 작은 학교에 속한 교직원들은 학교의 작은 규모가 학생들에게 안전한 분위기를 형성하며 학생들 역시 문제 행동을 덜 하게 된다고 인식한다(Bosworth, Ford &, Hernandaz, 2011).

작은 학교가 학생들의 안전한 생활과 소속감을 느낄 수 있는 환경을 제공한다는 것은 우리나라의 교육 환경에도 커다란 시사점을 던져준다. 교육부 보도자료(2018)에 따르면, 최근 5년 간 학교폭력대책자치위원회(학폭위) 심의건수는 지속적으로 늘고 있다. 2013년에 17,749건이었던 전체 초·중·고 학교별 학폭위 심의 건수는 2017년에 30,993건으로 약 175% 증가하였다. 학생 수는 지속적으로 감소하고 있는데 학교폭력 건수는 역으로 증가하고 있는 것이다. 학생들은 학교 공동체로부터 소속감과 연대의식을 느끼지 못할 때 여러 가지 문제 행동을 일으키거나 학교 폭력에 가담하는 경우가 많다(한대동, 오경희, 2013). PISA와 TIMSS 등 국제 조사 결과들에 따르면, 한국은 학생들이 학교에서 보내는 시간이 매우 긴 나라에 속한다. 함께 순위권에 오른 중국, 대만, 일본 등 동아시아권 국가들과 마찬가지로, 한국의 학생들은 일주일에 5~6일 하루 평균 10~12시간을 학교에서 보내는 것으로 나타났다(Martin, 2018). 학생들의 생활에 학교가 차지하는 비중을 고려해 보면, 학생들이 학교와 학교 구성원들과 맺는 관계는 매우 중요하다.

그러나 우리나라의 경우, 학생들이 학교에서 행복하다고 느끼는 정도는 전 세계 최하위권인 것으로 알려져 있다. Martin(2018)에 따르면 학생의 정신 건강과 학교 참여를 조사한 OECD 조사에서 약 60%의 학생만이 학교생활에서 행복을 느낀다고 응답했다고 한다(OECD, 2015). 이러한 결과는 OECD 평균인 80%에 한참 못 미치는 것으로, 한국 학생들의 낮은 학교생활 만족도는 다년간 지적되고 있다. 학생들은 학교에 대한 소속감이 강할수록 학교생활 만족도가 높아지는 것으로 알려져 있다(신종호 등, 2011). 작금과 같은 상황에서 작은 학교가 학생들에게 줄 수 있는 감정적 지지와 연대는(Leithwood & Jantzi, 2009), 학생들이 스스로를 소중히 여기고 다른 구성원들을 배려할 수 있는 마음을 함양할 수 있는 발로가 될 수 있을 것이다. 작은 학교가 학생들에게 줄 수 있는 안정감과 소속감, 정서적 애착은 우리나라 학생들에게 긍정적인 영향을 미칠 것으로 생각된다.

3.2 학생 참여 기회 확대

작은 학교에서 자신의 업무와 학교의 혁신적 실천에 열성적인 교사들은 학생에게 "진정한" 학습의 기회를 제공할 수 있다. 작은 학교는 교사 당 학생 비율이 낮기 때문에, 교사들은 학생 중심의 교수법을 개발하고 수행할 수 있으며, 나아가 학생 각각에게 적합한 개별화 교수법을 실천할 수 있다(Raywid, 1997). 작은 학교의 교사는 학생 개개인에게 더 많은 시간과 공간을 할애할 수 있기 때문에, 학생들과의 상호작용을 개별화하고 교수법을 조정함으로써 다양한 관계를 맺을 수 있다. René Antrop-González와 Anthony De Jesús(2006)는 작은 학교의 교사들이 학생들의 학습과 성장에 높은 학업 기대를 갖는 "비판적 돌봄" 문화를 육성할 수 있다고 주장했다. 이는 기존 대형 학교에서 소외되었던 학생들을 교육 현장 안으로 융합시키는 데 중요한 시사점을 던져준다. 여기서 소외되었던 학생들이란 인종, 문화 및 언어적으로 다양한 학생들뿐 아니라, 학업 성취, 학업 성향 등 다방면에서 주류 학생들로부터 벗어난 모든 학생들을 포함한다. 작은 학교에서는 학생 1인당 참여 기회가 더 늘어나기 때문에, 배움의 기회가 더욱 공평하게 분배된다(Cotton, 1996a). 또 작은 학교에서는 더 다양한 학생들이 더 많은 활동들에 참여하므로, 교육적으로 고립되는 학생들이 줄어든다(Clotfelter, 2002).

학교의 규모가 학생의 성취에 확실한 영향을 준다고 단언하기는 어렵지만, 미 전역에서 대규모로 진행된 선행 연구들은 작은 학교에서 학생들의 학업 성적이 향상된다고 보고하고 있다(Cotton, 1996b; Huang & Howley, 1993; Lee & Smith, 1995). 특히 이러한 결과는 소외된 학생들에게서 두드러지게 나타나는 것으로 알려져 있다. 미국의 4개 주에서 학교 규모와 학생들의 경제 수준, 학업 성취도에 대한 관계를 조사한 Howley와 Bickel(2000)의 연구에 따르면, 학교 규모가 커질수록 교육 격차가 증가한다고 한다. 이들은 가난이 학업 성취에 미치는 부정적 영향이 대형 학교의 경우 작은 학교보다 10배가량 강력하다고 주장하였다.

작은 학교일수록 학생들이 학습 활동에 좀 더 적극적으로 참여할 수 있는 기회를 누린다는 사실은 우리나라의 교육 현실에 적절하게 적용될 수 있을 것으로 보인다. 1997년 외환위기로 사회 양극화가 심화된 이후, 우리나라의 교육 격차는 상당히 심각한 수준에 이르고 있다. 우리나라의 교육 격차를 분석한 연구들을 보면, 지역 간, 계층 간 교육 격차가 매우 크며, 최근으로 올수록 그 격차가 더욱 확대되고 있다. 우리나라 지역 간 교육

격차를 조사한 논문들에 따르면, 대도시와 읍 · 면 지역 출신 학생들은 학업 성취에 있어서 차이가 현격하다(김경근, 2005). 또한 도시와 농어촌 지역의 학생들은 학업 성취도뿐 아니라 학교 및 지역사회의 교육 여건에 있어서도 큰 차이를 보이고 있다(이두휴, 2011; 홍지영, 이광현, 2010). 이러한 도시와 농촌 지역 학생들의 학업 성취도 격차는 학교 급 수준이 올라갈수록 심화되며, 고등학교 수준에서 그 격차가 가장 커진다고 한다(성기선, 2011). 이러한 교육 격차는 학생들이 속한 계층 간에도 나타나는데, 국내외에서 이루어진 연구들은 학생들이 속한 가정의 사회 · 경제적 지위와 환경을 성취도의 중요한 변수로 지목함과 동시에, 최근 들어 그 격차가 더욱 증가하고 있다고 이야기한다(김위정, 2012; 성기선, 2010). 성기선(2010)은 1998년과 2009년의 서울시 중학생의 학업 성취도를 비교한 연구에서, 가정환경이 미치는 효과가 20년 간 2배 이상 높아졌다고 분석한 바 있다.

더욱 큰 문제는 이러한 교육 격차가 점점 심각해질 것으로 예측된다는 것이다. 그간 우리나라는 다른 국가들에 비해 비교적 균일한 집단으로 구성된 단일민족 국가로 존재해 왔다. 지역 간, 계층 간의 차이가 존재하기는 해도, 같은 언어를 사용하는 같은 민족들로 이루어져 함께 살아왔다. 그러나 최근 들어 세계화의 흐름에 따른 국제 이민과 결혼 이주 등으로 인해 국내 거주 외국인의 비율이 빠르게 늘고 있다. 1998년 약 30만 명 정도였던 국내 거주 외국인의 수는 20년이 지난 2017년 약 220만 명으로 증가하였다(KOSIS 국가통계포털, 2019). 이것은 국내 학교에서 수학하는 다문화 학생의 증가로 이어졌다. 교육통계서비스 자료(2019)에 의하면, 2008년부터 2017년까지 10년 동안 다문화 학생의 수가 약 7배 증가하였다. 이렇듯 학생들의 특성이 다양해지면서, 교육계는 학생들의 교육적 요구에 대응할 수 있는 교육과정과 교육방법을 마련해야 할 필요성에 직면하고 있다. 이러한 상황에서 작은 학교는 그 대응 중 하나가 될 수 있다. 작은 학교는 교사가 학생의 특성을 파악하고 학생에게 적합한 교육방법을 구상, 실천할 수 있다는 장점이 있다. 또 작은 학교는 기존의 교육 환경에서 주류에 속하지 못해 소외되고 있는 학생들에게 더욱 다양하고 많은 학습 기회를 줄 것이다.

3.3 교사 협력을 통한 학교 공동체 문화 형성

작은 학교에서는 교원들 모두가 협력적 교육 환경을 설계할 집단적 책임감을 느끼기 때문에, 교사가 혁신에 동참하고 학교 운영에 전념하게 된다(Gottfredson, 1985). 작은 학교의 교사들은 함께 일하면서, 학교 현장에서 어떠한 실천(practice)들이 효과가 있는지 또 어떤 실천을 자제해야 하는지를 적극적으로 모색한다(Raywid, 1997). 작은 학교에서는 교사들이 동료 교사와 더욱 친밀한 관계를 맺을 수 있으며, 교장 및 교감 등 관리자와 더 빈번하게 소통할 수 있다(Darling-Hammond, Ancess, & Wichterle, 2002). 이를 통해 교사는 학생들에 관한 정보를 보다 쉽게 공유하고, 문제를 해결하기 위해 다른 교사들과 지속적이고도 효과적으로 협업할 수 있게 된다. 이는 또 작은 학교에 소속된 교사들의 직업 만족도가 향상되는 결과로 이어진다(Darling-Hammond, Ancess, & Wichterle, 2002; Ruggirello, 2015). 이로써 작은 학교의 교사와 학생은 모두 학교생활에 있어 긍정적인 효과를 느끼게 되는데, 이와 같은 일이 가능한 것은 작은 학교의 행정 구조가 작아 전체 교수진이 의사 결정에 쉽게 합의하고 그 결과를 공유할 수 있기 때문이다(Graurer & Ryan, 2016).

Raywid(1997)은 교사들이 학교를 긍정적으로 바꾸어 나가려고 공동의 노력을 하면서 학교에 소속감을 느낌과 동시에 학생과 학교에 헌신하게 된다고 이야기한다. 학생뿐 아니라 교직원 역시 대형 학교에서보다 작은 학교에서 학교 분위기를 긍정적으로 인식하며 소속감을 지닌다는 것이다(Stewart, 2008). 교사들이 학교의 운영 및 관리에 집단적으로 참여하게 되면 교사의 자기효능감이 증진될 수 있으며, 이는 다시 학교의 긍정적인 혁신에 영향을 미치게 된다. 뿐만 아니라 교사가 스스로 교육에 있어 리더십을 가짐으로써 학교 문화가 긍정적으로 변하게 되는데, 이는 학생의 학습에도 도움이 된다(Ruggirello, 2015). 또한 작은 학교의 교사들은 학교의 거버넌스에 대해 잘 알고 있기 때문에, 학생들은 교사에 대해 긍정적인 태도를 가지게 된다(McPartland & Jordan, 2000). 학교의 관리 및 통제 방식에 숙달된 교사를 학생들은 자연스럽게 신뢰하게 되며, 이에 따라 좋은 감정을 느끼게 되는 것이다.

작은 학교가 학교 공동체 문화를 형성하는 데 도움을 준다는 것은 우리나라의 학교 현실에 시사하는 바가 크다. 우리나라는 2009년 경기도 교육청을 시작으로 현재 전국 17개 지역(서울, 경기, 광주, 전남, 전북, 강원)에서 혁신학교를 지정하여 운영하고 있다. 혁신학교는 민주적 자치 공동체와 전문적 학습 공동체에 의한 창의지성교육을 실현하는 공교육 혁신의 모델 학교(경기도교육청, 2013)로서, 학교 구성원들이 학교운영, 교육과정 및 수업 혁신에 참여하고 공동체 문화를 활성화하자는 기치로 운영되고 있다. 혁신 학교는 수업 혁신 및 학교 공동체 문화 형성을 목표로 하고 있다는 점에서 작은 학교와 접목되어 시너지 효과를 낼 수 있을 것으로 보인다. 작은 혁신학교에 근무했던 교사의 경험을 탐색한 연구에 따르면, 학교의 작은 규모는 혁신학교의 교사들이 학교 문화를 혁신하는 데에 결정적인 기여를 할 수 있다고 한다(이연선, 연희정, 한안나, 2017). 이 학교의 교사들은 매년 단체 워크숍 및 교사 모임을 통해 학교 혁신의 문제와 대상을 찾아내고, 교육철학에 합의함으로써 교육과정을 개발하였다. 또한 교사, 교장, 교육관계자들 등 내부구성원들의 합의를 통해 교직 문화에 혁신을 이끌어냈다. 이 연구에서는 구성원들의 원활한 소통이 가능한 작은 규모가 혁신학교의 운영 과정과 접목되면서 학교 문화의 혁신에 결정적 기능을 했다고 이야기한다.

뿐만 아니라 작은 혁신학교에서 교사들은 교육 공동체를 형성함으로써 공유리더십을 형성하게 되고, 그로 인해 학교의 성공을 이끌어낼 수 있다(윤정, 김병찬, 2018). 작은 혁신학교에서 나타난 성공을 연구한 이 연구에 따르면 교사들은 학교의 목표와 과제, 성찰 모두를 공유하고 실천하였다. 또한 교사들은 수업 개선을 위하여 학습하였으며, 이에 따라 학교 행정 역시 변화하였다. 학교의 변화를 스스로 실천해 나가면서 교사들은 재미와 보람을 느낄 수 있었고, 이로써 변화를 지속적으로 유지할 수 있었다. 마찬가지로 이연선 등(2017)도 학교 문화 혁신의 성공 요인 중 하나로 학교의 작은 규모를 꼽는다. 작은 규모로 인해 학교 구성원들 사이의 소통이 신속하게 이뤄졌을 뿐 아니라, 새로운 아이디어를 실천했을 때 그 효과를 파악하기 용이했다는 것이다. 이렇듯 작은 학교는 우리나라의 혁신학교 정책과 맞물릴 때, 학교 공동체 문화의 혁신에 있어 긍정적인 결과를 가져올 수 있을 것으로 기대된다. 작은 학교 현상이 필연적인만큼 이를 뒷받침할 수 있는 교육정책의 수립이 또한 중요할 것이다.

3.4 학교 밖 구성원들의 참여 증대

작은 학교는 학교의 조직과 공동체 내 모든 이해관계자들에게 끈끈한 유대와 기회를 제공한다(Cotton, 1996b). 작은 학교에서는 학부모들의 참여가 증대될 수 있다. 학부모의 참여 여부는 학생들의 특성(사회 · 경제적 지위, 인종 등)에 상관없이 학생의 학습에 긍정적인 영향을 미치는 요소 중 하나이다(Griffith, 1996). 그러나 교사 1인당 학생 수 비율이 큰 대형 학교에서는 교사가 학부모와 소통하기 어려우며(Hornby & Lafaele, 2011),

관료적인 학교 구조상 학부모의 참여가 이루어지기 어렵다(Meier, 1997). 중학교부터 고등학교에 진학하기까지 학생과 학생 가족을 추적한 종단 연구에 따르면, 학교 규모가 커질수록 학부모가 자원 봉사, 교사와의 만남, 학부모 단체 등에 적극적으로 참여하는 정도가 감소하였다(Walsh, 2010). 자녀의 학습과 학부모 공동체 형성, 또 학교의 개선에 대한 학부모의 인식이 학생들의 학업 성취와 학습 환경에 중요한 영향을 미친다는 것을 고려했을 때(Park, Stone, & Holloway, 2017), 이는 학교에 있어 큰 손실이라 할 수 있다. 그러나 작은 학교에서는 학교 구성원 모두가 학교 분위기를 긍정적으로 인식한다고 알려져 있다(Stewart, 2008). 학교 분위기는 학부모가 자녀들을 위한 학교 개혁에 참여하는 데에 필수적이라는 측면에서 볼 때(Epstein, 2001), 작은 학교는 학부모의 의견을 반영할 수 있는 최적의 장소인 것이다.

뿐만 아니라 작은 학교에서는 지역 전문가 같은 지역 사회 구성원들의 참여까지 독려할 수 있다. 작은 학교에서는 다양한 지역 사회 구성원들이 끈끈한 유대감을 가지고 학교에 봉사하며, 학생들을 멘토링하고 또 학생들의 활동을 도울 수 있다. 마찬가지로 교사와 학생들도 지역 사회 단체에 참여할 수가 있다(Grauer & Ryan, 2016). 학교에서 체계적이고 지속적인 변화가 일어나기 위해서는 지역 사회 구성원들의 참여가 필수적이다(Banathy, 1991). 학교 개혁에 강한 의지를 가진 지역 사회 구성원들의 참여는 개별 학교의 공동체 문화를 형성하는 데에 그치지 않고, 학교의 개혁을 주도하는 공동체 역량을 구축하기까지 해준다. 이렇게 형성된 지역 사회 조직과의 연대는 학교 내 구성원들의 의지를 반영한 정책 및 프로그램을 도입하게 함으로써, 교육 전반에 거시적 변화를 일으키는 원동력이 되기도 한다(Gold, Simon, Mundell, & Brown, 2004).

작은 학교에 있어 학교 밖 구성원들이 참여하는 것이 얼마나 중요한지는 우리나라에서도 지속적으로 조명되고 있는 바이다. 우리나라의 경우, 주로 농산어촌의 작은 학교를 배경으로 학부모와 지역 사회의 연계에 대한 연구들이 이루어진 바 있다. 이들 연구에 따르면 농산어촌의 작은 학교는 학부모의 의견을 즉각적으로 수렴하여 빠른 변화를 이룩할 수 있는데다, 이를 통해 학부모의 신뢰와 희망을 이끌어낼 수 있다(이동성, 2016). 작은 학교에서 학부모들은 교사와 더불어 교육철학을 함께 공유하고 교육과정을 수립할 수 있는 적극적 교육 주체로 거듭날 수 있다. 이러한 학부모의 참여는 학교의 운영 및 개선의 중요한 요인인 동시에 학교 및 지역 사회 연계의 매개체가 될 수 있다는 점에서 작은 학교의 소중한 자원이다(이혜정, 2012). 학부모들은 학생들의 부모인 동시에 지역

사회의 인적 및 물적 자원을 학교 내부로 가지고 올 수 있는 지역 사회의 구성원이기 때문이다.

농산어촌의 작은 학교와 지역 사회 연계의 중요성을 강조하는 연구들은 지역교육공동체의 형성을 중요하게 다룬다. 이들 지역은 주민들이 강력한 애향심과 애교심을 가지고 있는 곳으로, 학교가 자생적으로 운영되어야 지역사회도 유지 및 발전될 수 있는 구조를 갖고 있기 때문이다(이혜정, 2012). 지역적 특성을 바탕으로 합리적 소통 체계를 구축함으로써 지역 사회 구성원들에 의해 교육의 활성화를 이룰 수 있다는 측면에서, 마을교육공동체 개념을 작은 학교 발전에 도입하고자 하는 논의도 이루어지고 있다(조금주, 2019). 이렇듯 우리나라 농산어촌의 작은 학교에 대해서는 학교 통·폐합 운동과 맞물려 학부모 및 지역 사회와의 연계에 대한 연구들이 많이 이루어졌다. 그러나 우리나라 전반의 인구 감소 현상에 대한 논의가 비교적 최근에 이루어진 만큼, 도시 지역의 작은 학교들에 대해서는 아직 많은 연구가 이루어지지 않았다. 본 장에서 탐색한 미국의 작은 학교 운동은 도시 지역을 연구 기반으로 두고 있다는 점에서, 향후 연구의 방향을 제시할 수 있을 것으로 생각된다.

4. 이 장을 나가며

이 장에서 살펴본 바와 같이, 미국의 작은 학교 운동은 당시 미국의 사회·경제 체제 변화를 반영한 의도적인 교육 개혁 운동이었다. 미국의 작은 학교 운동이 정부 주도의 교육 개혁 운동이었던 것과는 달리, 우리나라의 작은 학교 현상은 보다 필연적이며 통제가 불가능한 상황이다. 최근 한국 사회 전반에 나타나는 저출산 현상으로 학교의 규모가 작아지고 있는 것이다. 우리나라에서 나타나는 작은 학교는 규모와 설립 지역이 매우 다양한 편으로, 그 특성을 명확히 정의하기가 어렵다. 따라서 3절에서 살펴본 바 작은 학교에 대한 미국의 연구 결과들을 그대로 받아들이기는 어려울 것이다. 하지만 오늘날 변화하는 사회에서 작은 학교가 교육적 잠재력을 지니고 있다는 것만큼은 부정할 수 없는 사실이다.

각각의 작은 학교가 속해 있는 맥락은 모두가 다르며, 각 학교에서 활용할 수 있는 교육적 자원도 다양하다. 그러나 맥락과 상황에 관계없이, 중요한 것은 학습 공동체를 효과적으로 형성하고 유지하는 것이다. 작은 학교에 관한 연구들에 따르면, 작은 학습 공동체에 있어 가장 중요한 변인은 학교 이해 당사자 모두를 포함하는 강력한 리더십이다(Bronson, 2013). 정부, 교장·감, 교사, 학부모 등 다양한 이해 당사자들의 생각과 입장이 다르기 때문에, 작은 학교를 설립하고 운영하는 것은 어려울 수밖에 없다. 작은 학교를 유지하고 발전시켜 나가려면 학교 구성원 모두가 학교의 개혁 목표를 공유하고 지원하며 책임감을 가져야 한다. 이것은 학교의 규모를 축소하는 것에서 나아가, 교사, 학생 및 학부모가 의미 있다고 생각되는 각자의 임무를 합의하고 도맡아 수행해야 한다는 뜻이다(Meier, 1995). 작은 학교로의 개혁은 하향식 행정 지침에 의해 행해지는 것이 아니라, 구성원들에 의해 공유되는 토론을 통해 창출되어야 한다(Noguera, 2002).

앞서 언급한 바와 같이 작은 학교에서는 각각의 구성원이 차지하는 비중이 크며, 자신들의 의견을 효율적으로 개진할 수 있다. 교장·교감뿐 아니라 학교 공동체의 목소리를 반영한 학습 공동체가 형성될 수 있으며, 구성원 모두가 학교 고유의 문화를 구성해 나갈 수 있다. 학교의 개혁에 대한 공동의 비전은 정부와 같은 상위 조직으로부터 교사, 학생 및 학부모에게 하달되는 것이 아니다. 작은 학교로의 개혁이 성공하기 위해서는 학교 수준에서 교육 프로그램을 계획할 수 있도록 교육의 분산화가 이루어져야 한다. 즉, 학교 자체가 자율성을 확보하고 공동의 목표를 달성할 수 있는 책임감을 가질 수 있도록 체제적 지원을 해줘야 한다(Ayers & Klonsky, 2006). 이러한 체제가 마련되었을 때 비로소 학교 구성원들은 학교의 조직 형태, 교육과정 및 교수방법 등에 대한 공동의 비전을 가지고, 이해 당사자 간의 관계를 맺고 유지할 수 있는 리더십 모델을 구성할 수 있을 것이다.

그러나 우리나라의 경우, 교사가 5년마다 새로운 학교로 전근을 가는 구조로 이루어져 있어 학교와 지역 사회를 이해하고 연계하는 활동을 펼치기가 어려운 편이다. 앞 절에서 다뤘던 작은 학교 연구 사례와 같이 매년 새로운 교사들과 새로운 교육철학을 정립해 나가는 것도 의미가 있겠지만, 학교의 배경과 맥락을 이해하는 교사들의 전출은 학교의 일관된 교육 실행을 저해할 수도 있다. 교사들이 학교에서 리더십을 가지고 자신의 역량을 발휘할 수 있도록, 작은 학교의 경우 근무 기간을 전반적으로 연장하는 방안도 검토해 볼 수 있을 것이다. 뿐만 아니라 점차 심화되어 가는 인구 절벽 현상에 대비하여, 교사가 작은 학교에서 전문성을 가질 수 있도록 적절한 교사 교육이 이루어져야 할 것이다. 교사들이 수평적인 학교 문화를 구성하고 교육과정의 개발에 적극적으로 참여할 수 있는 능력을 함양할 수 있도록 교원 양성과정에서부터 변화가 마련되어야 한다. 작은 학교,

마을 공동체 학교, 혁신학교 등 교육 개혁 모델들에 대해 일선 교육 현장에서 많은 연구들이 이루어졌지만, 교사 교육에는 그 연구 결과들이 충분히 반영되지 않고 있다. 다양한 교육 현장에서 연구를 수행하고 그 결과를 다시 교원 양성과정에 반영함으로써, 교원들의 실질적인 전문성을 향상하는 것이 미래의 과제가 될 것이다.

참고문헌

경기도교육청 (2013). 혁신교육백서. 경기도교육청.

교육부 (2018). 2018년 1차 학교폭력 실태조사 결과. http://www.moe.go.kr/boardCnts/view.do?boardID=294&boardSeq=75144 &lev=0&searchType=null&statusYN=C&page=1&s=moe&m=0503&opType=N] 에서 2019년 1월 3일에 검색.

교육부 (2018), 2019~2030년 중장기 교원 수급계획안. 교육부.

교육통계서비스 (2019). 다문화학생 추이. https://kess.kedi.re.kr/index에서 2019년 1월 11일에 검색.

국가통계포털 (2019). 1998년-2017년 등록 외국인 통계. http://www.index.go.kr/potal/main/EachDtlPageDetail.do? idx_cd=2756 에서 2019년 1월 11일에 검색.

김경근 (2005). 한국사회 교육격차의 실태 및 결정요인. 교육사회학연구, 15(3), 1-27.

김위정 (2012). 계층간 학력 격차의 변화: 학교정책의 영향을 중심으로. 교육사회학연구, 22(3), 49-75.

성기선 (2010). 중학생들의 학업성취도에 미치는 가정배경의 영향력 변화에 관한 연구-서울시 중학생 1988년과 2008년 비교-, 교육사회학연구, 20(3), 83-103.

성기선 (2011). 학교급별 도농간 학업성취도 격차에 관한 연구. 교육사회학연구, 21(4), 125-148.

윤정, 김병찬 (2018). 학교는 어떻게 성공하는가? : A초등학교 교사들의 공유리더십에 관한 질적 사례연구. 한국교원교육연구, 35(4), 191-222.

이동성 (2016) 농어촌지역 소규모 중학교의 교육적 가능성 탐색 : 한 현장교사의 생애사를 중심으로, 한국교원교육연구, 33(2), 1-28

이두휴 (2011). 도시와 농촌간 교육양극화 실태 분석. 교육사회학연구, 21(2), 121-148.

이연선, 연희정, 한안나 (2017). 한 초등교사의 혁신학교 교육경험에 관한 내러티브탐구. 교육혁신연구, 27(1), 63-90.

이혜정 (2012). 농산촌 지역 작은 초등학교 활성화 방안 탐색: 학부모견해를 중심으로. 교육종합연구, 10(2), 285-308

조금주 (2019). 지역사회 소규모학교 살리기 정책 방향과 해결 과제. 한국콘텐츠학회논문지, 19(2), 99-111.

한국고용정보원 (2018). 한국의 지방소멸 2018. 고용동향 브리프 7월호.

한대동, 오경희 (2013). 초등학교에서의 공동체적 수업실천과 공동체의식이 학교폭력 자제행동에 미치는 영향. 교육사회학연구, 23(4), 207-235.

홍지영, 이광현 (2010). 농산어촌 지역의 초등학교 교육격차실태 분석. 초등교육연구, 25, 123-142.

Achilles, C. M., & Finn, J. D. (2000). The varieties of small classes and their outcomes. In M. C. Wang & J. D. Finn (Eds), Taking small classes one step further (pp. 121-146). Greenwich, CT, USA: Information Age.

Allen, L. & Steinberg, A. (2004). Big buildings, small schools: Using a small schools strategy for high school reform. Jobs for the Future and the Education Alliance at Brown University. Retrieved online January 3, 2019 from https://files.eric.ed.gov/fulltext/ED486156.pdf

Antrop González. R., & De Jesús, A. (2006). Toward a theory of critical care in urban small school reform: examining structures and pedagogies of caring in two Latino community based schools. International Journal of Qualitative Studies in Education, 19(4), 409-433. doi.org/10.1080/09518390600773148

Ayers, W., & Klonsky, M. (February, 2006). Chicago's Renaissance 2010: The small schools movement meets the ownership society. Phi Delta Kappan, 453-457.

Banathy, B. H. (1991). Systems design of education: A journey to create the future. Englewood Cliffs, N.J.: Educational Technology

Bosworth, K., Ford, L. & Hernandaz, D. (2011) School climate factors contributing to student and faulty perceptions of safety in select Arizona schools. American School Health Association, 81(4), 194 - 200.

Bronson, C. E. (2013). Small school reform: Challenges faced by one urban high school. Sage Open, 1-14.

Capps, W. R., & Maxwell, M. E. (1999). Where everybody knows your name: The beauty of small schools. American School Board Journal, 186(9) 35- 36.

Cleary, M., & English, G. (2005). The small schools movement: Implications for health education. Journal of School Health, 75(7), 243-247.

Clotfelter, C. T. (2002). Interracial contact in high school extracurricular activities. The Urban Review, 34, 25 - 46.

Cotton, K. (1996a). Affective and social benefits of small-scale schooling. Charleston, WV: Clearinghouse on Rural Education and Small Schools (ERIC Document Production Service No. ED401088).

Cotton, K. (1996b). School Size, school climate, and student performance. Portland, OR: Northwest Regional Educational Laboratory.

Darling-Hammond, L., Ancess, J., & Wichterle Ort, S. (2002). Reinventing high school: Outcomes of the coalition campus schools project. American Educational Research Journal, 39(3), 639.

Dunbar, R. I. (1992). Neocortex size as a constraint on group size in primates. Journal of Human Evolution, 22(6), 469-493.

EPICenter. (2011). The landscape of public education: A statistical portrait through the years. Arlington, VA, USA: Educational Policy Institute. Accessed on February 26, 2019 from http://www.educationalpolicy.org/publications/EPI%20Center/EPICenter_K-12.pdf

Epstein, J. L. (2001). School, family, and community partnership: Preparing educators and improving schools. Oxford, UK: Westview Press.

Evan, A., Huberman, M., Means, B., Mitchell, K., Shear, L., Shkolnik, J., Smerdon, B., et al. (2006). Evaluation of the bill and melinda gates foundation's high school grants initiative: 2001 – 2005 final report. Washington, DC: American Institutes for Research and SRI International.

Fetler, M. (1989). School dropout rates, academic performance, size, and poverty: Correlates of educational reform. Educational Evaluation and Policy Analysis, 11(2), 109-116.

Finn, J. D., Gerber, S. B., Achilles, C. M., & Boyd-Zaharias, J. (2001). The enduring effects of small classes. Teachers College Record, 103, 45-83.

Finn, J. D., Pannozzo, G. M., & Achilles, C. M. (2003). The "why's" of class size: Student behavior in small classes. Review of Educational Research, 73(3), 321-368.

Fredricks, J. A., Blumenfeld, P. C., & Paris, A. H. (2004). School engagement: Potential of the concept, state of the evidence. Review of Educational Research, 74(1), 59-109.

Gladwell, M. (2000). The tipping point. Boston: Little, Brown and Company.

Gold, E., Simon, E., Mundell, L., & Brown, C. (2004). Bringing community organizing into the school reform picture. Nonprofit and voluntary sector quarterly, 33(3), 54S-76S.

Gottfredson, D. (1985). School size and school disorder. Baltimore, Md.: Center for Social Organization of Schools, Johns Hopkins University.

Grauer, S., & Ryan, C. (2016). Small schools: The myths, reality, and potential of small schools. Retrieved on January 3, 2019 from https://medium.com/communityworksjournal/small-schools-the-myths-reality-and-potential-of-small-schools-76a566c42f6e

Griffith, J. (1996). Relation of parental involvement, empowerment, and school traits to student academic performance. Journal of Educational Research, 90(1), 33-41.

Hornby, G., & Lafaele, R. (2011). Barriers to parental involvement in education: An explanatory model. Journal of Educational Review, 63(1), 37-52. https://doi.org/10.1080/00131911.2010.488049

Howley, C. B., & Bickel, R. (2000). When it comes to schooling... small works: school size, poverty, and student achievement. Rural School and Community Trust, 1-24. Accessed on March 15, 2019 from https://eric.ed.gov/?id=ED447973

Huang, G., & Howley, C. (1993). Mitigating disadvantage: Effects of small-scale schooling on student achievement in Alaska. Journal of Research in Rural Education, 9(3), 137-149.

Lee, V. E., & Loeb, S. (2000). School size in Chicago elementary schools: Effects on teachers' attitudes and students' achievement. American Educational Research Journal, 37(1), 3 31.

Lee, V. E., & Smith, J. B. (1995). Effects of high school restructuring and size on early gains in achievement and engagement. Sociology of education, 241-270.

Leithwood, K., & Jantzi, D. (2009). A review of empirical evidence about school size effects: A policy perspective. Review of Educational Research, 79(1), 464-490.

Martin, S. (2018). Confronting prevailing narratives of student engagement and participation in science classrooms. In L. Bryan and K. Tobin (Eds), 13 Questions: Reframing Education's Conversation: Science, (p. 125-148). New York: Peter Lang.

McPartland, J. M., & Jordan, W. J. (2000). Restructuring for reform: The talent development model. Principal Leadership, 1(8), 28-31.

Mitchell, S., (2000). Jack and the giant school. The New Rules, 2, 1 – 10. Accessed on January 15, 2019 from https://ilsr.org/jack-and-giant-school/

Meier, D. W. (1995). The power of their ideas. Boston: Beacon Press.

Meier, D. W. (1996). The big benefits of smallness. Educational Leadership, 54(1), 12-15.

Meier, D. W. (1997). Can the odds be changed? Educational Policy, 11(2), 194-208.

Molnar, A., Smith, P., & Zahorik, J. (2000). 1999-2000 evaluation results of the Student Achievement Guarantee in Education (SAGE) program. Milwaukee: University of Wisconsin, School of Education.

Nathan, J. & Thao, K. (2007). Smaller, safer, saner: Successful schools. Washington, DC, USA: National Clearinghouse for Education Facilities (NCEF). Retrieved on January 3, 2019 from http://www.ncef.org/pubs/saneschools.pdf

National Commission on Excellence in Education. (1983). A nation at risk: The imperative of educational reform. Washington, DC: U.S. Government Printing Office. Retrieved on February 2, 2019 from https://www.journals.uchicago.edu/doi/abs/ 10.1086/461348?jouralCode=esj

Noguera, P. A. (Feburary, 2002). Beyond size: The challenge of high school reform. Educational Leadership, 60-63.

OECD. (2015). How's Life? 2015 Measuring Well-being. OECD Publishing, Paris. https://doi.org/10.1787/how_life-2015-en

Oxley, D., & Kassissieh, J. (2008). From comprehensive high schools to small learning communities: Accomplishments and challenges, FORUM, 50(2), 199-206. http://doi.org/10.2304/forum.2008.50.2.199

Park, S., Stone, S. I., & Holloway, S. D. (2017). School-based parental involvement as a predictor of achievement and school learning environment: An elementary school-level analysis. Children and Youth Services Review, 82, 195-206. https://doi.org/10.1016/j.childyouth.2017.09.012

Pittman, R. B., & Haughwout, P. (1987). Influence of high school size on dropout rate. Educational Evaluation and Policy Analysis, 9(4), 337-343.

Raywid, M. A. (1995). The subschools/small schools movement: Taking stock. Washington, DC: Center on Organization and Restructuring of Schools, US Department of Education. Accessed online on February 25, 2019 from https://files.eric.ed.gov/fulltext/ED397490.pdf

Raywid, M. A. (1997). Synthesis of research / small schools: A reform that works. Reaching for Equity, 55(4), 34-39.

Ruggirello, R. (2015). The role of administrator and teacher leadership in secondary science education reform. Unpublished doctoral manuscript Curtin University, Perth, Australia.

Snyder, T. D. (1993). 120 years of American education: A statistical portrait. National Center for Educational Statistics, Washington, DC: U.S. Government Printing Office.

Stewart, E. B. (2008). School structural characteristics, student effort, peer associations, and parental involvement: The influence of school-and individual-level factors on academic achievement. Education and Urban Society, 40(2), 179-204.

Theobald, P. (October, 2005). Urban and rural schools: Overcoming lingering obstacles. Phi Delta Kappan, 116-122.

Toma, E., & Zimmer, R. (2011). Two decades of charter schools: Expectations, reality and the future. Economics of Education Review, 31(2), 209-212.

Walsh, P. (2010). Is parental involvement lower at larger schools? Economics of Education Review, 29(6), 959-970. https://doi.org/10.1016/j.econedurev.2010.04.003

Werblow, J., & Duesbery, L. (2009). The impact of high school size on math achievement and dropout rate. The High School Journal, 92(3), 14-23.

Wraga, W. (2000). The comprehensive high school in the United States: A historical perspective. Paper presented at the annual meeting for the American Educational Research Society in New Orleans, LA, on April 24, 2000. Accessed online on February 25, 2019 from https://files.eric.ed.gov/fulltext/ED443170.pdf

04

미래교육의 대안으로서 공동체 기반 교육

정 용 재(공주교육대학교)

1. 들어가면서

우리 교육은 지난 수십 년 간 우리나라의 경제적 · 사회적 발전을 견인해 왔다(박의수, 2009). 그러나 현재 우리 교육은 미시적으로는 교실문화와 개인적 수준에서, 거시적으로는 학교 교육 체제에서 많은 어려움을 겪고 있다.

우선, 교실문화와 개인적 수준이라는 미시적 차원을 보자. 현재 우리 교육은 학습에 대한 학습자들의 자발적이고 능동적인 참여가 줄고, 여전히 성적에 따른 서열화와 획일적인 문화에 빠져 있다(박수홍 등, 2015; 송진웅 등, 2018). 또 분과학문 중심의 전문성에 치우쳐있는 모습, 인문사회학과 과학기술학의 상호배타적인 모습 등도 우리 교육의 한계라 여겨진다(송진웅과 나지연, 2015).

교육체제 같은 거시적 차원은 또 어떤가? 대학입시제도의 지대한 영향 하에 사교육의 폐해를 여전히 겪고 있으며, 그렇게 대학을 입학한 후에도 지속적인 결제불황과 이에 따른 취업난으로 고학력 실업과 하향취업 등 다양한 제도적 문제가 나타나고 있다. 그런데도 대학 진학 희망자는 오히려 늘어나, 재수생 문제, 학교교육의 입시준비, 과열과외 등 문제는 점점 파생되어 나간다(박수홍 등, 2015). 또 내신 위주의 교육 시스템에 따라 협력보다는 경쟁 중심의 개인 학습이 강조되고 있다(이상수, 2012). 인구변동과 사회 구성원의 질적 변화에 따라 대학의 구조조정과 다문화사회를 대비한 교육 등이 사회적으로 요구받고 있지만, 아직은 충분히 대응하지 못하는 실정이다(반상진, 2015; 박휴용 등,

2014). 아울러, 과학기술의 발달, IT 기술의 발달 등 폭발적으로 증가하고 있는 테크놀로지의 발달을 충분히 반영하고 있지 않은 교육체제에 대한 비판도 존재한다(이상수, 2012).

4차 산업혁명의 물결 속에서 초연결사회에 접어들고 있는 글로벌 사회변동과 저출산-고령화라는 지역적 사회적 변동은 다양한 테크놀로지를 활용한 미래형 교육 시스템과 방법을 요구하고 있지만, 동시에 지나친 개인화를 방지하고 소규모 집단 사이의 네트워크를 활용하는 공동체 기반 교육도 요구하고 있다. 이에 따라 본 절에서는 미래사회의 특징을 감안하여 미래세대를 위한 공동체 기반 교육의 필요성을 논의하고, 공동체 기반 교육의 몇 가지 특징과 방안에 대해 논의하고자 한다.

2. 미래사회와 공동체 기반 교육의 필요성

교육은 미래세대의 양성을 목적으로 한다는 점에서 볼 때, 교육의 목표와 내용 설정, 방법 제시, 체제와 인프라 구축은 미래사회에 대한 예견과 미래사회에 필요한 역량을 중심으로 이뤄져야 할 것이다(곽영순, 2013). 1986년에 시작하여 2061년까지 76년에 걸쳐 미래사회를 예견하고 또 수행 중인 프로젝트 2061이 이러한 교육적 노력의 대표적인 예일 것이다. 우리나라 역시 2014년부터 한국과학창의재단을 중심으로 30년 후를 내다보는 중장기 관점에서 과학교육의 개선방안과 미래세대를 위한 과학교육표준을 개발해오고 있다(송진웅 등, 2018).

그렇다면, 미래사회에 대비하기 위해 우리는 어떠한 교육에 주목해야 할까? 우선, 미래사회의 특징을 살펴보고 이에 대한 교육적 대응을 모색할 필요가 있다. 최근 4차 산업혁명기로 대변되는 미래사회의 한 가지 특징은 초연결사회(hyper-connected society)로의 진입이다. 사람과 사람의 연결은 물론, 사람과 사물, 사물과 사물, 데이터와 데이터 등 모든 것이 다양한 경로로 밀접히 연결되는 초연결사회는 지능화 · 개인화 · 사물정보화로 패러다임이 변하는 환경 속에서 IoT · M2M · 빅데이터 기술을 바탕으로 이루어져가고 있다. 또한 미래전망 · 상황인식 · 개인 맞춤형 서비스를 통해 모든 곳에 연결되는 IT, 문제 해결, 새로운 가치 창출 및 가치 연결을 지향하고 있다(정지선, 2011; 윤미영과 권정은, 2013). 과거 '20세기 전통적 산업사회의 노동집약시대'는 Hardware and Software 중심의 사회였다. 단방향 정보전달 사회, "근대" 과학기술 기반 사회, 개발 중심의 효율성

중시 사회, 학령기 학교교육 중심 사회, 분야별 독립적 전문성 중심 사회였다. 하지만 미래사회는 '21세기 초연결기반사회의 지속가능과학기술시대'로 변화될 것이다. 그것은 Connected Humanware 중심 사회이고, 초연결 지능정보 네트워크 사회, "융복합" 첨단 과학기술 응용 사회, 더불어 사는 지속 가능 사회, 생애주기 평생학습 사회, 그리고 창의적 융복합 전문성 사회이다(송진웅 등, 2018).

미래사회는 다양한 문제에 봉착할 것으로 예견된다. 예를 들어, 글로벌 금융위기, 장기적 경기침체 등의 '경제적 문제', 지구온난화 및 지진 · 해일 등의 '환경 문제', 고용불안, 사회적 양극화 등 '사회적 문제'에 있어 불확실성이 증가할 것이다(World Economic Forum, 2012). 유럽연합의 유럽집행위원회에서도 '스마트 · 지속가능 · 통합 성장을 위한 2020 전략'(European Commission, 2010)이라는 보고서를 통해 미래사회가 직면할 위험을 예측하면서, 이를 위한 해결 방안으로 스마트한 성장(지식, 혁신, 교육, 디지털 사회), 지속가능한 성장(자원 효율화, 경쟁력 제고 등), 통합적 성장(노동시장 참여증진, 기술습득과 빈곤퇴치)에 주목했다(전승수, 2012).

한편, 미래사회로의 변화는 전 지구적 차원뿐 아니라 지역적 차원에서도 일어나고 있다. 미래기획위원회, 기획재정부, KISTEP, KISDI, SERI, LGERI 등에서 내놓은 자료에 의하면, 우리나라의 경우 인구변화 및 양극화, 네트워크 사회, 가상현실, 융복합, 로봇, 웰빙 · 복지경제, 지식기반 경제, 글로벌 인재, 기후변화, 에너지 위기, 기술위험, 글로벌, 안전위험, 남북통일 등의 메가트랜드가 나타날 것이다. 어떤 것들은 이미 나타났으며 더 심화된 모습으로 변천될 것이다(윤미영과 권정은, 2010).

이 중에서 인구변화 및 양극화, 즉 저출산-고령화 사회의 특징은 다른 국가에 비해 특히 두드러지게 나타나고 있다. 우리나라의 출산율은 1.3명 정도에 그치고 있으며, 이는 전 세계 주요 국가 중 가장 낮은 수준에 해당한다(박휴용과 여영기, 2014; 박휴용 등, 2014).

이와 같은 우리 사회의 저출산 문제는 자연스럽게 학령인구의 감소로 이어진다. 1980년에는 10,044,891명이었던 학령인구가 2015년에는 6,819,927명, 즉 70% 수준 이하로 급감하였다(교육통계연구센터, 2016). 2040년경에는 유소년 인구가 현재의 78% 수준, 고등학교 및 대학교 학령인구가 현재의 66% 내외까지 감소할 것으로 예상된다(통계청, 2011). 학급당 학생 수와 교사 1인당 학생 수 역시 2000년에 비해 2015년에 약 70% 수준으로 감소하였다(교육통계연구센터, 2016). 이러한 학령인구의 감소는 교사 수 초과,

잉여 학교의 증가, 대학정원의 초과, 고등교육의 질적 수준 저하 등의 문제를 야기하고, 보다 근본적으로는 생산노동 인력의 감소, 적절한 세수 확보의 곤란, 부양 계층의 증가로 인한 세대 간 갈등 등을 유발하여 경제성장의 악순환 및 여러 사회적 문제를 야기하게 된다(박휴용과 여영기, 2014; Spodek & Saracho, 2005).

이러한 전 지구적이고 지역적인 변화 속에서 미래세대에게는 어떠한 교육이 제공되어야 할까? 2000년대를 전후로 하여 세계는 미래세대에게 필요한 핵심역량에 주목하여 왔다. 예를 들어, World Economic Forum(2016)에서는 21세기에 학생들에게 요구되는 역량으로 읽고 쓰는 능력(literacy), 수리 능력(numeracy), 협력(collaboration), 창의성(creativity), 문제해결력(problem-solving)과 성품(인내심(persistence), 호기심(curiosity), 추진력(initiative) 등을 제안한 바 있다. OECD에서는 1997년부터 2003년까지, 21세기 사회에서 개인의 성공적인 삶과 사회의 발전에 요구되는 핵심역량(Key competencies)을 규명하기 위하여 DeSeCo(Definition and Selection of Competencies) 프로젝트를 추진하여 다음과 같이 3개 핵심역량 범주와 9개 핵심역량을 설정하기도 하였다(OECD, 2005).

상호작용적으로 도구 사용하기(Using Tools Interactively):

- 언어, 상징, 텍스트를 상호적으로 사용하는 능력
  (The ability to use language, symbols and text interactively)
- 지식과 정보를 상호적으로 사용하는 능력
  (The ability to use knowledge and information interactively)
- 테크놀로지를 상호적으로 사용하는 능력[1)]
  (The ability to use technology interactively)

이질적 집단에서 상호작용하기(Interacting in Heterogeneous Groups)

- 타인과 관계를 잘 맺는 능력(The ability to relate well to others)

---

1) '상호작용적으로 사용하기(using interactively)'는 단순히 도구를 사용할 수 있는 능력을 넘어서, 도구를 활용하여 세상을 이해하고 대처해 나갈 수 있는 능력을 말한다. 한 개인이 세상을 이해하고 세상과 관계를 맺을 수 있도록 새로운 가능성을 열어주는 것이다. 그런 점에서 도구(tool)는 단순한 수동적 매개체가 아니라, 개인과 환경 사이의 능동적인 대화를 가능하게 해주는 섬세한 기구(instrument)인 셈이다(OECD, 2005, p. 10).

· 협력하는 능력(The ability to cooperate)
· 갈등을 관리하고 해결하는 능력(The ability to manage and resolve conflicts)

자율적으로 행동하기(Acting Autonomously)

· 큰 그림 속에서 행동하는 능력(The ability to act within the big picture)
· 인생의 계획과 개인적 과제를 설정하고 수행하는 능력
  (The ability to form and conduct life plans and personal projects)
· 권리와 관심, 한계, 필요를 주장하고 수호하는 능력
  (The ability to assert rights, interests, limits and needs)

특히 DeSeCo 프로젝트에서는, 3개 범주 9개 핵심역량의 '심장(heart)'에 해당하는 것은 바로 성찰(Reflectiveness)이라고 명시하고 있다(OECD, 2005, p. 8). 이 성찰에는 '생각에 대해 생각하는' 초인지 능력, 창의적 능력, 그리고 비판적 입장의 견지 등이 포함된다. 즉, 성찰을 바탕으로 3개 범주 9개 핵심역량을 갖출 때 미래세대는 미래사회에서 개인적, 사회적으로 윤택하고 행복한 삶을 영위할 수 있다는 것이다.

또, 교육과 기업, 지역사회, 정부 지도자들 사이에 협력적 관계를 구축한 미국의 '21세기 학습을 위한 연합체'(Partnership For 21st Century Learning, 2002)는 21세기를 위해 학생이 성취해야 할 기술을 크게 학습 및 혁신 기능(Learning and Innovation Skills), 정보 · 미디어 · 테크놀로지 기능(Information, Media, and Technology Skills), 생활과 직업 기능(Life and Career Skills)의 세 가지로 범주화하였다(최상덕, 2011). 특히 이중에서 4C로 불리는 '학습 및 혁신 기능'은 비판적 사고(Critical thinking), 의사소통(Communication), 협력(Collaboration), 창의성Creativity)을 포함하고 있다.

이외에도 호주, 핀란드, 포르투갈, 싱가포르, 영국, 미국, 네덜란드, 코스타리카, 러시아 등 9개국이 참여한 ATC21S(Assessment and Teaching of 21st-Century Skills) 프로젝트에서는 21세기에 요구되는 역량을 '사고방식'(Ways of Thinking: 창의력 · 혁신능력, 비판적 사고력 · 문제해결력 · 의사결정력, 자기주도학습 능력), '직무방식'(Ways of working: 의사소통력, 협동능력), '직무수단'(Tools of Working: 정보소양, ICT소양), '사회생활방식'(Ways of Living in the world: 시민의식[지역/글로벌], 인생 및 진로 개척 능력, 개인 및 사회적 책임의식) 등 4개 범주로 구분하여 제시한 바 있다(Griffin et al., 2011).

한편, 우리나라 2015 개정 교육과정에서는 미래세대가 갖추어야 할 핵심역량으로 '자기관리 역량'(자아정체성과 자신감을 가지고 자신의 삶과 진로에 필요한 기초 능력과 자질을 갖추어 자기주도적으로 살아갈 수 있는 역량), '지식정보처리 역량'(문제를 합리적으로 해결하기 위하여 다양한 영역의 지식과 정보를 처리하고 활용할 수 있는 역량), '창의적 사고 역량'(폭넓은 기초 지식을 바탕으로 다양한 전문 분야의 지식, 기술, 경험을 융합적으로 활용하여 새로운 것을 창출하는 역량), '심미적 감성 역량'(인간에 대한 공감적 이해와 문화적 감수성을 바탕으로 삶의 의미와 가치를 발견하고 향유하는 역량), '의사소통 역량'(다양한 상황에서 자신의 생각과 감정을 효과적으로 표현하고 다른 사람의 의견을 경청하며 존중하는 역량), '공동체 역량'(지역·국가·세계 공동체의 구성원에게 요구되는 가치와 태도를 가지고 공동체 발전에 적극적으로 참여하는 역량) 등 6가지 역량을 제시하고 있다.

이와 같은 미래세대 핵심역량은 공통적으로 기존의 지식 위주의 교육을 넘어서서 사회 변화에 적응해나가기 위한 기능과 태세를 포함하고 있으며, 장기적으로는 폭넓은 관점에서 개인적 권리와 진로를 담보할 수 있는 능력, 공동체 속에서 더불어 살아가는 능력을 포함하고 있다. 즉, 개인이 속해 있는 사회의 특징과 변화에 적응해가면서 행복한 삶과 건강한 사회를 유지하기 위한 능력이다.

그렇다면, 우리 사회의 한 모습인 저출산-고령화의 문제를 감안할 때, 교육은 어떠한 점들에 대해 준비하고 대응해야 할까? 그 한 가지는 소규모 학교와 소규모 학급의 양산일 것이다. 대규모 학교와 다인수 학급에 비해 소규모 학교와 학급은 분명한 장점이 있다. 개별화된 교육이 좀 더 수월하게 일어날 가능성이 있기 때문이다. 그러나 지나친 소규모 집단에서만 이뤄지는 학교 교육은 더불어 살아간다는 사회적 역량의 구비에 부정적일 수 있으며, 특히 정보와 소통의 단절을 불러일으킬 수도 있다.

이와 같은 저출산-고령화 사회가 불러올 학교 교육의 부정적인 미래 모습을 감소시킬 방법은 무엇일까? 한 가지 방안은 초연결사회의 특징을 반영한 공동체적 접근일 것이다. 초연결사회란, 앞서 언급했듯이, IT 기술을 바탕으로 사람, 프로세스, 데이터, 사물 등이 서로 연결되는 사회를 말한다(윤미영과 권정은, 2013). 초연결사회는 기가바이트 급의 인터넷 환경의 개선과 전 세계 인구수를 이미 초과한 사물인터넷을 기반으로 하고 있다. 또 스마트폰의 확산, IT의 융합, 쉽고 편리한 일상의 정보교환, 미디어 개체 간 경계의 붕괴, 빅데이터 활용, 클라우딩 컴퓨팅 등의 정보통신 환경의 변화도 그 바탕이 되고 있다(유영성, 2014). 이러한 초연결사회의 특징과 환경을 적절히 활용한다면, 소규모 학교와 학습이 갖는 한계점이 일부 극복될 수 있을 것이다. 예를 들어, 스마트폰, 스마트패드 등의 모바일 디바이스와 원격교육시스템, SNS 등의 네트워킹 기술들은 제한된 교실 공간을 넘어 원격 협업을 바탕으로 한 공동의 지식 생산을 하는 개방적이고 민주적인 탐구 공동체(Garrison & Arbaugh, 2007) 형성에 기여할 수 있을 것이다. 다만, 초연결사회가 갖는 특징과 환경은 학습에 대한 공동체적 접근과 함께 이뤄질 필요가 있다. 자칫 학생과 기계 사이의 관계, 혹은 학생과 사물 사이의 관계만을 강화하는 방식으로 초연결사회의 각종 기술들이 적용된다면, 경우에 따라서는 교사와 학생 그리고 학생과 학생 간의 직접적인 교류와 소통을 오히려 축소시킬 수 있기 때문이다(나지연과 장병기, 2016).

이러한 점에서 볼 때, 미래사회의 특징과 지역적 사회 변동에 대응하고 미래세대에게 필요한 핵심역량을 함양시키기 위해서는 초연결사회의 여러 기술들과 함께, 학습자를 고립된 개인으로서가 아니라 공동체의 구성원이요 행위주체자로 고려하는 '공동체 기반 교육 방안'이 고려되어야 할 것이다. 이러한 공동체적 접근을 한다면, 소규모 학교와 학급을 운영할 때 나타나는 학습자의 지나친 개인화를 방지할 수 있을 것이며, 나아가 공동체 역량 등 미래사회가 요구하는 핵심역량도 함양시킬 수 있을 것이다. 그리고 이러한 공동체적 접근이 원활하게 이뤄지는 데에는 무엇보다 초연결사회가 제공하는 혁신적인 '도구'들이 중요한 역할을 하게 될 것이다. 예를 들어, 스마트폰, 스마트패드 등의 모바일 디바이스와 원격교육시스템, SNS 등의 네트워킹 시스템, 사물인터넷 기술과 시스템, 빅데이터 활용 기술, 클라우딩 컴퓨팅 등의 정보통신 환경의 변화는 주체와 대상이 갖게 되는 관계를 확대시켜 줄 것이고, 나아가 제한된 물리적 시공간을 뛰어 넘는 공동체를 형성하여 협력적인 학습이 가능하도록 도와줄 것이다. 아울러, 교육의 공동체적 접근은 학습자들로 하여금 사람과 사람 사이의 관계맺음에도 주목하게 함으로써, 자칫 인공지능과 기계들에게 인간 본연의 특징이 밀려날지도 모른다는 우려를 축소시켜줄 것이다.

3. 공동체 기반 교육의 특징과 사례

3.1 공동체 기반 교육의 의미와 특징

교육과 학습을 바라보는 관점은 다양하다. 예를 들어, 학습을 개인의 내적 변화에 중점을 두어 해석하는 관점(e.g., Driver, 1983; Piaget & Cook, 1952)이 있는가 하면, 공동체 속 참여와 활동 전반에 걸쳐 이루어진다고 보는 관점(e.g., Barab *et al.*, 1998; Lave & Wenger, 1991)도 있다(정용재와 장진아, 2018). 이러한 다양한 관점들 중에서 본 장에서는 특히 공동체를 기반으로 하는 교육 및 학습의 의미와 특징에 대해 간략히 다루고자 한다.

교육이나 학습을 공동체 기반으로 해석하고 접근하는 관점들은 실행공동체(Wenger, 1998; Wenger *et al.*, 2002,), 학습공동체(Peterson, 1992), 학습자공동체(Rogoff *et al.*, 1996) 등의 이론에서 찾아볼 수 있다(정용재와 천은겸, 2014; Barab *et al.*, 1998). 예를 들어, 실행공동체 이론에서는 "동일한 관심사와 일련의 문제, 어떤 주제에 대한 열정을 공유하면서, 지속적으로 상호작용하는 과정을 통해서 이 분야에 대한 지식과 전문성을 좀 더 깊이 있는 것으로 만들어 가는 사람들의 집단"(Wenger *et al.*, 2002, p. 4)으로 실행공동체를 정의내리고, 학습을 '실행공동체 속 참여와 관계의 변화'로 보고 있다(Lave & Wenger, 1991). 즉, 실행공동체에서 이루어지는 학습은 주어진 지식을 단순하게 개인의 머릿속에 기억하는 과정이 아니라, 공동체 구성원 사이의 상호작용과 공유 자산을 바탕으로 공동체에 참여함으로써 구성원들 사이의 관계를 형성시키고 그들의 정체성을 변화시키는 것, 즉 공동체 안에서 지식을 형성시키고 실행시키며 또 참여하는 총체적인 과정인 것이다(정용재와 천은겸, 2014; Wenger, 1998). 그런가 하면, 학습자공동체에서는 실생활의 문제를 강조하면서, 이를 해결하기 위한 공동체 구성원들의 협력, 구성원들 사이의 이해와 교섭과 공유, 그리고 그들의 참여와 책임 등을 중시한다(Crawford *et al.*, 1999). 이러한 이론들과 접근들은 공통적으로, 학습을 개인의 행동이나 내적 변화에 그치는 것으로 보기보다는 공동체의 문화나 환경에 의해 영향을 받고 그 공동체에 참여함으로써 정체성의 변화가 유발되는 총체적인 과정으로 보고 있다.

이와 같이 공동체 기반 교육은 학습자를 고립된 개인으로 보지 않고 행위주체성을 가진 공동체의 한 구성원으로 본다. 그리고 이러한 특징의 학습자가 공동체 참여를 통해 정체성과 다른 구성원 사이의 관계 변화를 가져오게 되는 총체적인 과정을 학습으로 본다. 물론 학습은 개인의 변화를 수반한다. 그 변화가 행동에서 일어나건(Skinner, 1950), 인지구조에서 일어나건(Piaget & Cook, 1952), 아니면 개념에서 일어나건(Driver, 1983) 학습은 개인의 변화를 수반한다. 그러나 개인의 변화만으로는 충분하지 않으며, 어떤 점에서는 개인의 변화가 가능하지도 않다는 것이 교육과 학습에 대한 공동체적 접근의 공통적인 견해이다. 이와 같은 공동체적 속성은 다음과 같은 정용재와 장진아(2018)의 논의에서 잘 나타나 있다.

> Leont'ev(1978)에 따르면 활동(activity)은 기본적으로 공동체의 특정한 필요를 전제로 추진력을 얻고 방향성을 가진다. 따라서 학습자가 속해 있는 공동체가 어떤 필요에 의해 학습이라는 활동을 발전시켜왔는지에 따라 공동체마다 학습이라는 활동의 특징이 달라진다. 예를 들어, 국가의 경제적 발전을 위해 학습이라는 활동이 필요한 공동체에서는 경제적 발전에 도움이 되는 내용들로 학습의 내용과 수준을 구성하게 될 것이다. 또, 그 특정 내용을 습득하고 익히는 것이 어느 한 학습자의 목적이 될 것이므로 그 목적을 달성하기 위한 학습자의 행위 역시 공동체마다 달라질 것이다. 어떤 공동체에서는 심지어 어린 유아에게도 실제로 큰 칼(machete)을 쥐어주고 코코넛을 자르게 하기도 한다(Rogoff, 1990). 공동체가 학습의 필요성을 어떻게 규정하고 있느냐에 따라 학습의 내용과 행위가 달라질 수밖에 없으므로 학습은 공동체와 무관하게 일어날 수 없다.(정용재와 장진아, 2018, pp. 55-57)

위 인용문에서도 언급되어 있듯이, 학습의 내용과 행위는 공동체가 학습의 필요성을 어떻게 규정하느냐에 따라 달라질 수 있다. 즉, 국가의 발전을 위한 교육에 초점이 맞추어져 있는지, 개인의 행복을 위한 교육에 초점이 맞추어 있는지, 혹은 공동체 문화의 계승을 위한 교육에 초점이 맞추어 있는지에 따라, 어떤 경우에는 획일적이더라도 지식과 기능에 대한 효율적 학습이 장려될 것이고, 어떤 경우에는 효율적이지는 않더라도 자발적이고 개인맞춤형의 학습이 장려될 것이며, 또 어떤 경우에는 전통과 문화의 주요한 속성의 습득이 장려될 것이다. 그리고 그 학습 행위의 특성 역시 공동체에서 어떤 방향을 제시하고 어느 정도를 허용하는지에 따라 달라질 것이다. 인용문에서 언급한 바와 같이, 어느 집단에서는 어린 유아에게도 실제 칼을 사용해 코코넛을 자르게 하는 행위가 학습 행위로 장려되겠지만, 적어도 우리나라 초등학교 1학년 학생에게 그와 같은 학습행위를 교실에서 시키는 것은 생각하기가 쉽지 않다. 이런 점에서 학습은 공동체를 벗어나 이뤄질 수 없고, 공동체 기반 교육은 학습의 이러한 속성을 교육의 전제로 받아들인다.

3.2 공동체 기반 교육의 사례: 탐구공동체 기반 교육

(1) 탐구공동체 기반 교육의 특징

탐구공동체(community of Inquiry) 기반 교육은 실재와 지식을 공동체적 관점에서 접근하는 교육을 말한다. 탐구공동체는 미국의 과학자이자 철학자였던 C. S. Peirce에 의해 처음 제안된 것으로 알려져 있다(Burgh & Nichols, 2012; Pardales & Girod, 2006). Peirce의 탐구공동체 이론은 그의 실용주의 철학과 함께 J. Dewey의 탐구 이론에 영향을 미쳤으며(Splitter & Sharp, 1995), 1980년대 이후에는 철학교육(e.g., Lipman, 2003), 온라인 원격 교육(e.g., Garrison & Arbaugh,, 2007) 등에서도 활발히 적용되고 있다(정용재, 2014).

탐구공동체가 무엇인가에 대해서 학자들은 다음과 같은 다양한 정의를 내린 바 있다.

· 여러 사람이 공동의 문제를 놓고, 각자가 자신의 의견을 제시하면서 함께 문제를 해결하는 공동체(조성민, 2008, p. 2)
· "사회적 상호작용이 내면화되어 우리들의 의식 속에서 재생산-재현되는 심리적 실체"를 포함하는 것(임병갑, 1999, p. 113)
· 교사와 학생이 하나 또는 그 이상의 문제들에 같이 일하는 것(이선경 등, 2008, p. 508)
· 어떤 결과들에 도달하기 위해 개인상호간 방법(interpersonal method)을 사용하는 개인들의 무리(Pardales & Girod, 2006, p. 301)
· 진정한 의심의 상태나 문제 상황을 믿음의 상태나 확정적 상황으로 바꾸는 것을 목적으로, 구성원들이 목적을 공유하고 적극적인 참여자로서, 자유로우면서도 서로를 배려하면서 실제적 효과에 대한 관찰과 오류가능성을 견지하여, 최선의 설명과 해결책에 이르고자 끊임없이 노력하는 공동체(정용재, 2014, p. 310)

물론, 위와 같은 정의들을 포괄하는 단 하나의 정의를 찾는다는 것은 쉽지 않다. 다만 기존의 문헌에서 논의되고 있는 것을 보면, 대체로 공동의 문제에 대한 해결, 구성원 사이의 개방적 상호작용, 최선의 설명과 해결책에 이르고자 하는 노력 등이 탐구공동체의 특징으로 논의되고 있다. 이와 같은 공통의 특징을 포함하여 정용재(2014)는 다음과 같이 다섯 가지 탐구공동체의 특징을 정리한 바 있다(p. 310).

· 탐구공동체에서 탐구는 진정한 의심의 상태나 진정한 흥미를 불러일으키는 문제 상황에 직면해서 시작된다.
· 탐구공동체에서 탐구가 일시적으로 종료되게 되는 시점은 진정한 믿음 상태나 확정적인 상황이다.
· 탐구공동체에서 탐구는 실제적 효과의 관찰에 바탕을 둔 최선의 설명과 해결책을 시도하고, 그럼에도 불구하고 있을 수 있는 오류가능성을 인정한다.
· 이상적으로 탐구공동체는 자유롭고 끊임없이, 그리고 무한히 탐구하는 공동체를 전제한다.
· 현실적으로 탐구공동체는 공동체 속에서 서로의 의견을 자유롭게 의사소통함으로써 서로에게 도움이 되고, 그로 인해 최선의 설명과 해결책에 도달하게 되어, 구성원과 공동체 모두가 변화하게 되는 공동체를 전제한다.

탐구는 "이게 왜 이러지?"와 같은 의심이나 의문의 상태를 유발하는 현상에 접하게 될 때 일어난다. 의심이나 의문의 상태는 우리로 하여금 당황스러움과 불안함을 느끼게 하는데, Peirce에 의하면 탐구는 이러한 당황스러움과 불안함을 벗어나기 위해 경주하는 끊임없는 노력 그 자체이다(정용재, 2018). 그렇기 때문에 탐구는 의심이나 의문, 혹은 흥미를 유발하는 문제 상황에 직면할 때 일어난다. 이때 직면한 문제 상황의 온전한 해결을 위해서는 끊임없는 탐구를 수행하는 공동체가 필요하다고 하면서 Peirce는 다음과 같이 주장한다.

> 실재(real)는, 조금 더 빠르건 늦건, 정보와 추리가 궁극적으로 도달(result in)하게 되는 것이고, 그래서 너와 나의 변덕과는 무관한 것이다. 따라서 실재성(reality)이라는 개념의 본질에는, 이 개념 속에는 정해진 한계를 가지지 않으면서 지식의 확정적인 증가가 가능한 공동체(COMMUNITY)의 관념이 필수적으로 포함된다. (CP 5.311)[2)]

---

2) 이러한 인용방법은 퍼스를 다루는 논문들에서 주로 사용되는 방법이다. CP 5.311에서 'CP'는 1931년부터 1958년에 걸쳐 편찬된 퍼스의 저작 모음집 「Peirce, C. S. Collected Papers of Charles Sanders Peirce [ab. CP], 8 vols. C. Hartshorne and P. Weiss (1931-1958) (Eds.) vols. 1-6; A. W. Burks (1931-1958) (Ed.) vols. 7-8, Cambridge, MA: Harvard University Press.」의 약자이다. 이 모음집은 총 8권으로 이뤄져 있는데, CP 5.311에서 '5.311'은 이 모음집 5권에서 311번으로 번호가 매겨진 문단을 말한다.

개인의 독단적인 탐구는 여전히 개인의 독단적인 해결책에 머무를 수밖에 없다. 이를 극복하기 위해서는 여러 사람이 의견을 주고받으면서 끊임없이 문제의 해결을 추구하는 공동체가 필요하다. 이때의 공동체는 공동체 지도자의 독단이나 집단적 강제로부터 벗어날 수 있도록 개방적 의사소통을 전제로 세워진다. 그래서 개방적인 의견 공유를 통해 끊임없이 문제 해결을 해나가는 공동체, 즉 탐구공동체가 필요하며, 그 탐구공동체가 끊임없는 탐구를 통해 언젠가 궁극적으로 이르게 될 해결책이나 개념이 곧 우리가 도달할 수 있는 실재의 민낯이라는 것이 Peirce의 주장이다. 탐구공동체는 이러한 특징을 가지고 있다.

그래서 탐구공동체 기반 교육은 위와 같은 특징의 탐구공동체를 기반으로 하는 교육이다. 물론, Peirce가 이야기하는 탐구공동체는 다분히 이상적인 공동체이다. 탐구공동체는 유한한 수로 구성원을 제한하지도 않으며, 언제가 궁극적으로 도달하게 될 해결책이나 개념, 설명을 향해 끊임없이 탐구하는 공동체이기 때문이다(정용재, 2014). 그렇다면 이러한 이상적인 공동체를 기반으로 하는 교육은 어떻게 가능할까? 우리는 이와 관련된 모습을 '과학교실 탐구공동체'에서 찾아볼 수 있다. 과학교실 탐구공동체는 정용재(2014)가 처음 제안하고 정용재(2018)에서 좀 더 상세히 논의된 탐구공동체 기반 교육의 한 방안으로서, 과학교육의 장에서 구현되는 탐구공동체의 의미와 조건에 대한 논의에 바탕을 두고 있다.

탐구공동체 기반 교육 방안의 하나로서 과학교실 탐구공동체에 대해 정용재(2014)는 "자연 현상이나 사물과 관련하여 진정한 의심의 상태를 믿음의 상태로 바꾸는 것을 목적으로, 참여자로서 목적을 공유한 구성원들이 실제적 효과에 대한 관찰과 오류가능성을 견지하면서 자유로운 의사소통을 통해 최선의 설명과 해결책에 이르고자 끊임없이 노력하는 교실 공동체"(p. 311)라고 정의한 바 있다. 이는 '의심이나 의문스러운 상황을 해결하여 믿음의 상태에 이르기 위해, 실제적 효과와 개방적인 의사소통을 바탕으로 끊임없이 노력하는 공동체'라는 탐구공동체의 특징이 과학교실이라는 맥락 속에 반영된 정의라고 볼 수 있다.

이와 같은 과학교실 탐구공동체의 탐구단계에 대해 정용재(2014)는 크게 '문제인식', '가설설정', '가설검증', '문제해결' 등 4개의 과정을 제안한 바 있다. 첫째, 문제인식 과정은 문제에 직면하여 의심의 상태가 되는 단계로서, 대상과의 관계 측면에서는 '관찰 사실과의 불일치', '관찰 사실에 대한 분석', '흥미'에 영향을 받고, 공동체와의 관계 측면에서는 '의견/이론과의 불일치', '의견/이론에 대한 분석', '공동의 흥미'에 영향을 받는다. 둘째, 가설설정 과정은 인식된 문제의 임시적인 설명과 해결 방안을 제안하는 단계로서, 대상과의 관계 측면에서는 '과거 경험과의 유사성'과 '심리적 안정'에, 공동체와의 관계 측면에서는 '공동 경험과의 유사성'과 '공감'에 영향을 받는다. 셋째, 가설검증 과정은 설정한 가설로부터 연역적으로 관찰 가능한 실제적 효과들을 예측하고, 실제로 예측한 현상이 관찰되는지를 귀납적으로 확인함으로써 가설을 검증하는 단계로서, 대상과의 관계 측면에서는 '연역적 예측'과 '실제적 효과'에, 공동체와의 관계 측면에서는 '합의된 예측'과 '협력적 검토 결과'에 영향을 받는다. 넷째, 문제해결 과정은 의심스럽고 이상한 상황이 왜 그런지 설명됨으로써 다시금 믿음의 상태에 이르게 되는 단계로서, 대상과의 관계 측면에서는 '대상과의 관계 변화 반추'와 '개념 변화 반추'에, 공동체와의 관계 측면에서는 '공동체와의 관계 변화 반추'와 '탐구자의 변화 반추'에 영향을 받는다.

아울러서, 위와 같은 과학교실 탐구공동체가 교실에서 구현되기 위해서는 '탐구실행 의지'(끊임없는 탐구 지향, 참여, 충분한 시간), '탐구수행 태도'(엄격성의 견지, 오류가능성의 견지), '개방적 의사소통 구조'(정용재와 장진아, 2017)와 '공유'(정용재, 2018) 등이 그 토대로 제안된 바 있다.

요컨대, 탐구공동체 기반 교육은 끊임없는 탐구를 지향하면서 개방적인 의사소통과 실제적 효과를 바탕으로 하여, 의심스럽거나 이상한 상황을 끊임없이 설명하려 노력하는 공동체를 기반으로 하는 교육을 말한다. 예를 들면, 자연 현상이나 사물에 관한 의심의 상태를 믿음의 상태로 바꾸기 위해 '끊임없는 탐구 지향', '참여', '충분한 시간' '엄격성의 견지', '오류가능성의 견지', '개방적 의사소통 구조'를 바탕으로 하여, '문제인식', '가설설정', '가설검증', '문제해결'의 과정으로 끊임없이 탐구를 수행해 나가는 과학교실 탐구공동체를 들 수 있다.

(2) 유아 수준의 탐구공동체 기반 교육 사례

본 절에서는 탐구공동체 기반 교육이 유아 수준에서 어떻게 이루어질 수 있는지에 대해 사례를 들어 논의하고자 한다. 유아 수준의 교육은 이후 학습의 토대가 된다는 점에서 미래세대를 위한 교육 방안 중 매우 주목해야 할 영역이다. 근래에는 국가 차원에서 어린이집과 유치원을 포괄하는 유아교육의 체계화를 시도하고 있으며, 그 결과 2012년에 5세 누리과정이, 2013년에는 3~4세 누리과정이 국가차원의 공통교육과정으로 고시되었다(교육과학기술부, 2013). 이는 우리나라의 모든 만 3~5세 유아들에게 유아교육과 보육과정이 통합된 교육과정을 제공함으로써 취학전 교육의 질을 제고하고, 생애 초기의 공정한 출발선을 보장하고자 하는 노력의 결과로 볼 수 있다(교육과학기술부, 2013).

그러나 유아 수준의 교육은 어린이집이나 유치원과 같은 교육기관에서만 일어나는 것이 아니다. 유아들에게 있어서 첫 선생님은 오히려 엄마나 아빠, 할머니나 할아버지, 혹은 다른 가족이나 돌봄 도우미일 수 있다. 즉, 유아 수준의 교육 방안은 가정에서 일어나는 교육부터 그 방안이 검토되고 모색될 필요가 있다.

본 절에서 소개하고자 하는 사례는 한 가정에서 일어난 만 5세 아동의 교육 및 학습 관련 사례[3)]이다. 비록 가정 안에서 일어난 교육 사례지만, 의심과 의문에 바탕을 둔 탐구 시작, 끊임없는 탐구 지향, 개방적인 의사소통 등 탐구공동체의 특징이 일부분 나타나고 있어, 유아 수준의 탐구공동체 기반 교육 사례로 소개하고자 한다.

사례 속 아동(E)은 사례 수집 당시 4년 11개월 된 남자 아동이다. 유치원을 2년 정도 다니고 있었고, 부모와 대화하기에 큰 불편이 없을 정도의 말하기 능력과 한글 읽기 능력, 그리고 느리고 삐뚤지만 쓸 줄도 아는 능력을 갖춘 아동이다. 호기심이 많은 편으로, 아동용 백과사전 같은 책 읽기를 좋아하는 편이며, 두 자리 덧셈과 뺄셈, 그리고 아주 간단한 곱셈까지 할 수 있는 정도의 아동이다. 또, 카드 게임과 같이 간단한 게임을 규칙에 따라 어느 정도 할 수 있고, 간단한 만들기를 좋아하는 편이다. 사례 속 또 다른 주인공인 엄마(M)와 아빠(D)는 사례 수집 당시 모두 초등학교 교사였고, 이중 아빠는 과학교육 박사학위를 취득한 상태였다. 사례의 수집은 아빠에 의해 이루어졌으며, 일상적인 상황에서 학습의 과정이 나타나는 장면이라고 판단되는 사례를 수집하였다. 총 11주 동안 29개의 사례가 수집되었고, 일부는 대화가 일시 종료되시는 시점에서 기록하는 방식으로, 또 일부는 비디오 녹화를 통해서 수집되었다. 사례 분석 결과 다음과 같이 탐구공동체의 일부 특징이 나타났다.

의심과 의문으로 시작하는 탐구: 자유로운 의문제기, 개방적 의사소통과 장려

---

3) 본 절에서 소개하는 사례는 Joung(2008a), Joung(2008b)에서 일부 발표된 바 있으며, 본 절에서는 이를 탐구공동체 관점에서 새롭게 분석하였다.

의심과 의문으로 시작하는 탐구의 사례가 곳곳에서 나타났다. 이러한 탐구 가운데는 아동의 의심이나 의문을 장려하거나 적어도 무시하지 않는 분위기가 영향을 미친 것으로 보이는 사례도 나타났다. 다음의 <사례 1>은 아동(E)이 아빠(D)와 함께 욕조에 들어가 목욕하면서 서로에게 물을 밀어내며 장난치는 과정이다.

▸ 사례 1

E: 아빠, 그런데 왜 아빠 다리는 마음대로야?

D: 응?

E: 아빠 다리는, 그러니까, 물이 지나가면 왜 아빠 다리가 움직여?

D: 뭐라고?

E: 그러니까, 아빠 다리는 가만히 있는데, 왜 물이 지나가면 움직이냐고?

D: 아아! (손으로 물을 저어 보이면서) 이렇게, 이렇게 했을 때?

E: 그런데, 이건, 사실, 내가 말하려고 했던 게 아니고, 그냥 그렇게 보인다고 하려 했던 거야.

D: 그래? 정말 그러네. (손으로 물을 저어 보이면서) 이렇게, 이렇게 하니까 진짜로 아빠 다리가 움직이는 것처럼 보이네. 진짜는 안 움직였는데... 왜 그럴까?

E: 진짜 왜 그럴까?

D: 왜 그럴까? 왜 그럴까?

E: 그냥, 그림 같은 거 아닐까?

(중략)

E: 아빠, 그런데 (컵을 물속에 집어넣고는) 이렇게 하면 왜 컵이 작아 보여?

D: 어어, 진짜. 왜 작아 보이지?

E: 이봐. 작아지잖아?

D: 왜 그럴까? 진짜로 컵이 작아지나?

E: 말도 안 돼. 이건, 이건 그냥 그림 같은 거야. 눈에 보이는...

D: 그림 같은 거라고? 무슨 말이지?

E: 진짜로 그런 게 아니고, 눈에 보이는 그림 같은 거라고.

위의 사례에서 E는 물의 움직임에 따라 물속에 있는 다리의 모양이 달라 보이거나 흔들려 보이는 현상에 대해 궁금증을 나타내고 있다. 물이 움직이면서 빛의 굴절 정도가 달라지고, 이에 따라 다리의 모양이 다르게 보이거나 가만히 있는 다리가 흔들리는 것처럼 보이게 되는데, 이에 대해 E는 이상하다고 느낀 것이다. 이러한 이상한 현상에 직면한 E는 "그냥 그림 같은 거 아닐까?"라고 나름대로의 설명을 시도한다. 비슷하게 E는 물 속에 컵을 넣고는 "이렇게 하면 왜 컵이 작아 보여?"라고 또 다른 의문을 제기한다. 역시 빛의 굴절에 의한 현상이지만, 이를 모르는 E에게 이러한 현상은 이상하고 의심스러운 현상으로 느껴진 것이다. 그리고 이에 대해 역시 "진짜로 그런 게 아니고, 눈에 보이는 그림 같은 거라고."라고 나름대로의 설명을 시도한다. 물론, '그림 같은 것'의 의미가 사례 속에서 정확히 드러나고 있지는 않으며 그 설명이 과학적인 설명이라고 보기도 어렵지만, E는 이상한 현상에 직면하여 나름대로의 설명을 시도함으로써 믿음에 이르려는 탐구를 수행하고 있는 것이다. 이는 앞서 Peirce가 언급한 탐구의 특징이 반영된 사례로 볼 수 있다.

한편, E의 탐구 과정에서 아빠인 D는 "뭐라고?"라고 하면서 관심을 보여주거나, "정말 그러네."라고 동의하거나, 혹은 "왜 그럴까?"라고 같이 의문을 제기하는 등, E의 의문에 관심을 가지고 개방적인 의사소통을 하면서 E가 계속 자신의 의문에 주목할 수 있도록 장려하는 분위기를 조성하고 있다. 또, "왜 그럴까? 왜 그럴까?", "왜 그럴까? 진짜로 컵이 작아지나?"와 같이 E가 나름대로의 설명을 찾아갈 수 있도록 장려하고 있다. 이와 같이 E의 의문에 기초한 탐구의 시작과 D의 개방적 의사소통과 탐구의 장려 행위는 풍선펌프를 가지고 놀다가 발생하는 다음의 <사례 2>에서도 짧게 나타난다.

▸ 사례 2

E: 어, 이게 왜 이렇게 차갑지? (펌프로 얼굴에 바람을 불어보면서)
D: 왜 그럴까?
E: 왜 그럴까?
D: 왜 그럴까?
E: 왜 이렇게 차갑지? 아까는 시원했는데…(아까 E는 집안 거실에서 똑같이 바람을 얼굴에 불어보았었다. 그리고 시원하다고 얘기했었다.)
D: 왜 그럴까?
E: 진짜 차갑다, 이거. 꼭 얼음 넣은 것 같아.

요컨대, E의 자유로운 의문 제기와 이에 따른 탐구는 의문 제기에 대한 D의 관심과 개방적 의사소통을 바탕으로 한, 탐구를 장려하는 분위기 조성이 긍정적인 영향을 미친 것으로 판단된다. 이는 다양한 가정 상황이나 학교 교육 상황에서 탐구공동체에 기반을 둔 교육을 하고자 할 때, 부모나 교사가 어떠한 역할을 해야 하는지에 대해 시사점을 주고 있다.

끊임없는 탐구 지향: 공동의 참여와 충분한 시간, 그리고 의문의 지속적 장려

정용재(2018)는 Peirce의 이론을 바탕으로 하여, 과학교실 탐구공동체의 가장 핵심적인 특징으로 '끊임없는 탐구 지향'을 주장한 바 있다. 물론, Peirce가 얘기한 탐구공동체는 다분히 이상적인 공동체로서, 궁극적인 귀결점에 도달하기까지 정해진 한계 없이 끊임없이 탐구하는 공동체를 실제로 구현하는 것은 쉽지 않다. 하지만 적어도 탐구공동체에 기반을 둔 교육이라면 끊임없는 탐구를 '지향'해야 한다는 것이 그의 주장이다.

그렇다면, 이러한 탐구공동체의 특징에 기반을 둔 교육을 하기 위해서는 어떠한 방안이 필요할까? 얼음의 부피팽창과 뜨고 가라앉음에 대한 다음의 <사례 3>과 <사례 4>는 유아 수준에서도 탐구공동체 기반 교육이 가능하며, 이를 위해서는 어떠한 점들을 고려해야 하는지에 대해 몇 가지 시사점을 던져주고 있다.

<사례 3>과 <사례 4>는 E가 아침에 유치원에 가기 전 책을 보다가 얼음이 고체이고, 물이 얼음이 되면서 부피가 늘어나며, 아무리 큰 얼음도 물에 뜬다는 내용을 보고는 정말 그럴까 궁금해 하면서 시작된 사례이다. 아빠(D)는 엄청 큰 얼음의 예로 빙하를 알려주었고, E는 빙하를 '둘리' 노래 속에서 기억하고 있었다. D는 빙하가 남극에 많이 있다고 알려주었고, E와 D는 지구본에서 남극을 찾아보기도 하였다. 그리고 난 후, E는 엄마(M)의 도움을 받아 컵에 물을 가득 담은 다음 냉동실에 넣었고, 유치원에 갔다 와서 확인해보기로 했다.

▸ 사례 3

(오후 5시 30분경, E는 유치원에서 돌아와 외할아버지 집에 있었고, E를 집으로 데려가기 위해 아빠 D가 도착했다. 옷을 갈아입고, 집에 가기 위해 신발을 신고 있었다.)

E: 그런데 빙하가 그렇게 커?

D: 응.

E: 그런데 어떻게 빙하를 탔을까?

D: 둘리?

E: 응. 얼음은 미끄러워서 깨지지도 않을 텐데, 어떻게 깼을까?

D: 글쎄, 어떻게 깼을까?

E: 그런데, 아빠! 얼음이 정말 고체야?

D: 고체? 고체가 뭔데?

E: 벽돌도 고체고, 얼음도 고체도, 망치 때리는 부분도 고체고, 망치 손잡이는... 그건 모르겠다.

(중략)

E: 우리, 집에 가서 얼음 얼은 거 보자. 집에 가자마자 보자. 정말 부풀어 올랐는지.

D: 그래.

E: 너무 부풀어서 냉장고에 다 있을 것 같아.

D: 그래.

<사례 3>에서 볼 수 있듯이, 유치원에서 돌아온 E는 자기를 데리러 온 아빠를 보자마자 "그런데 빙하가 그렇게 커?" 하며 빙하 얘기를 꺼냈다. 아침에 얼음과 빙하 얘기를 나눈 지 거의 7시간 정도가 흘렀음에도 얼음과 빙하에 대한 E의 의문과 관심이 유지되고 있거나, 적어도 의문과 관심이 다시 시작되었음을 보여준다. 이는 "우리, 집에 가서 얼음 얼은 거 보자. 집에 가자마자 보자. 정말 부풀어 올랐는지." 하면서 아침에 물을 가득 담아 냉동실에 넣어두었던 컵이 어떻게 되었는지, 정말 얼면서 부풀어 올랐는지 알아보자고 재촉하는 장면에서도 나타난다.

E가 얼마나 물과 얼음의 변화를 확인하고 싶었는지는 집에 도착하자마자 보여준 E의 모습에서도 나타난다. 사정상 저녁을 밖에서 먹는 바람에 집에 가기까지 2시간 가까이 걸리게 되자, E는 빨리 가자고 재촉하기 시작했다. 집에 도착하여 D가 주차하는 사이에 E와 M은 먼저 집에 들어갔고, 3~4분 후 D가 집안에 들어갔을 때는 이미 E가 컵에 든 얼음을 가지고 나와, M과 함께 얼음을 컵에서 꺼내고 있었다. 덕분에 얼음을 확인하는 E의 모습을 D가 직접 볼 수는 없었지만, M이 들려준 바에 따르면, 집에 들어 온 E는 M이 말려도 막무가내로 얼음을 보자고 했고, 아빠하고 같이 꺼내 보자고 했지만 말을 듣지 않았다고 한다. 블록 상자를 갖다놓고 그 위에 올라가 직접 냉동실 문을 열려고 하기에, 결국 M이 얼음을 꺼내주었다고 한다. 얼음은 컵을 터트리면서 부풀어 올라 있었고, 이를 본 E는 "진짜 커졌네. 늘어났네."라고 말했다고 한다. 그리고 D가 집에 들어오면서 바로 [사례 4]와 같이 실험이 이어졌다.

▸ 사례 4

M: 실험의 목적이 뭐야?

E: 얼음을 물에 띄웠을 때, 이 얼음이 물에 뜨는가.

M: 네 생각에는?

E: 떠다닐 것 같은데. 얼음이니까.

M: 얼음이면 무거운데 왜 떠다닐 것 같아? 너는 무거우니까 가라앉잖아?

E: 응.

M: 그런데 얘는 왜 떠?

E: 뜰 것 같아.

(그 사이 D는 세면대에 물을 틀어 놓고 카메라를 준비해 욕실로 갔다. 세면대 앞에 있던 E는 이미 물속에 얼음을 넣어봤다.)

E: 어어, 가라앉는다.

M: 가라 앉아?

E: 어어, 이제 뜬다. 완전히 밑으로 가지는 않았는데, 조금 밑으로 갔어. 너무 좀 무거워서. 나왔어. 나왔는데, 나오긴 나왔는데, 가라앉았어.

D: 가라앉았다가 떴다고?

E: 가라앉았다가 조금 나왔었다고.

M: (밖에서) 떴어? E야?

E: 조금만 나왔어. 잠수함이야, 이거, 그런데. 그치?

M: 하하. 그 왜 무거운데 뜰까?

E: 맞아. (얼음을 다시 들고 물에 다시 빠뜨린 후) 앗, 차가워!

(손을 닦은 후 다시 돌아왔다. 얼음을 손으로 이리저리 휘젓다가,)

E: 여기 하얀 것 같은 건 뭐야? 이게 깨져서 난 거야, 컵이? 여기 안에 있는 거 같은 건 컵이 깨져서 난 거야?

D: 아닌 것 같은데... 컵이 깨져서 생긴 건가?

(중략)

E: 우와, 이거 잠수함, 이거.

M: (욕실 안으로 들어오면서) 떴어?

E: 아니.

M: 떠다니네.

E: 잠수함이야. 이거 잠수함이야.

(중략)

E: 우리 이번에는 작은 얼음으로 뜨게 해보자.

D: 아, 그래?

E: 작은 얼음하고 큰 얼음하고 어느 게 빨리 가나 해보자. 실험을 하려면 얼음하고 물을 세수한 데다 부어야 돼.

<사례 4>에서 볼 수 있는 바와 같이 E는 집에 들어오자마자 얼음이 어떻게 얼었는지를 확인하였고, 그 이후에는 정말 아무리 큰 얼음도 물에 뜨는지 확인하기 위한 실험을 하고자 하였다. 그 과정에서 M은 "실험의 목적이 뭐야?"라던가, "네 생각에는?" 등의 질문을 던졌고, "떠다닐 것 같은데. 얼음이니까."라는 E의 대답에 "얼음이면 무거운데 왜 떠다닐 것 같아? 너는 무거우니까 가라앉잖아?", "그런데 얘는 왜 떠?" 등의 질문을 이어갔다. 즉, M은 E의 실험에 적극적으로 같이 참여하면서 실험의 전체적인 맥락을 잡아주어, 의심과 의문에 기초하여 시작된 E의 탐구를 지속시켜주었다. 그리고 그 사이에 D는 욕실에 있는 세면대에 물을 담았고, E는 <그림 4.1>과 같이 물속에 얼음을 집어넣어 실제로 물에 뜨는지 가라앉는지 실험을 시작하였다.

E의 실험에 공동으로 참여하기는 D도 마찬가지였다. 실험의 결과에 대해서 E는 다소 혼란스러운 반응을 보였다. "어어, 이제 뜬다. 완전히 밑으로 가지는 않았는데, 조금 밑으로 갔어. 너무 좀 무거워서. 나왔어. 나왔는데, 나오긴 나왔는데, 가라앉았어."라는 E의 말에서 나타나듯이, E는 '물에 뜬다.'라는 것에 대한 과학적인 개념을 아직 가지고 있지 않았다. 즉, 수면 밖으로 나온 부분이 거의 없는 얼음을 잠수함에 비교하면서, 잠수함과 같이 수면 밖으로 나온 부분이 없는 경우를 '가라앉은 것'으로 생각하고 있었다. 이러한 생각은 비단 E와 같은 유아뿐만 아니라 초등학교 고학년 학생들에게서도 나타나는 개념이다(Joung, 2009). 이렇게 다소 혼란을 겪고 있는 E에게 D는 욕실에서 같이 실험을 수행하면서 "가라앉았다가, 떴다고?"와 같이 관찰한 결과를 좀 더 명료히 할 수 있도록 도움을 주었다. 이러한 M과 D의 적극적인 참여는 작은 얼음이 뜨는지 가라앉는지, 얼음 속에 생긴 하얀색 결은 어떻게 해서 생긴 것인지, 물에서 작은 얼음이 빠른지 큰 얼음이 빠른지 등, 이후의 탐구와 실험에도 계속 이어졌다.

<사례 4>에서 볼 수 있듯이 E의 의문은 다른 의문으로 이어지면서 또 다른 탐구를 유발하였고, 결국 E의 탐구는 거의 90분 정도 이어져서야 끝이 났다. 만 5세 유아에게 90분은 짧지 않은 시간임에도 불구하고, E는 계속해서 탐구와 실험을 이어갔다. 거꾸로 이야기하면, E의 끊임없는 탐구는 90분이라는 충분한 시간이 주어졌기 때문에 가능한 것이었다.

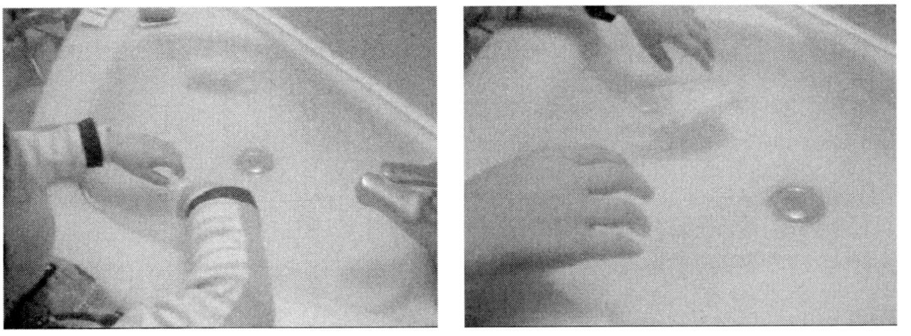

그림 4.1 〈사례 4〉에서 얼음이 물에 뜨는지에 대한 E의 실험 장면

요컨대, 만 5세에 불과한 어린 아동이지만 E는 자신의 적극성과, 개방적인 대화를 통해 의문을 지속시켜주는 부모와, 충분한 실험 시간으로 인해 끊임없는 탐구를 지속할 수 있었다. 이와 같은 사례는 탐구공동체의 핵심적인 특징인 '끊임없는 탐구의 지향'(정용재, 2018)이 유아 수준에서도 일부 나타날 수 있음을 보여주는 것이다. 그리고 이는 다양한 가정 상황이나 학교 교육 상황에서 탐구공동체에 기반을 둔 교육을 하고자 할 때, 부모나 교사가 충분한 시간을 제공하면서 공동의 적극적 참여를 바탕으로 의문의 지속을 장려하는 것이 필요하다는 점도 시사해주고 있다.

(3) 고등교육 수준의 탐구공동체 기반 교육 사례

탐구공동체 기반 교육은 유아 수준의 교육뿐 아니라 초·중등 교육에서도 가능하다. 초등학교 교실의 수업 상황을 과학교실 탐구공동체 관점에서 분석한 연구(정용재, 2018)에서 그 사례를 찾을 수 있다. 또한 대학 교육 이상의 고등교육 수준에서도 탐구공동체 기반 교육은 가능하다. 본 절에서는 국내 한 초등교원양성대학 강좌에서 이뤄진 탐구공동체 기반 교육 사례를 소개하고자 한다.

문제점 인식하기: 학습자의 의문과 관심 중심의 전체 강좌 맥락화

본 절에서 소개하고자 하는 '융합과학교육연구' 강좌는 국내 한 초등교원양성대학에서 과학심화 전공 2학년 초등예비교사를 대상으로 개설된 강좌로서, 2018학년도 2학기에 이루어진 사례를 소개하고자 한다. 이 강좌의 차시별 강의계획서와 구체적인 교수·학습 활동 결과 등에 대한 상세한 내용은 한국과학창의재단(2019)에 소개되어 있다. 이 강좌는 초등과학교육의 성격과 교육과정, 연구방법론 등을 고찰하고, 이와 더불어 융합적인 관점에서 실제 과학교육 연구사례와 활동을 경험함으로써 초등과학교육 연구의 특징 및 방법론에 관한 안목과 창의적인 연구 습관을 형성하는 것을 목적으로 하는 강좌이다. 이러한 목적을 달성하기 위해 담당 교수는 한 학기 전체에 걸쳐 3~4명으로 이뤄진 모둠이 공동연구를 수행하고 소논문을 작성하는 일종의 프로젝트 학습 방법으로 강좌를 운영하였다. 한 학기 강좌를 크게 세 부분, 즉 “교재를 통해 연구방법 익히기”, “학술지에 게재된 논문 읽고 발표 및 토론하기”, “모둠별로 공동연구 수행하기”로 나누어 운영하되, 세 부분이 순환적으로 상호작용하면서 공동연구라는 전체 프로젝트를 수행하는 데에 연결되도록 맥락화하였다. 특히 학급 전체가 프로젝트를 수행하는 과정에서, 탐구 자체를 핵심적인 가치로 하여 협력적 탐구를 수행하는 과학교실 탐구공동체를 지향하도록 운영하였다.

탐구공동체를 기반으로 강좌를 운영하기 위해 사용된 한 가지 방안은 예비교사들이 스스로 인식하고 있는 초등과학 교육 현장의 문제점에 대해 발표하고 토론하게 함으로써, 공동연구가 학습자의 의문과 관심으로부터 시작할 수 있도록 유도한 것이다. 실제로, 강좌에 참여한 예비교사들은 비록 2학년이었지만 이미 초등과학 교육에 대해 다양한 문제의식을 가지고 있었다. 예를 들어, 실험활동 자체가 너무 적다거나, 실험을 하더라도 종료 후 뒷정리하는 데에만 급급할 뿐 실험 결과에 대한 토론은 부족하다는 것 등이다. 다음은 강좌에 참여한 예비교사들이 가지고 있던 몇 가지 문제의식들이다.

- 실험 수업을 할 때, 실험만 하고 제대로 된 설명이나 의견을 교환할 시간도 없이 실험도구를 정리하는 것으로만 마무리된다. 실습을 갔던 학교에서 과학실 실험 수업을 했는데, 결과만 설명하고 그 내용에 대한 설명이 없어, 자칫 아이들이 결과만 암기하고 말 것 같은 우려가 들었다.
- 과학적 원리나 현상에 대한 실험 활동이 너무 적다. 과학 교육에서는 그 원리를 눈으로 확인하고 느끼는 것이 중요한데, 대부분의 수업이 교실에서 강의식으로만 이루어진다. 또 자연에 관한 교육은 뒷산에 나가든 따로 체험학습을 하든 실물을 보게 해야 한다. 교과서에 있는 것만으로는 부족하다. 과학관, 박물관 등의 체험이 있으면 학생들이 과학에 더 많은 흥미를 갖고 꿈을 키울 기회를 가질 수 있을 것이다(과학 관련 직업인 만남).
- 시간이 너무 짧다(특히 고학년). 무언가를 탐구해보거나 실험하거나 연결되는 개념

을 한 번에 배우기에는, 개념을 정확히 받아들이기에는 한 시간이 너무 짧다.

이러한 예비교사들의 문제의식은 공동연구의 주제를 선정하기 위한 토론으로 이어졌다. 즉, 초등학교 과학교육 현장의 문제점을 토로하게 하여 그 문제점과 연계된 연구주제를 예비교사들이 스스로 선정하게 하였고, 또 그 주제들을 토론하게 함으로써 각자의 관심과 연결된 주제에 대해 공동연구를 수행하게 하였다. 예를 들어, 한 모둠에서 토론을 통해 선정한 연구주제는 "예비교사의 과학 실험기구 활용 실태 파악"이었다. 초등학교 현장에서 실험이 충분히 그리고 적절히 이뤄지고 있지 않다는 문제의식으로부터 출발하여, 이러한 문제점을 해결하기 위해서는 교사가 실험기구를 적절히 그리고 정확히 활용할 수 있어야 한다는 생각으로 토론이 이어졌다. 또 이를 위해서는 우선 예비교사들의 과학 실험기구 활용 능력을 파악하고, 교육대학교 교육과정에 이를 반영해야 한다는 필요성이 제기되었다. 연구주제는 이러한 모든 토론과정을 거쳐 선정된 것이다. 이와 같이 학습자의 의문과 관심을 바탕으로 한 전체 강좌의 맥락화에 대한 예비교사들의 생각은 강좌 종료 후 제출한 소감문에도 일부 나타났다.

· 스스로 생각해볼 수 있는 몇 안 되는 강의였던 것 같다.
· 문제를 설정해 그것을 해결해 나가는 과정을 심화적으로 배웠다.
· 한 학기 수업 전에 과학교육의 수정해야 할 점에 대해 토론한 점이 좋았다.

요컨대, 위와 같은 사례는 학습자의 의문과 관심을 바탕으로 하여 모둠별 연구의 필요성과 의미를 맥락화함으로써, 한 학기 전체를 예비교사들이 스스로의 의문과 관심 주제를 해결해가는 탐구의 과정으로 인식하게 한 좋은 사례라고 할 수 있다. 이는 의문과 의심에 바탕을 두어 탐구를 시작하고 자신이 생각하는 문제를 해결하기 위해 끊임없는 탐구를 지향한다는 점에서 탐구공동체 기반 교육의 한 사례로 볼 수 있을 것이다(정용재, 2018). 그리고 이는 고등교육 상황에서 탐구공동체에 기반을 둔 교육을 하고자 할 때, 개별 차시로 고립되어 있는 탐구와 학습을 넘어 충분한 시간 동안 지속적인 탐구를 할 수 있는 방안을 모색할 수 있다는 점도 시사해준다.

끊임없는 탐구 지향: 적절한 지원, 공유, 그리고 극복의 기쁨

앞서 언급했듯이, 강좌에 참여한 예비교사들은 15주에 걸쳐 자신의 의문과 관심을 해결하기 위한 공동연구를 수행하였다. 이는 현실적인 수준에서 탐구공동체의 핵심적인 특징인 '끊임없는 탐구 지향'이 구현된 것으로 볼 수 있으며, 그런 점에서 해당 강좌는 탐구공동체 기반 교육의 한 사례로 볼 수 있을 것이다. 그렇다면 어떠한 요인들이 이러한 '끊임없는 탐구 지향'에 영향을 미쳤을까? 강좌에서 이루어진 강의 내용이나 예비교사들의 활동, 그리고 강좌를 마친 후 작성한 소감문 등에는 '적절한 지원', '공유', 그리고 '극복의 기쁨' 등이 영향을 준 것으로 나타났다.

우선, 예비교사들이 끊임없는 탐구를 수행하는 데에는 '적절한 지원'이 도움이 된 것으로 보인다. 15주 동안 이루어진 강좌 중 1~3주차와 5~6주차 총 5주 동안은 교재를 통해 연구방법 익히기가 이루어졌다. 이 기간 동안 예비교사들은 과학교육 연구의 필요성과 목적, 과학교육 연구의 영역과 과제, 과학교육 연구의 과정, 과학교육 연구에서 연구문제의 선정과 진술, 연구계획서 작성 방법, 연구방법의 결정과 자료 수집 및 분석 방법, 연구보고서 작성 등 연구방법에 대한 전체적인 강의를 듣고 일부는 실습을 해보는 활동을 하였다. 이러한 활동은 기존에 과학교육 연구를 경험해본 예비교사 2학년들이 공동으로 연구를 수행하는 데 도움이 되었다. 또, 예비교사들은 7~8주차, 10~12주차 총 5주 동안 기존 과학교육 관련 학회지에 게재된 논문들을 읽고 토론하는 활동을 하였다. 그러면서 <그림 4.2>와 같이 각 논문마다 자신의 관점에서 평가해보는 활동을 하였다. 이러한 활동은 교재를 통해서는 접하기 어려운 실제 연구의 과정이나 수행방법, 논문 작성 방법 등을 종합적으로 익힐 수 있게 해주었고, 더불어 현재 초등학교 과학에서 이슈가 되고 있는 주제들을 접할 수 있게 해주었다. 또 총 14편의 논문을 평가해봄으로써 연구수행에 대한 안목을 증진시킬 수 있었다. 이러한 활동들 역시 예비교사들이 15주의 공동연구를 지속적으로 수행하는 데 방법론적으로 도움이 된 것으로 보인다.

아울러, 예비교사들이 연구수행 과정에서 주제 선정, 통계처리 방법, 자료 분석 등 어려움을 겪는 경우에는 강좌 외 시간에 모둠별로 교수와 협의하는 시간을 가졌다. 이 역시 지나친 어려움으로 탐구를 포기하지 않도록 도와준 적절한 지원으로 보인다. 이와 같은 적절한 지원은 강좌 종료 후 제출한 예비교사들의 소감문에도 일부 나타났다.

· 교수님께서 모든 학생들에게 관심을 기울여 주셨고, 편안한 수업분위기를 조성해주셨다. 학생들이 자신의 의견을 숨기지 않고 자신 있게 토론할 수 있는 환경을 마련해 주셨으며, 한 의견 한 의견 모두 다 피드백을 열심히 해주셨다. 고등학교 수업 같은 수업이 아닌, 대학 수업이라는 느낌이 드는 수업이었다. 어려운 내용도 재미있는 예나 알기 쉬운 이유를 소개해주셔서 잘 이해할 수 있었다.

· 저희의 의견을 좋은 쪽으로 개선해주시려는 교수님의 노력이 보였습니다.

둘째, 예비교사들이 끊임없는 탐구를 수행할 수 있었던 데에는 상호간의 '공유'도 도움이 된 것으로 보인다. 강좌에 참여한 예비교사들은 4주차에 모둠별 연구계획서 발표를 하였고, 9주차에 중간발표, 14주차에 최종발표를 하였다. 총 4개 모둠의 발표가 이루어졌으며, 모둠 당 약 10분 정도의 발표와 15~20분 정도의 질의응답 및 토론이 이루어졌다.

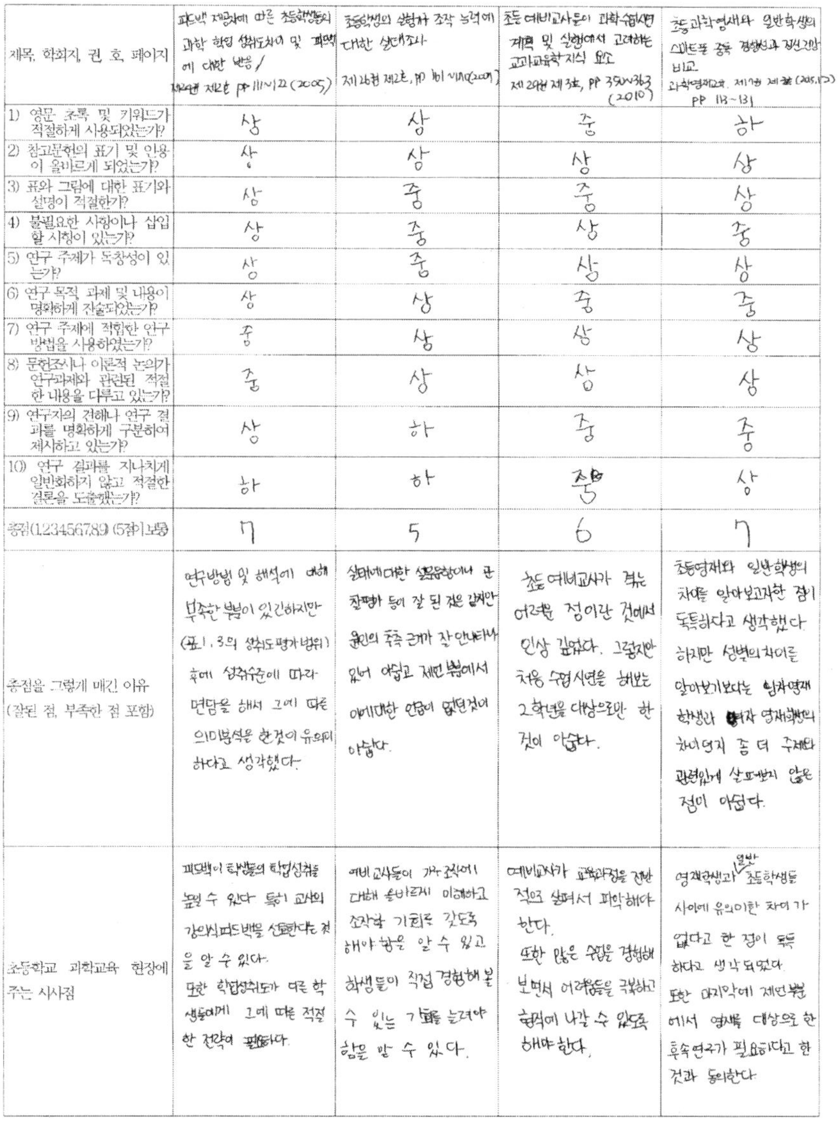

제목, 학회지, 권, 호, 페이지	피드백 제공방식에 따른 초등학생들의 과학 학업 성취도차이 및 피드백에 대한 반응 / 제24권 제2호 pp 111~122 (2005)	초등학생의 실험기구 조작 능력에 대한 실태조사 제26권 제2호, pp 161~170(2007)	초등 예비교사들이 과학수업시연 계획 및 실행에서 고려하는 교과교육학지식 요소 제29권 제3호, pp 350~363 (2010)	초등과학영재와 일반학생의 스마트폰 중독 경향성과 정신건강 비교 과학영재교육, 제7권 제[illegible]호 (2015.12) pp 113~131
1) 영문 초록 및 키워드가 적절하게 사용되었는가?	상	상	중	하
2) 참고문헌의 표기 및 인용이 올바르게 되었는가?	상	상	상	상
3) 표와 그림에 대한 표기와 설명이 적절한가?	상	중	중	상
4) 불필요한 사항이나 삽입할 사항이 있는가?	상	중	상	중
5) 연구 주제가 독창성이 있는가?	상	중	상	상
6) 연구 목적, 과제 및 내용이 명확하게 진술되었는가?	상	상	중	중
7) 연구 주제에 적합한 연구 방법을 사용하였는가?	중	상	상	상
8) 문헌조사나 이론적 논의가 연구과제와 관련된 적절한 내용을 다루고 있는가?	중	상	상	상
9) 연구자의 견해나 연구 결과를 명확하게 구분하여 제시하고 있는가?	상	하	중	중
10) 연구 결과를 지나치게 일반화하지 않고 적절한 결론을 도출했는가?	하	하	중	상
총점(1,2,3,4,5,6,7,8,9) (5점이 보통)	7	5	6	7
총점을 그렇게 매긴 이유 (잘된 점, 부족한 점 포함)	연구방법 및 해석에 대해 부족한 부분이 있긴하지만 (표1, 3의 성취도 평가 범위) 후에 성취수준에 따라 면담을 해서 그에 따른 의미분석을 한것이 유의미하다고 생각했다.	실태에 대한 설문문항이나 관찰평가 등이 잘 된 것은 같지만 원인의 추측 근거가 잘 안나타나 있어 아쉽고 제언 부분에서 이에 대한 언급이 없던것이 아쉽다.	초등 예비교사가 겪는 어려운 점이란 것에서 인상 깊었다. 그렇지만 처음 수업시연을 해보는 2학년을 대상으로만 한 것이 아쉽다.	초등영재와 일반학생의 차이를 알아보고자한 점이 독특하다고 생각했다 하지만 성별의 차이를 알아보기보다는 일반영재 학생과 [illegible]자 영재학생의 차이던지 좀 더 주제와 관련있게 살펴보지 않은 점이 아쉽다.
초등학교 과학교육 현장에 주는 시사점	피드백이 학생들의 학업성취를 높일 수 있다 특히 교사의 강의식피드백을 선호한다는 것을 알 수 있다. 또한 학업성취도가 다른 학생들에게 그에 따른 적절한 전략이 필요하다.	예비 교사들이 기구 조작에 대해 올바르게 이해하고 조작할 기회를 갖도록 해야 함을 알 수 있고 학생들이 직접 경험해 볼 수 있는 기회를 늘려야 함을 알 수 있다.	예비교사가 교육과정을 전반적으로 살펴서 파악해야 한다. 또한 많은 수업을 경험해 보면서 어려움들을 극복하고 현직에 나갈 수 있도록 해야 한다.	영재학생과 일반 초등학생들 사이에 유의미한 차이가 없다고 한 점이 독특하다고 생각되었다 또한 마지막에 제언부분에서 영재를 대상으로 한 후속연구가 필요하다고 한 것과 동의한다.

그림 4.2 논문 평가표 작성 사례

흔히 대학원에서 이루어지는 세미나 강좌 운영 방식과 유사한 방식을 취했다. 이 과정에서 예비교사들은 두 단계의 공유를 경험하였다. 우선, 발표를 준비하고 발표 후에 수정보완을 하는 단계에서 모둠 내 구성원들 사이의 의견과 방안들이 공유되었다. 이 과정에서 때로는 노트북이나 데이터 등 물리적 도구와 환경의 공유도 이루어졌다. 또 한 가지의 공유는 서로 다른 모둠 사이에서 이루어졌다. 한 모둠에서 발표한 내용과 뒤 이은 토론 내용들은 다른 모둠들에게 참고가 되어, 이후 연구 내용이나 방법 등을 수정보완하면서 탐구를 지속하는 데 도움이 되었다. 예를 들어, 초임교사와 경력교사를 대상으로 "과학 분야의 선호도와 교수효능감과의 상관관계와 그 원인 탐구"를 연구한 모둠에서 개발한 설문지는 학급 전체에 공유되었고, 이는 "초등 예비교사의 대학수학능력시험 과학탐구 영역 선택 과목이 과학교수 효능감과 과학지식 수준에 미치는 영향"을 연구하는 모둠의 설문지 개발에 의미 있는 정보를 제공하였다. '공유'는 과학교실 탐구공동체의 토대 중 하나로 제안된 바 있는데(정용재, 2018), 본 강좌에서도 모둠 내, 그리고 모둠 사이의 공유는 예비교사들이 탐구를 지속하는 데에 긍정적인 영향을 주었다.

셋째, 예비교사들의 끊임없는 탐구수행에 도움이 된 것으로 보이는 또 하나의 요소는 '극복의 기쁨'이다. 연구는 주제 선정부터 결과보고서나 논문 작성까지 그 자체가 쉽지 않은 탐구의 과정이다. 당연히 예비교사 2학년 학생들에게 논문을 작성하는 것은 쉽지 않은 일이다. 그러나 학생들은 상당히 열심히 강좌에 참여하였고, 모둠 내에서의 협의와 협력과 더불어 계획서 발표, 중간발표, 최종발표 과정에서 학급 전체의 피드백, 그리고 교수와의 협의 및 자문 등을 발판 삼아, 한 모둠도 빠짐없이 4개 모둠이 모두 <그림 4.3>과 같은 학회지 게재 논문 형태의 최종보고서를 제출하였다.

이 과정에서 예비교사들은 힘들고 어려운 문제에 봉착하기도 했지만, 이를 극복해내면서 얻는 기쁨을 느끼기도 하였고, 이 기쁨은 탐구를 지속하는 데 긍정적인 영향을 미쳤다. 예를 들어, 강좌에 참여한 예비교사들은 처음으로 사용하게 된 전문 통계 프로그램에 어려움을 느꼈지만 교수의 적절한 지원과 더불어 문제를 해결할 수 있었고, 결국 4개 모둠 중 2개 모둠은 전문 통계 프로그램을 사용하여 통계적 유의미성을 검정한 결과를 논문에 포함시킬 수 있었다. 어려움을 극복해내면서 얻는 기쁨에 대한 학생들의 생각은 다음과 같은 강의 종료 후 소감문에도 일부 나타났다.

· 논문 작성법, 논문을 보는 시각을 배울 수 있었다.
· 연구과정을 배우기는 쉽지 않은데, 배울 기회가 되어 좋았다.

초등 예비교사의 실험 기구 이해에 대한 실태조사

이OO · 강OO · 김OO · 장OO
(공주교육대학교 과학교육과)

A Fact-finding Research Exercise into the Handling Abilities of Experimental Apparatus for Pre-service Elementary school Teachers

Lee, OO · Kang, OO · Kim, OO · Jang, OO
(Gongju National University of Education, Science Department)

요약

연구는 초등학교 예비교사들의 실험 기구 이해도에 대한 실태를 조사하였다. 연구 대상은 교대 1-3학년 학생 228명이다. 평가를 위한 실험기구는 2015 개정 3,4학년 교육과정과 2009 개정 5,6 학년 교육과정에 근거하여 개발된 초등학교 3-6학년 과학 교과서와 지도서를 분석하여 알코올램프, 저울, 현미경, 눈금실린더, 거름장치, 스포이트, 온도계로 선정하였다. 설문조사 문항의 경우 학생들이 선정된 실험 기구의 바른 사용 방법에 대해 어느 정도 이해하고 있는지 평가하기 위해 평가 관점을 정하고 이와 관련지어 개발하였다. 유형은 주관식, 객관식, 객관식 답 고쳐 쓰기, OX 표시하기로 다양화하여 나타내었다. 결과분석은 개별 학생들의 설문 조사지를 수집, 분석하여 문항별 정답률과 오답 유형을 분류하는 과정을 통하여 진행하였다. 결과는 다음과 같다. 알코올램프의 경우 전체적으로 실험 기구의 역할, 과정, 불 끄는 방법 모두 낮은 정답률을 기록하였고, 저울의 경우 영점조절에 관한 이해는 높았으나 용수철저울의 영점 조절 나사의 위치 및 명칭과 올바른 사용법에 대한 이해는 낮게 나타났다. 반면 현미경은 대학교 강의에서 수업 빈도가 높아 전체적인 정답률이 다른 실험기구들에 비해 상대적으로 높게 나타났다. 간단한 조작이 가능한 눈금실린더, 거름장치, 스포이트, 온도계는 정답률이 보통을 기록하였지만 그 이유를 알지 못하는 여러 오답 유형들이 분석되었다. 전체적으로 예비교사들은 조작이 복합적인 절차를 거치는 실험기구에 대한 이해가 부족하고 조작이 단순한 실험기구에 관해서도 기초적이고 기본적인 실험 기구의 조작 방법을 제대로 숙지하지 못하고 있다. 따라서 예비교사들은 실험 기구 이해에 대한 필요성을 인식하고 미래의 학생들에게 올바른 실험기구 조작법을 가르치고자 노력해야한다. 또한 교사 양성 기관에서는 이론적인 실험기구 학습에 그치지 않고 학생들이 실제로 조작해볼 기회를 풍부하게 제공하여 예비교사들이 실험기구 이해와 관련된 역량을 기르도록 도움을 주어야 한다.

Ⅰ. 서론

실험은 과학교육에서 핵심적이며 중요한 활동으로 인식되어왔다. 많은 과학교육학자들은 실험수업이 학생들의 개념적 지식과 절차적 지식을 향상시키고(Bybee, 2000) 과학의 본성에 대한 이해와(Lazarowitz & Tamir, 1994) 과학에 대한 흥미 유발, 동기부여 등 과학적 태도에 긍정적인 영향을 준다고 주장해왔다(김영신과 양일호, 2005; Lazarowitz &Tamir, 1994). 실험기구는 과학적 지식을 습득하기 위한 도구에 불과하지만 실험기구의 용도와 사용법을 바로 알고 있으면 실험과 관련된 개념을 효과적으로 습득할 수 있으며(Ritchie & Rigano, 1996) 과학적 사고력과 실험기구의 조작 · 기능적인 측면도 육성할 수 있다(박재호 등, 1989).

최근 전국의 초등학교에 2015 개정 과학과 교육과정이 적용된 과학교과서가 3, 4학년에 걸쳐 보급되었다. 2015 개정 과학과 교육과정이 과학적 사고력, 탐구능력, 과학적 참여를 핵심역량으로 내세우며 실험을 비롯한 탐구 활동을 지향하기 때문에(교육인적자원부, 2015) 이를 반영한 과학교과서에서는 학생들이 실험 기구를 이용하여 실험 활동에 참여하는 내용이 많아졌다(여상인과 이병문, 2004). 그러나 교실에서 이루어지는 실험 수업은 교사에 의해 제시된 실험 과정을 단순히 따라 하는 요리책식 실험활동(Cookbook laboratory activity)으로 이루어지고 있어(Wellington, 2000) 과학교육에서 강조하고 있는 탐구와는 거리가 먼 형태로 운영되고 있는 실정이다(양일호와 조현준, 2005). 이와 같이 학교 실험수업이 요리책식 실험으로 이루어지는 원인 중의 하나는 학생들이 실험에 대한 이해가 부족하고 실험 기구의 용도와 사용법에 대한 지식이 부족하기 때문이라는 연구 결과가 있다(정은영과 홍미영, 2004). 또한 초등학생들의 실험 기구 조작 능력이 매우 낮다는 연구 결과들은 그 원인으로 초등 교사의 실험 기구 조작 방법에 대한 지도 부족을 꼽고 있다(박재원 등, 2007; 정은영과 홍미영, 2004). 초등학생을 지도하는 초등교사의 실험기구 조작능력이 곧바로 학생의 실험기구 조작능력으로 이어지기 때문이다(이소리 등, 2011). 실험 기구를 올바르게 사용하는 방법과 유의할 점, 실험에서 이 실험 기구를 사용하는 이유에 대한 교사의 지도가 충분히 이루어진다면 학생들이 능동적으로 실험에 참여할 수 있으며 안전사고의 위험도 줄일 수 있으므로(정은영과 홍미영, 2004) 현장교사들은 물론이고 초등예비교사들 역시 올바른 실험기구 조작능력을 갖추는 것은 중요하다.

하지만 교대 커리큘럼을 살펴보았을 때, 직접 실험기구를 만져보고 다루는 수업은 거의 찾아볼 수 없을 뿐만 아니라, 초등 과학수업에서 핵심인 안전교육마저 정규교과가 아닌 사이버강의를 통해 이수하도록 되어있는 실정이다. 또 과학관에서 준비물을 빌려가는 학생들 중에서는, 실험준비물의 용도 및 조작방법을 모른 채 그저 수업을 따라가기 위해 빌려가는 학생들도 더러 있었다. 이 점에서 초등예비교사 양성기관인 교육대학교에 다니는 학생들은 초등학생들의 과학 실험지도를 전담하여 초등학생들의 과학실험을 올바르게 지도할 수 있을 만큼 실험기구에 대한 지식과 조작능력을 충분히 갖추고 있는지 의문이 들었다.

지금까지 실험기구 조작능력과 관련한 연구들은 적지 않지만, 그 중 초등예비교사를 대상으로 한 연구들은 기구의 명칭과 용도를 알고 있는지를 조사한 것에 그쳤고 실험기구 조작 과정을 조사한 연구 또한, 학생들의 조작과정을 단순 관찰하여 진술하였을 뿐 실험 과정 이해를 평가문항을 바탕으로 개념, 이해, 적용 등과 같이 체계적으로 나누어 분석하지 않았다는 데에서 한계점이 있다. 따라서 이 연구는 초등 예비교사들의

그림 4.3 예비교사들이 제출한 논문 형식의 최종보고서(일부) 사례

· 어려운 논문을 공부하였는데 학기가 끝나니 논문이 어렵지 않게 느껴졌고, 심지어 우리들의 손으로 논문도 작성할 수 있었다.

요컨대 위와 같은 사례들은, 탐구공동체 기반 교육에서 학습자의 끊임없는 탐구를 도와주기 위해서는 적절한 지원과 상호간의 공유, 그리고 어렵지만 이를 극복하는 데에서 오는 기쁨의 향유 등에 주목할 필요가 있음을 시사해주고 있다.

4. 미래사회에 대응하는 공동체 기반 교육 방안 제안

4.1 마을탐구공동체 기반 교육

앞서 우리는 초연결사회와 저출산-고령화 사회를 중심으로 미래사회를 논의하면서, 다양한 테크놀로지를 활용한 교육 방안과 더불어 지나친 개인화를 방지하고 소규모 집단 사이의 네트워크를 활용하는 공동체 기반 교육의 필요성에 대해 논의하였다. 그렇다면 이러한 미래사회에 대응하는 공동체 기반 교육 방안에는 어떠한 것들이 있을까? 본 절에서는 이에 대한 응답으로 '마을탐구공동체 기반 교육'과 '이종네트워크(heterogenous network) 활용 교육'을 제안하고자 한다.

우선, 마을탐구공동체 기반 교육은 앞 절에서 논의하고 두 가지 경우의 사례를 살펴보았던 탐구공동체 기반 교육을 마을 수준으로 확장한 교육 방안이다. 앞선 탐구공동체의 정의(정용재, 2014)를 바탕으로 마을탐구공동체 기반 교육을 정의한다면, "진정한 의심의 상태나 문제 상황을 믿음의 상태나 확정적 상황으로 바꾸는 것을 목적으로, 구성원들이 목적을 공유하고 적극적인 참여자로서, 자유로우면서도 서로를 배려하면서 실제적 효과에 대한 관찰과 오류가능성을 견지하여, 최선의 설명과 해결책에 이르고자 끊임없이 노력하는 마을 공동체를 기반으로 이뤄지는 교육"이라고 할 수 있다.

마을탐구공동체 기반 교육의 주요 특징과 방안은 다음과 같다. 첫째, 마을탐구공동체 기반 교육은 마을이라는 공간을 중심으로 이루어진 학생, 교사, 학부모, 지역사회라는 교육주체의 공동체를 전제로 한다. 탐구공동체는 기본적으로 개방적인 의사소통 구조와 오류가능성을 견지하면서 끊임없이 탐구하는 공동체라 하였다. 마을탐구공동체 역시 탐구와 교육이라는 공동의 관심사를 바탕으로 하는 공동체이다. 이는 특히, 앞서 공동체 기반 교육의 필요성에서 논의한 바와 같이 초연결사회와 저출산-고령화 사회라는 미래사회의 특징에 대응하는 방안이기도 하다. 공동체적 접근을 통해 소규모 학교와 학급 운영으로 인한 학습자의 지나친 개인화를 방지하고, 미래사회가 요구하는 공동체 역량 등의 핵심역량을 증진할 수 있기 때문이다. 특히, 최근 농어촌 등의 소외지역을 중심으로 확산되고 있는 소규모 학교를 오히려 긍정적인 측면으로 부각시켜, 양질의 교육과 학습의 장으로 변환시킴으로써 미래사회에 대응할 수 있게 하는 방안이기도 하다.

둘째, 마을탐구공동체 기반 교육은 '끊임없는 탐구 지향'을 그 핵심 목표이자 가치로 삼는다. 탐구공동체는 이상적으로는 자유롭고 끊임없이 그리고 무한히 탐구하는 공동체를 전제로 하고, 현실적으로는 공동체 속에서 서로의 의견을 자유롭게 의사소통함으로써 서로에게 도움이 되며 그로 인해 최선의 설명과 해결책에 도달하게 되어 구성원과 공동체 모두가 변화하게 되는 공동체를 전제로 한다. 이 과정에서 어느 한 개인의 주장은 실제적이고 과학적인 근거 없이 우대받아서는 안 된다. 모든 지식은 여전히 오류 가능하며, 오로지 끊임없는 탐구만 존재할 뿐, 현재하는 지식이 불변의 지위를 가져서는 안 된다. 교사 역시 더 많이 알고 있다는 이유로 우월한 지위를 가지고 다른 구성원에게 자신의 생각을 주입해서는 안 된다(정용재, 2018). 마찬가지로, 마을탐구공동체 기반 교육 역시 '끊임없는 탐구 지향'을 핵심 목표이자 가치로 삼는다. 이런 점에서 마을탐구공동체 기반 교육에서 이루어지는 학습은 완성된 지식의 전수가 아니라, 지식을 생성해나가는 탐구 그 자체여야 한다. 즉, 마을탐구공동체 기반 교육은 단순히 마을회관에서 교육프로그램을 운영한다고 해서 이루어지는 것이 아니다. 만약 그 교육프로그램이 여전히 일방향의 지식 전달을 목표로 운영된다면, 이는 마을탐구공동체 기반 교육으로 볼 수 없다. 그 장소가 마을회관이든 학교든 가정이든 중요한 것은 학생, 학부모, 교사, 지역사회가 공동체를 이루어, 끊임없는 탐구 그 자체를 목표이자 가치로 삼는 것이다. 마을탐구공동체 기반 교육은 절대 학생의 학업성취도 향상이나 명문 대학 입학을 핵심 목표로 삼지 않는다. 알다시피 미래사회는 초연결사회와 더불어 인공지능의 발달과 빅데이터의 활용 등으로 지식의 본성 자체가 변화하고 학력의 개념이 재구성되는 사회이다. 하지만 마을탐구공동체 기반 교육은 탐구공동체가 갖고 있는 이러한 특징으로 인해, 다가올 미래사회에 든든하게 대응해나갈 수 있을 것이다.

셋째, 마을탐구공동체 기반 교육은 '공동의 문제 해결'을 중시한다. 탐구공동체는 진정한 의심의 상태나 문제 상황을 믿음의 상태나 확정적 상황으로 바꾸는 것을 목적으로 하여 최선의 설명과 해결책에 이르고자 끊임없이 노력하는 공동체이다(정용재, 2014). 거짓이나 억지로 꾸민 의심이나 의문, 관심으로는 안 된다. 나와 관련이 있고 우리와 관련이 있는 문제, 진정으로 의심스럽고 궁금하며 관심이 가는 문제여야 한다. 그래야 진정한 의미의 탐구가 시작되고 또 지속된다. 이는 앞서 과학교실 탐구공동체의 '문제인식' 과정에서 설명한 바, 대상과의 관계 측면에서는 '관찰 사실과의 불일치', '관찰 사실에 대한 분석', '흥미'에 관련되고, 공동체와의 관계 측면에서는 '의견/이론과의 불일치', '의견/이론에 대한 분석', '공동의 흥미'에 관련되는 것이다. 그리고 앞선 절의 '유아 수준의 탐구공동체 기반 교육' 사례에서 보았던 바, E가 얼음의 부피 변화와 뜨고 가라앉음에 대해 진정한 의문과 관심을 가졌을 때 탐구를 지속할 수 있었던 것과 같고, 그의 부모가 보여준 공감과 협력이 탐구의 지속에 도움을 주었던 것과 같다. 또 자신이 실제로 궁금해 하는 것을 모둠에서 공유하고 공동의 관심사를 주제로 삼은 것이 한 학기 동안의 탐구를 지속하는 데에 긍정적 영향을 미쳤던 '고등교육 수준의 탐구공동체 기반 교육' 사례 역시 이와 관련된 예로 볼 수 있을 것이다.

마을탐구공동체 기반 교육 역시 나 그리고 우리와 무관한 가상의 문제를 해결하는 지적 허영을 추구하지 않는다. 나와 우리의 삶 속에서 실제로 문제가 되고 있거나 궁금증을 자아내고 있는 것을 해결해 나갈 때, 탐구는 동력을 얻고 지속될 수 있을 것이다. 그리고 이러한 마을탐구공동체 기반 교육의 특징은 미래사회가 직면하게 될 많은 문제들, 즉 장기적 경기침체 등의 '경제적 문제', 지구온난화 및 지진 · 해일 등의 '환경 문제', 고용불안, 사회적 양극화 등의 '사회적 문제'(World Economic Forum, 2012), 기후변화, 에너지 위기, 기술위험 등의 문제(윤미영과 권정은, 2010), 잉여 학교의 증가, 생산노동 인력의 감소, 세대 간 갈등 등의 문제(박휴용과 여영기, 2014; Spodek & Saracho, 2005), 이러한 모든 문제들을 마을 수준에서 일부나마 타개시켜줄 것이다.

물론, 마을을 기반으로 하는 교육에는 여러 방안이 있을 수 있고, 어떤 방안들은 이미 이뤄지고 있기도 하다. '마을교육공동체'가 그 한 예이다. 마을교육공동체는 여러 지방자치단체들의 지원을 바탕으로 점차 활발히 이뤄지고 있으며, 긍정적인 성과도 올리고 있다. 예를 들어, G광역시의 경우 2017년에 총 43개가 운영된 바 있으며(김미라와 김회수, 2019), J도 교육청의 경우 이전 년도에 이어 2019년에는 건강한 마을교육공동체 조성을 위한 방과 후 마을학교 100개 기관 운영, 학교-마을 연계형 마을학교 30개 기관 운영, 학교군-지역 연계형 마을학교 5개 기관 운영을 계획하고 있다(전라북도교육청, 2019). 김용련(2015)에 따르면, 마을교육공동체는 교육의 주체를 학생, 학부모, 교사라는 삼각의 틀로 다변화해야 한다는 문제의식을 바탕으로 하여, 지역사회, 기업, 지방자치단체, 교육청 등의 다양한 교육 주체가 참여해서 학교 교육과 학교 밖 교육의 상생을 도모해야 한다는 필요성에 근거를 두고 있다. 실제로 마을교육공동체 운영은 마을의 자원을 활용한 학교 밖 교육에 기여하고 있으며, 농어촌 등의 소규모 학교와 마을의 상생에도 긍정적인 성과를 올리고 있는 것으로 알려져 있다.

그러나 한편으로는 마을교육공동체 운영 과정에서 학부모, 학교 교사, 마을 활동가, 학생 등 참여 교육주체 간의 갈등이 발생하거나 교육주체와 도구(자원), 법 규정, 대상, 공동체 사이의 갈등이 발생하여 어려움을 겪는 경우도 보고되고 있다(김미라와 김회수, 2019). 예를 들어, 학부모는 "현실적으로 애들 대학입시가 중요하다." "수시 입시비중이 높아져서 차별화를 두려고 참여한다." "어떤 방법으로든 더 좋은 대학 가길 바라는 게 부모 마음" 등의 생각을 가지고 있는 반면, 학교 교사는 "학교라는 조직은 절차가 복잡하다." "마을교육공동체 활동까지 전담할 인력이 부족하다." "학생, 학부모 눈치에 이제 마을 지역민 민원까지 담당해야 하는가?"라는 생각을 가지고 있다. 또 마을 활동가는 "마을의 토착정신은 사라지고 마을을 떠날 생각만 한다. 그래서 마을이 더 빈곤해지고 있고, 사회문제로까지 이어진다." "우리 아이들을 위한 일인데 학교가 나몰라 하고, 학교가 너무 폐쇄적이다."라는 생각을, 학생은 "학교에서 하니까 그냥 참여한다." "공식적으로 학교 활동을 뺄 수 있어 참여한다." 등의 생각을 가지고 있다. 이처럼 각 교육주체별로 마을교육공동체에 참여하는 목표나 마음가짐이 다르다. 이에 따른 갈등은 무관심과 참여율 저조로 이어지기도 한다(김미라와 김회수, 2019, p. 80).

이에 반해 마을탐구공동체 기반 교육은 공동의 관심 문제의 해결을 위해 끊임없는 탐구를 지향하므로, 위와 같은 교육주체 사이의 갈등을 축소할 수 있다. 마을탐구공동체의 구성 자체가 명문대 입학이나 성적 향상을 목표로 이뤄지지 않으며, 구성원들이 공통적으로 갖고 있는 의문이나 문제의식 해결을 목표로 이뤄지기 때문에, 주체들 사이의 목표 불일치에 따른 갈등을 줄일 수가 있는 것이다. 이런 점에서 마을탐구공동체는 마을교육공동체의 단점을 보완하는 동시에 미래사회 대응을 위한 공동체 기반 교육이 갖는 장점을 살릴 수 있는 방안이 될 것으로 기대한다.

다만, 마을탐구공동체 기반 교육이 실현되기 위해서는 여러 지원책과 사전 연구들이 선행될 필요가 있다. 예를 들어, 마을탐구공동체 기반 교육 역시 마을교육공동체와 유사하게 전담 인력을 충원하여 교사와 담당자의 업무를 경감하고, 예산을 확대 편성하여 마을의 자원을 확충하는 등 현실적인 지원책이 마련되어야 할 것이다. 또 끊임없는 탐구 지향이라는 핵심 목표이자 가치를 어떻게 공동체 구성원들에게 공유시킬 것인지에 대한 구체적인 방안도 마련되어야 한다. 아울러, 현실적으로 해결이 가능한 공동의 의문과 관심사를 어떻게 추출할 것이며, 탐구의 결과를 어떻게 공동체 전체 구성원들에게 돌아가게 할 것인지 등에 대한 연구도 필요할 것이다.

4.2 이종네트워크(heterogenous network) 활용 교육

본 절에서는 미래사회의 특징을 반영하고 미래세대에게 필요한 핵심역량을 길러줄 수 있는 또 한 가지 교육 방안으로 이종네트워크(heterogenous network) 기반 교육을 제안하고자 한다.

이종네트워크는 두 가지 종류 이상의 행위자가 결합된 네트워크를 말한다. 이종네트워크는 1980년대에 확립된 행위자 네트워크 이론(Actor Network Theory: 이하 ANT)에서 인간과 비인간이 공존하는 세상을 이해하는 주요 개념으로 제안되었다(오은경, 2010). ANT 이론에서는 사회, 조직, 행위자 등 모든 것들이 다양한 질료로 이루어진 이종네트워크임을 강조한다(Law, 2010). 예를 들어, ANT에서는 지식 역시 이종네트워크의 산물로 바라본다. 지식은 입자가속기, 컴퓨터, 분석 프로그램, 과학자, 학회지 같은 이종적인 요소들이 중첩되면서 특정한 패턴의 네트워크로 발전한 산물이다. 인간, 가족, 마을, 사회 시스템, 정보처리 시스템 등도 이종네트워크이며, 인간과 주변, 그리고 다양한 매개체들 역시 이종네트워크를 이루고 있다. 이러한 특성을 Law (2010)는 다음과 같은 예를 들어 설명한다.

> 예를 들어, 나는 문자를 통하여 당신에게 말한다. 그러기 위해 나는 컴퓨터 키보드를 두드리고 있으며, 우리의 의사소통은 컴퓨터, 종이, 인쇄기 같은 다양한 물체를 통해 이루어진다. 또한 인간과 비인간으로 이루어진 네트워크인 우편 시스템에 의해서도 중재되어진다. 즉, ANT의 주장은 이러한 다양한 네트워크가 사회를 구성하고, 사회에 참여한다는 것이다. 이러한 이종적 네트워크는 당신이 지금 이 논문을 읽을 수 있도록 해주며, 무엇보다 저자와 독자라는 사회적 관계를 구성하는 데 필수적인 요소이다. (중략) 수업시간에 나는 강단 위에 서 있고, 학생들은 계단식으로 배열된 책상에 앉아 종이와 필기구를 가지고 나를 향해 있다. 그들은 필기를 하고 나를 보고 들을 수 있다. 혹은, 내가 오버헤드 프로젝터 위에 놓은 슬라이드를 응시할 수도 있다. 따라서 교실의 배치 형태와 마찬가지로 프로젝터도 나와 학생 간의 상호작용을 구성하는 데 동참한다. (중략) 즉, 프로젝터는 사회적인 것의 일부분이 되어 교수와 학생의 행위에 각각 영향을 미친다. (Law, 2010, p. 43).

그런데 이러한 ANT의 관점이 초연결사회라는 미래사회에서는 더욱 주목되어야 할 관점으로 보인다. 앞서 미래사회의 특징에 대한 논의에서 언급하였듯이, 미래사회의 한 가지 특징은 사람과 사람의 연결은 물론, 사람과 사물, 사물과 사물, 데이터와 데이터 등 모든 것이 밀접히 연결되는 초연결사회이다. 인터넷의 발달과 인공지능의 발달로 이미 우리는 수많은 사물들과 연결되어 있으며, 매우 짧은 순간에 그들과 의사소통을 하고 있다. 스마트폰을 잃어버린다면 우리는 당장 정보를 검색하고 길을 찾는데 불편함을 겪을 것이며, 사회적 관계 맺음도 영향을 받게 될 것이다. 또 머지않은 미래에 우리는 자율주행자동차로 출근을 할 것이며, 인공지능이 교사의 일부 역할을 대체할 수도 있을 것이다. 비단 인간과 사물 사이의 연결만이 이루어지고 있는 것은 아니다. 세계화의 물결 속에 우리 사회도 급격히 다문화 사회로 변화하고 있어, 서로 다른 언어를 사용하고 문화를 가진 이질적 네트워크를 쉽게 만날 수 있다. 앞서 예를 든 마을교육공동체 역시 학교와 마을이라는 이질적 구성원으로 이루어진 네트워크로 볼 수 있다. 이러한 미래사회로의 변화에 따라 '상호작용적으로 도구 사용하기'와 '이질적 집단에서 상호작용하기'(OECD, 2005), '정보・미디어・테크놀로지 기능'(최상덕, 2011), '지식정보처리 역량'과 '공동체 역량'(교육부, 2015) 등의 핵심역량이 전 세계적으로 교육에서 강조되고 있다. 이러한 점들을 고려할 때, 미래사회에 대응하기 위해서는 어쩌면 이종네트워크를 인식하고 이를 활용하는 교육 방안이 필수적으로 요구되는 것일지도 모른다.

그렇다면, 이종네트워크를 활용한 교육을 구현하기 위해서는 어떠한 것들이 필요할까? 이종네트워크 활용 교육이 이루어지기 위해서는 다음과 같은 기작에 주목할 필요가 있다.

· **번역**: 이질적인 구성원 사이의 벽을 넘어 네트워크를 구성하는 도구
· **극복적 상호작용**: 이질적인 구성원 사이에 일어나는 상호작용으로, 순간적 상호작용, 배려적 상호작용 등
· **변형**: 이질적인 구성원의 만남으로 인해 일어나는 구성원들의 양적, 질적 변형과 네트워크 자체의 변형
· **산출**: 이종네트워크의 활동으로 일어나는 연계적 산물의 산출과 융합적 산물의 산출

첫째, '번역'은 두 가지 이상의 서로 다른 네트워크 혹은 네트워크 요소들 사이의 벽을 넘어 네트워크를 구성하는 도구이다. ANT에서 번역은 흔히 문제제기(problematization: 한 행위자가 다른 행위자들을 정의하고 이들의 문제를 떠맡으며 기존의 네트워크를 교란시키는 행위), 관심끌기(interrssement: 다른 행위자들을 기존의 네트워크에서 분리하고 이들의 관심을 끌면서 새로운 협상을 진행하는 행위), 등록하기(enrollment: 다른 행위자로 하여금 새롭게 주어진 역할을 맡게 하는 행위), 동원하기(mobilization: 다른 행위자들을 자신의 네트워크로 포함시키는 행위)의 단계로 이루어진다(홍성욱, 2010). 이종네트워크를 활용한 교육의 첫 번째 단계는 현재 처해 있는 이종네트워크를 인식하거나, 새롭게 이종네트워크를 구성하는 것이다. 이때, '번역'은 새로운 이종네트워크를 구성하거나 기존의 이종네트워크를 새롭게 인식하는 데에 활용될 수 있다. 예를 들어, 농어촌 등의 소규모 학교에서 도시 지역의 학교나 외국 학교 학생들과 함께 환경오염에 대한 탐구 혹은 학습을 진행한다고 가정해보자. 우선, 교사는 학생들에게 왜 도시 지역의 학교나 외국 학교 학생들과 공동으로 탐구하는 것이 필요한지를 설명하면서 '문제제기'를 함으로써, 기존의 학급이라는 공고한 네트워크를 흔들어 새로운 이종네트워크를 구성해야 할 것이

다. 아마도 환경오염이 지역의 특성에 따라 어떻게 나타나는지 살펴볼 필요가 있다는 문제제기를 할 수 있을 것이다. 물론, 그렇게 하기 위해서는 인터넷을 활용한 화상수업이나 데이터를 공유하는 시스템이 필요할 것이므로, 새로운 사물과 테크놀로지를 포함해야 한다는 문제제기를 통해 컴퓨터와 인터넷을 포함하는 이종네트워크를 구성할 수도 있을 것이다. 그러면서 컴퓨터와 인터넷을 통해 원거리 화상통화라든지 데이터 수집 및 분석이 가능하다는 것을 시범적으로 보여줌으로써 학생들의 '관심끌기'를 할 수 있을 것이고, 그 과정에서 기계를 다루고 데이터를 수집하고 데이터를 분석하여 패턴을 발견하고 이를 정리하여 발표하는 등 이종네트워크에서 새로운 역할을 맡게 하는 '등록하기'를 할 수 있을 것이다. 그리고 이러한 과정을 거치면서 기존 네트워크의 구성원들을 새로운 이종네트워크의 구성원으로 자리매김하게 하는 '동원하기'가 이루어질 수 있을 것이다. 이종네트워크 활용 교육을 실행하기 위해서는 이러한 '번역'의 과정이 우선되어야 한다.

둘째, '극복적 상호작용'은 이종네트워크에서 일어나는 상호작용의 특징을 반영한 기작이다. 상호작용이 활발히 일어나는 보통의 공동체에 비해 이질적인 요소로 이루어진 이종네트워크는 그 이질성을 극복하기 위해 순간적 상호작용, 배려적 상호작용 등의 특정한 상호작용을 필요로 하게 된다. 예를 들어, 앞서 논의한 마을탐구공동체 역시 학교 교사, 학생, 마을 주민, 교육청 관계자 등 이질적인 구성원들로 이루어진 이종네트워크로 볼 수 있다. 이들이 공동의 관심사를 확인하고 공동으로 문제를 해결하는 탐구를 지속하기 위해서는 다른 사람의 관심이나 마을 공동의 관심을 파악하고 그것을 자신의 관심과 연결 짓기 위해 다른 구성원들을 배려하는 상호작용을 해야 한다. 그리고 그러기 위해서는 경우에 따라 다른 구성원과 나와의 상호작용을 멈추는 것 또한 허용해야 한다. 이질적인 구성원들이 가지고 있는 저마다의 독특한 상황과 문화를 무시하고 지나치게 강하고 지속적인 상호작용을 요구하는 것은 이종네트워크의 지속에 오히려 장애가 될 수 있기 때문이다. 예를 들어, 누군가 한 달 이내에 성과를 내야 한다며 탐구를 강요한다면, 이는 또 다른 누군가의 이종네트워크 탈퇴를 불러일으킬 수 있을 것이다. 가령 앞서 논의한 농어촌 등의 소규모 학교와 도시 혹은 외국 학교와의 이종네트워크 활용 교육에서 교사가 강압적이고 지속적인 권력을 행사하거나, 혹은 한쪽 학교에서 탐구 과정의 우위를 점하고자 지나친 상호작용을 요구한다면 이종네트워크는 붕괴되거나 축소될 수 있다. 적어도 이종네트워크가 갖는 변형과 연계적 및 융합적 산출의 장점은 축소될 것이다. 즉, 이종네트워크 활용 교육을 실행하기 위해서는 배려와 여유, 그리고 기다림을 바탕으로 하는 극복적 상호작용이 필요하다는 말이다.

셋째, '변형'은 서로 다른 네트워크의 만남으로 기존의 네트워크가 양적, 질적으로 변형되고, 이종네트워크 역시 시간이 지남에 따라 변형되는 것을 일컫는 기작이다. 서로 다른 네트워크의 만남은 필연적으로 구성원들의 변형을 야기하고 이는 곧 네트워크 자체의 변형으로 이어질 것이다. 만약 이러한 변형이 허용되지 않는다면, 이종네트워크는 피상적인 연결에 그칠 뿐 본래적인 특징과 기능을 수행하지 못하게 될 것이다. 예를 들어, 농어촌 등의 소규모 학교와 도시 혹은 외국 학교와의 이종네트워크 활용 교육은 외국 학교의 학생들도 나와 동일한 공동체의 구성원이라는 인식의 변형이 있어야 이뤄질 수 있다. 또 상대방의 언어를 배우려고 노력하는 변형이 있을 수도 있고, 언어가 잘 통하지 않는 상황에서도 협업할 수 있는 방안을 찾고자 하는 변형이 있을 수도 있다. 이러한 변형이 허용되고 장려되지 않는다면, 이종네트워크 활용 교육은 충실히 이루어지기 힘들 것이다.

넷째, '산출'은 이종네트워크가 작동하면서 가져오게 되는 산출을 이르는 것으로, 여기에는 연계적 산물 산출, 융합적 산물 산출 등이 있다. 이종네트워크 활용 교육의 장점은 기존의 고립된 네트워크에서는 산출하기 어려웠던 창의적 산출물을 생산할 수 있다는 것이다(오은경, 2010). 연계적 산출은 이러한 창의적 산출의 하나로, 둘 이상의 산출물이 연계되어 산출되는 것을 말한다. 예를 들면, 농어촌 지역의 환경오염 사례와 도시 지역의 환경오염 사례를 연계함으로써, 각각의 지역 사례 내에서는 잘 드러나지 않았던 공통적인 혹은 지역 특정적인 환경오염의 원인을 발견하는 산출이 있다. 융합적 산출은 둘 이상의 서로 다른 종류의 산출물이나 구성원의 생각, 기능 등을 융합함으로써 얻는 산출을 말한다. 예를 들어, 앞서 논의한 마을탐구공동체 기반 교육에서 마을의 빈 공유지 활용 방안을 탐구하고 있다고 가정해 보자. 처음에는 학생과 교사만 참여하여 놀이터로 활용하는 방안을 모색하겠지만, 마을의 이장, 미술가, 건축가 등이 참여하는 이종네트워크가 구성되면서 놀이기구와 미술 작품 전시 및 창작 공간을 혼합해 미술놀이공간을 만들고, 타지에서 오는 사람들에게는 적게나마 입장료를 받는 방안을 고안해내게 된다. 이러한 것이 바로 융합적 산출이다.

요컨대, 미래사회의 특징과 미래세대에게 필요한 핵심역량 증진의 필요성을 감안할 때, 이종네트워크 활용 교육은 미래사회에 대응하기 위한 하나의 교육적 방안이 될 것이며, 이를 위해서 번역, 극복적 상호작용, 변형, 산출 등의 기작이 원활히 일어나게 해야 할 것이다.

5. 마치면서

본 장에서는 초연결사회와 저출산-고령화 사회를 중심으로 미래사회의 특징을 논의하였다. 또 이러한 미래사회를 살아가야 할 미래세대를 교육하기 위해 전 세계적으로 '상호작용적으로 도구 사용하기', '이질적 집단에서 상호작용하기', '자율적으로 행동하기' 등의 역량 함양에 주목하고 있다는 것과, 우리나라 역시 '자기관리 역량', '지식정보처리 역량', '창의적 사고 역량', '심미적 감성 역량', '의사소통 역량', '공동체 역량' 등의 함양에 주목하고 있음을 논의하였다. 아울러, 이러한 미래사회에 대응하기 위해서는 공동체 기반 교육이 필요하다는 것을 논의하였고, 유아 수준과 고등교육 수준의 탐구공동체 기반 교육에 대한 사례 및 그 시사점에 대해서도 논의하였다. 그리고 미래사회에 대응하기 위한 공동체 기반 교육의 한 가지 방안으로 마을탐구공동체 기반 교육과 이종네트워크 활용 교육 방안을 제안하였다.

물론, 미래는 아직 오지 않았다. 그렇기 때문에 현재 우리가 예견하고 있는 미래사회의 모습은 실제로 다가올 미래사회의 모습과 다소 상이할 수 있다. 그런 점에서 본 장에서 논의한 미래사회의 모습과 미래세대에게 필요한 핵심역량, 그리고 이에 따른 공동체 기반 교육의 필요성과 마을탐구공동체 기반 교육 및 이종네트워크 활용 교육에 대한 제안은 본질적인 한계를 가질 수밖에 없다.

그럼에도 불구하고, 우리는 공동체 기반 교육에 주목할 필요가 있다. 다가올 미래의 맨 앞에 서 있는 현재에 대응하기 위해서라도 그래야 한다. 이미 우리는 자라나고 있는 미래세대를 교육함에 있어 다양한 테크놀로지를 활용한 미래형 교육 시스템과 방법을 요구받고 있으며, 동시에 지나치게 개인화되기 쉬운 사회적 · 교육적 변동에 대응하기 위한, 또 저출산에 따른 초소규모 학교와 학급 양산에 대응하기 위한 공동체 기반 교육을 요청받고 있다. 물론 이러한 요청은 시대적 변화의 흐름이 초연결사회와 저출산-고령화 사회로 진입하고 있다는 현재의 의식에 바탕을 두고 있다. 비록 30년 후의 모습이 우리가 예견하는 미래의 모습과 다소 상이할지라도, 현재 직면해 있는 미래사회로의 변화 흐름을 우리는 무시할 수도 없고, 무시해서도 안 될 것이다. 그런 점에서 본 장에서 논의하고 제안한 공동체 기반 교육이 미래세대가 살아야 할 행복한 삶에 조금이나 긍정적인 역할을 할 수 있게 되기를 기대해 본다.

참고문헌

곽영순 (2013), 과학과 교육과정 개정에 대비한 핵심역량 재구조화 방안. 한국지구과학회지, 34(4), 368-377.

교육과학기술부 (2013). 3-5세 연령별 누리과정 해설서. 교육과학기술부·보건복지부.

교육부 (2015). 2015개정 과학과 교육과정. 교육부 고시 제2015-74호 [별책 9].

교육통계연구센터 (2016). 주요지표별 통계. http://kess.kedi.re.kr/.

김미라, 김회수 (2018). 마을교육공동체의 활동체제 분석: 문화· 역사적 활동이론 관점에서. 교육연구, 40(1), 73-92.

김용련 (2015). 지역사회 기반 교육공동체 구축 원리에 대한 탐색적 접근: 복잡성 과학, 사회적 자본, 교육거버넌스 원리 적용을 중심으로. 교육행정학연구, 33, 259-287.

나지연, 장병기 (2016). 교육실습에 참여한 예비 초등교사들이 테크놀로지 활용 과학수업 실행에서 느끼는 어려움과 요구. 초등과학교육, 35(1), 98-110.

박의수 (2009). 한국 교육문제의 역사적·인식론적 탐구. 교육문제연구, 35, 43-62.

박수홍, 이용희, 김현재, 홍광표 (2015). 메타포 분석을 활용한 현재교육체제와 미래교육체제의 이미지 차이 분석 연구. 교사교육연구, 54(1), 31-45.

박휴용, 여영기 (2014). 한국의 저출산 현상의 원인과 유아교육·보육 정책의 방향 분석. 한국영유아보육학, 85, 69-95.

박휴용, 여영기, 반상진 (2014). 고령 다문화사회: 개념과 성격, 그리고 사회정책의 방향. 노인복지연구, 65권, 131-157.

반상진 (2015). 대학구조개혁정책의 쟁점과 대응 과제에 관한 연구-학령인구 감소에 대한 새로운 대학구조개혁 패러다임 탐색. 공학교육연구, 18(2), 14-26.

송진웅, 강석진, 곽영순, 김동건, 김수환, 나지연, 도종훈, 민병곤, 박성춘, 배성문, 손연아, 손정우, 오필석, 이준기, 임혁, 정대홍, 정용재, 정종훈 (2018). 미래세대를 위한 과학교육표준. 한국과학창의재단 연구보고서.

송진웅, 나지연 (2015). 2015 과학과 교육과정 개정의 주요 방향 및 쟁점 그리고 과학교실문화. 현장과학교육, 9(2), 72-84.

오은경 (2010). 통섭 또는 이종 네트워크. 서강인문논총, 29, 265-301.

유영성 (2014). 초연결사회와 우리의 수준. 이슈 & 진단, 129호. 경기개발연구원.

윤미영, 권정은 (2013). 창조적 가치연결, 초연결사회의 도래. IT & Strategy, 제10호, 한국정보화진흥원.

이상수 (2012). 네트워크 사회 도래에 따른 새로운 교육의 방향. 교사교육연구, 51(2), 282-296.

이선경, 신명경, 김찬종 (2008). 과학탐구공동체 제안을 위한 사회과학적 학습 자료로서 자연사 박물관전시의 교육적 잠재성 탐색: 지진 주제를 중심으로. 한국지구과학회지, 29(6), 506-519.

임병갑 (1999). 과학탐구와 윤리탐구의 <통합 프로그램>을 위한 기초: 듀이의 탐구 이론과 타가드의 연결주의 프로그램을 중심으로. 고려대학교 박사학위논문.

전라북도교육청 (2019). 2019 주요업무계획. 전라북도교육청.

전승수 (2012). 초연결사회의 빅데이터 생태계 분석과 시사점. Issue Paper 2012-10. 한국과학기술기획평가원.

정용재 (2014). '탐구공동체'의 과학 교육적 함의에 대한 이론적 고찰: '과학 교실 탐구공동체'를 향해서. 한국과학교육학회지, 34(3), 303-319.

정용재 (2018). 과학교실 탐구공동체. 서울: ㈜ 도서출판 북스힐.

정용재, 장진아 (2017). '과학 교실 탐구공동체' 관점 기반 과학 수업 인식 조사 도구 개발 및 적용. 한국과학교육학회지, 37(2), 273-290.

정용재, 장진아 (2018). 탐구공동체 관점에서 본 과학교실의 의미와 특징. 송진웅 편. 교실과 문화: 동아시아 과학 교실문화의 이해. 서울: ㈜ 도서출판 북스힐.

정용재, 천은겸 (2014). 국내 '실행공동체' 관련 연구 동향 분석: 초등 과학교육 연구에 주는 시사점을 중심으로. 초등과학교육, 33(3), 464-478.

정지선 (2011), 新가치창출 엔진, 빅데이터의 새로운 가능성과 대응전략, IT & Future Strategy 제18호, 한국정보화진흥원.

조성민 (2008). 탐구공동체 활동을 통한 도덕과 토론 · 논술 연계지도. 윤리철학교육, 10, 1-22.

최상덕 (2011). 21세기 창의적 인재 양성을 위한 교육의 미래전략 연구. 한국교육개발원 연구보고 RRC 2011-01.

한국과학창의재단 (2019). 창의교육 선도 교원양성대학 운영사업 보고서(공주교육대학교). 한국과학창의재단 사업보고서.

홍성욱 (2010). 7가지 테제로 이해하는 ANT. 부르노 라투르 외 지음/홍성욱 편, 인간·사물·동맹. 서울: 문학과 지성사.

Barab, S. A., Hay, K., & Duffy, T. M. (1998). Grounded constructions and how technology can help. Technology Trends, 43(2), 15-23.

Burgh, G., & Nichols, K. (2012). The parallels between philosophical inquiry and scientific inquiry: Implications for science education. Educational Philosophy and Theory, 44(10), 1045-1059.

Crawford, B. A., Krajcik, J. S., & Marx, R. W. (1999). Elements of a community of learners in a middle school science classroom. Science Education, 83(6), 701-723.

Driver, R. (1983). The pupils as scientist? Milton Keynes: Open University Press.

European Commission (2010). Europe 2020: A strategy for smart, sustainable and inclusive growth: Communication from the commission. Publications Office of the European Union.

Garrison, D. R., & Arbaugh, J. B. (2007). Researching the community of inquiry framework: Review, issues, and future directions. The Internet and Higher Education, 10(3), 157-172.

Griffin, P., McGaw, B., & Care, E. (eds) (2011). Assessment and Teaching of 21st Century Skills. Springer. New York.

Joung, Y. J. (2008a). Cases and features of abductive inference conducted by a young child to explain natural phenomena in everyday life, Journal of the Korean Association for Science Education, 28(3), 197-210.

Joung, Y. J. (2008b). A 5-year-old's initiation into scientific ways of knowing. In Y.-J. Lee, & A.-L. Tan (Eds.) Science education at the nexus of theory and practice. (pp. 317-332). Sense Publishers: Rotterdam.

Joung, Y. J. (2009). Children’s Typically-Perceived-Situations of floating and sinking. International Journal of Science Education, 31(1), 101-127.

Lave, J., & Wenger, E. (1991). Situated learning: Legitimate peripheral participation.. New York: Cambridge university press.

Law, J. (2010). ANT에 대한 노트: 질서짓기, 전략, 이질성에 대하여. In 홍성욱(Ed.), 인간·사물·동맹. 서울: 문학과 지성사.

Leont’ev, A. N. (1978). Activity, consciousness, and personality. (Translated by M. J. Hall). Englewood Cliffs: Prentice-Hall.

Lipman, M. (2003). Thinking in education. New York: Cambridge University Press.

OECD (2005). The definition and selection of key competencies: Executive summary. Retrieved from http://www.oecd.org/pisa/35070367.pdf

Pardales, M. J., & Girod, M. (2006). Community of inquiry: Its past and present future. Educational Philosophy and Theory, 38(3), 299-309.

Peirce, C. S. Collected Papers of Charles Sanders Peirce [ab. CP], 8 vols. C. Hartshorne and P. Weiss (1931-1958) (Eds.) vols. 1-6; A. W. Burks (1931-1958) (Ed.) vols. 7-8, Cambridge, MA: Harvard University Press.

Peterson, D. (1992). Life in a crowded place: Making a learning community. Heinmann: Portsmouth.

Piaget, J., & Cook, M. (1952). The origins of intelligence in children. New York: International Universities Press.

Rogoff, B., Matusov, E., & White, C. (1996). Models of teaching and learning: Participation in a community of learners. In D. R. Olson & N. Torrance (Eds.). The handbook of education and human development. Oxford: Blackwell.

Skinner, B. F. (1950). Are theories of learning necessary? Psychological Review, 57(4), 193-216.

Splitter, L., & Sharp, A. M. (1995). Teaching for better thinking: the classroom community. Melbourne: ACER.

Spodek, B. & Saracho. O. N. (2005). International perspectives on research in early childhood education (Vol, VII). Greenwich, Connecticut: Information Age Publishing.

Wenger, E. (1998). Communities of practice: Learning, meaning, and identity. New York: Cambridge university press.

Wenger, E., Mcdermott, R., & Snyder, W. M. (2002). Cultivating communities of practice: A guide to managing knowledge. Boston: Harvard Business School Press.

World Economic forum (2012). The Global Competitiveness Report 2012–2013. World Economic Forum, Geneva, Switzerland. Retrieved from http://www3.weforum.org/docs/WEF_GlobalCompetitivenessReport_2012-13.pdf

World Economic forum(2016). The future of jobs: Employment, skills and workforce strategy for the fourth industrial revolution. World Economic Forum, Geneva, Switzerland.

PART III

디지털 기술과 교실의 변화

05

디지털교과서 개발 현황과 교육의 변화

장 진 아(호주 커틴대), 송 진 웅(서울대)

교과서는 교육과정을 실현하는 가장 대표적인 학습 자료로서, 교육과정에서 설정된 교육목표와 교육내용을 실천으로 연결하는 역할을 한다. 최근에는 정보통신기술의 발달과 함께 디지털 테크놀로지를 활용한 온라인 기반의 다양한 디지털교과서가 국내외에서 활발하게 개발되고 있다. 이 장에서는 과학 교과를 중심으로, 국내외 디지털교과서 개발 현황과 디지털교과서 구성의 특징을 살펴보고, 디지털교과서를 통한 수업 활동의 변화가 어떤 교육적 가능성과 의미를 가지고 있는지를 탐색하고자 한다. 이를 토대로 하여, 앞으로 맞이할 글로컬 사회에서의 교과서의 역할과 가치, 그리고 그 지향점에 대해 논해보고자 한다.

1. 디지털교과서, 어디까지 왔는가?

1.1. 시대에 따른 교과서의 변화와 역할

교과서는 교육과정에서 추구하는 교육목표와 교육내용을 실천으로 연결하는 가장 대표적인 학습 자료로서, 여러 가지 기능과 역할을 수행한다(양미경, 1998; 박진용 등, 2014). 각 학문에 대한 교육의 측면에서, 교과서는 인류가 발전시켜온 다양한 영역의 학문들을 학교급별, 학년별 발달 수준에 맞게 담아낸다. 하지만 어떤 내용을 어떻게 구성할지는 각 학문이 지닌 본연의 특징과 함께, 학습이나 교육에 대한 관점, 교육을 둘러싼 정치, 경제, 사회, 문화적 관심과 요구들 간의 타협을 통해 결정된다(양미경, 1998;

English, 1980). 아이들이 보는 교과서 하나에도 학문적으로 그리고 사회적으로 지향하는 다양한 교육적 요구와 가치가 반영되는 것이다.

그런 점에서 볼 때, 교과서가 지닌 역할과 기능은 사회적 환경과 여건, 교육 패러다임의 변화에 따라 달라진다. 가령, 교과서에 기술된 지식을 잘 '전달'하는 것이 중요했던 전통적 교수・학습 환경에서는 교과서가 학습에 결정적인 역할을 했던 반면, 온라인상에서 다양한 학습 자료들을 접할 수 있는 현대 사회에서 교과서는 학생들이 마주하는 여러 학습 자료 중 하나일 뿐이다. 나아가 앞으로의 학습 환경에서는 기존 교과서에서 제공했던 느린 속도(slow-paced)의 정형화된 지식들이 모바일 기반의 '빠르고 작은 단위(quick and simple bite-sized)의 정보'들로 대체될 것이다(Lau et al., 2018). 이런 점을 고려하면, 교과서가 갖는 역할과 위상과 특징은 계속해서 변할 것이다.

우리나라의 교과서도 제1차 교육과정에서부터 2015 개정 교육과정에 이르기까지 시대적 변화와 요구에 맞추어 그 역할과 기능, 내용 구성 및 형태가 꾸준히 변해왔다. 제1차 교육과정 시기에서 제5차 교육과정 시기까지는 '교과서를' 가르치는 '교과서 중심의 교육'이 주를 이루었다. 교과서는 곧 교육과정이었으며, 교과서에 제시된 내용은 절대적인 지식과 가치를 담은 진리로 받아들여졌다(박진용 등, 2014). 하지만 이러한 인식은 지식의 생산과 소비가 기하급수적으로 증가하는 시대에는 제한적이라는 문제의식 속에서, 제6차 교육과정 시기부터는 '교과서로' 가르치는 '교육과정 중심의 교육'이 강조되었다(박진용 등, 2014). 즉, 교과서는 교육과정의 목표를 구현하기 위한 다양한 자료 중 하나가 되었다. 오히려 이를 적절히 활용하는 교사의 자율성이 강조되었다.

구성 방식과 형태에 있어서도 많은 변화들이 있었다(박진용 등, 2014). 제5차 교육과정 시기까지는 서책형교과서만 개발되어온 반면, 6차 교육과정부터는 비디오, 오디오 자료를 포함한 다양한 매체 자료들과 전자 저작물들이 개발되어 활용되었다(이종국, 2013). 특히 2009 개정 교육과정 시기에는 스마트 교육 추진 전략(2011.6.29.)[1]의 일환으로 디

---

1) "인재대국으로 가는 길. 스마트교육 추진 전략(교육과학기술부, 2011)"은 교육과학기술부에서 디지털 융・복합 환경으로의 전환과 정보기술 사회로의 가속화에 부응하기 위하여 추진한 정책이다. 이 정책에서는 21세기 학습자 역량 강화를 위한 지능형 맞춤 학습 체제인 스마트(SMART)교육을 통해 교실을 혁신시키고자 3가지 핵심 과제를 추진하였다: (1) 디지털교과서 개발 및 적용, (2) 온라인 수업・평가 활성화, (3) 교육콘텐츠 자유이용 및 안전한 이용환경 조성. 이 중 디지털교과서 관련 정책은 교육내용 측면에서 추진되었다.

지털교과서를 개발하여 보급하려는 노력이 구체적으로 이루어졌다. 디지털교과서는 온라인을 기반으로 한 멀티미디어 환경을 적극 활용하여 개발되었으며, <표 5.1>에 제시된 바와 같이, 자료 유형 및 변환, 학습 방법, 지원 체제 등의 측면에서 서책형교과서와 많은 차이를 보이고 있다.

그러면 정보통신기술과 온라인을 기반으로 한 학습이 더 가속화될 앞으로의 초연결 사회에서는 교과서가 어떠한 위상을 갖게 될까? 또 어떠한 역할을 해야 하며 어떤 기능을 할 수 있을까? 이러한 변화에 대하여 박진용 등(2014)은 교육 전문가들을 대상으로 한 델파이 조사를 통해 다음과 같은 예측을 하였다. 먼저, 교과서의 위상은 약화될 것이라는 의견이 주를 이루었다. 양질의 멀티미디어 자료가 풍부한 온라인 환경에서 교과서는 다양한 학습 자료 중 하나로 여겨질 것이기 때문이다. 하지만 현재 학교 수업의 주요 자료로서 교과서가 지닌 지위와 기능은 당분간 유지될 것이라는 의견이 많았다. 내용 구성 및 교과서 형태의 측면에서는, 핵심 역량을 기르기 위한 내용 요소 중심으로 구성된다고 예측하였다. 많은 내용들이 학습자가 좀 더 적극적으로 학습을 구성하고 협력할 수

표 5.1 디지털교과서와 서책형교과서의 특성 비교 (정영식 등, 2016; Railean, 2015)

	디지털교과서	서책형교과서
자료 유형	동영상, 가상현실 등 멀티미디어 학습 자료, 비선형적인 학습자료	텍스트와 이미지 중심의 평면적이고 선형적인 학습자료
자료 변환	새로운 사실과 지식의 신속한 반영	자료가 고정되어 변환 어려움
자료 수집	다양한 교육 자료나 DB와의 연계	교과서 외의 자료를 찾기 위한 많은 시간과 비용 요구
학습 방법	교사, 학생, 컴퓨터 간 다방향 학습 가능	지식 전달 위주의 단방향 학습
전달 매체	정보기기 (TPC, 데스크탑 PC 등)	인쇄 매체
지원 체제	웹 기반 또는 클라우드 플랫폼, 디지털기기와 컴퓨터 활용	인쇄 매체

* '디지털교과서'는 'e-textbook'이나 '전자교과서' 같은 기존의 유사 개념들과는 차별화된 용어로 도입되었다. 'e-textbook'이나 '전자교과서'의 경우, 기존의 아날로그 자료들을 그대로 디지털화한 것으로, 상호작용 및 자료 간 연계성, 유동성이 제한적이다(정영식 등, 2016). 이에 비해 디지털교과서는 교수학습 모형과 교육학적 방법을 반영하여 교사, 학생, 자료 간의 사회적 상호작용이 강화되었다는 특징을 갖는다. 그럼에도 불구하고 디지털교과서의 개념과 특징에 대해 연구자에 따라 다양한 관점이 공존하며(Railean, 2015), 이 장에서는 우리나라에서 개발된 디지털교과서의 관점을 중심으로 기술하였다.

있는 방식으로 조직된다는 것이다. 나아가 교육 전문가들은 현재 개발 중인 디지털교과서의 모습을 뛰어넘어, 다양한 매체와 결합하는 유비쿼터스 기능을 지니게 될 것이라고 보았으며, 클라우드 시스템을 활용하여 수시로 업데이트가 가능한 방식으로까지 개발될 것이라고 예측하였다.

하지만 이와 같은 미래형 교과서가 개발되기 위해서는, 현재 추진 중인 디지털교과서의 개발 및 활용 실태에 대한 점검이 선행되어야 할 것이다. 이를 위하여 이 장에서는 현재 국내외 디지털교과서 개발 현황과 활용 실태를 살펴보았다. 특히 질적인 논의를 위하여, 디지털교과서에 대한 학습 만족도와 효과가 가장 높았던 과학 교과를 중심으로(강보순, 2011; 류지헌과 변호승, 2012) 현 디지털교과서의 개발 방향과 디지털교과서 구성 실태, 그리고 디지털교과서를 활용한 수업의 실태를 탐색하였다. 이러한 분석을 토대로 하여, 앞으로 맞이할 글로컬 사회를 위해 디지털교과서가 지향해야 할 역할과 가치에 대해 논해보고자 한다.

1.2 디지털교과서 개발의 국내외 현황

디지털교과서에 대한 관심은 세계적인 추세로서, 우리나라 외에도 미국, 중국, 일본 등 여러 나라들이 정부 주도의 디지털교과서 정책을 추진하는 중이다(정영식 등, 2016). 특히 디지털교과서 개발 과정에는 교육용 콘텐츠를 넘어서 관련 시스템과 플랫폼 구축을 위한 여러 기술들이 융합되기 때문에, 공교육의 범주를 넘어서 사기업 시장에서의 관심도 고조되고 있다. 일례로, 2020년까지 전 세계 디지털교과서 시장이 700억 달러(약 80조원)에 달할 것으로 예상되고 있다(김민희, 2013).

디지털교과서 개발 및 보급 현황은 각 나라의 교육 시스템이나 교과서 개발 체제에 따라 조금씩 차이가 난다. 우리나라의 경우 정부 주도 하에 초등학교와 중학교 과정의 디지털교과서가 국·검정 형태로 개발되고 있는 반면, 해외에서는 사기업과 연계하여 고등교육에서의 디지털교과서 개발이 집중적으로 이루어졌으며, K-12학년 학생들을 위한 디지털교과서 개발로 관심이 점차 확장되고 있다(Mardis & Everhart, 2013). 가령, 미국에서는 애플, 아마존과 같은 업체들이 각 주정부나 도시 교육청과 연계하여 디지털교과서 개발 및 보급을 주도하고 있다(정영식 등, 2016; Railean, 2015).

국가별 현황을 간략히 살펴보면, 미국의 경우 2013년에 발표한 'ConnectED Initiative'

정책을 통해 디지털교과서 및 온라인 교육의 양적, 질적 강화를 위해 노력 중이다. 특히 2015년에는 디지털교과서 가이드북(Digital Textbook Playbook)을 개발, 보급하였으며 이를 통해 디지털 학습 환경의 구축과 교육 방향에 대한 구체적인 실행 방안을 모색하고 있다. 연방 정부의 이러한 노력 속에서, 노스캐롤라이나 주, 플로리다 주 등에서는 예산을 적극 확장하여, 디지털교과서 콘텐츠와 관련 기기들을 구매하는 등 디지털교과서로의 전환을 실질적으로 추진하고 있다(Mardis & Everhart, 2013).

일본의 경우, 'Future School Promotion Project'를 통해 1:1 디지털 기기 보급 및 교육용 콘텐츠 개발을 적극적으로 추진하고 있으며, "Learning Innovation Project" 정책의 일환으로 디지털교과서 연구학교 사업을 구체화하였다(Kodaira & Watanabe, 2013). 특히 일본은 디지털교과서의 개발 및 활용 부문이 매우 활성화되어 있는 나라로서, 전국의 42.8%의 학교에서 디지털교과서를 사용하고 있으며, 학교급별 실태를 살펴보면 초등학교가 48.4%, 중학교의 경우 47.1%의 사용률을 보이고 있다(조규복, 2016).

중국에서는 'e-Schoolbag' 정책의 일환으로 디지털교과서 사업을 추진하고 있다. 이 정책은 서책형교과서가 잔뜩 들어 있는 기존의 무거운 책가방 대신 테블릿과 전자책가방을 활용한다는 것을 목표로 하고 있는 바(Wu et al., 2013), 디지털교과서 개발이 이 사업의 핵심 프로젝트이다. 특히 2012년 파일럿 연구를 시작으로, 상하이시와 베이징시에서는 e-Schoolbag 프로그램을 전면적으로 확장하기 위해 노력하고 있다(정영식 등, 2016). 이외에도 여러 아시아 국가들에서 디지털교과서 도입을 적극 추진하고 있는데, 인도네시아의 통신회사인 텔콤인도네시아와 연계한 인도네시아 디지털교과서 'e-Sabak', 인도 케랄라 주의 'DCT(Digital Collaborative Textbook)' 등이 대표적 사례라 할 수 있다(김보선과 유지선, 2015).

한편, 우리나라에서 디지털교과서는 "「교과용도서에 관한 규정」 제2조 제2항에 근거하여, 관련 규정에 따른 편찬 및 검정 절차를 거친 정규 교과서"의 지위를 갖는다(교육부, 2018b). 국내에서는 1997년 전자교과서에 대한 기초 연구(곽병선 등, 1997)를 시작으로 디지털교과서에 대한 관심이 시작되었으며, 이후 디지털교과서는 2002년 '디지털교과서 개발과 보급을 위한 중장기 계획', 2007년 '디지털교과서 상용화 추진 방안'으로 이어져 디지털교과서 원형이 처음으로 개발되었다. 2008년부터는 연구학교에 시범적으로 적용하였으며, 개발 및 적용 범위가 확대되면서 2011년에는 '스마트교육 추진 전략'의 핵심 과제 중 하나로서(교육과학기술부, 2011) 디지털교과서 개발 및 시행을 위한 구체적인 시도들이 이루어졌다.

하지만 동시에, 2013년에는 국내의 교육 상황과 인프라 속에서 디지털교과서의 효과성 검증이 미흡하고, 보급을 위한 준비가 충분하지 않다는 우려가 제기되었다. 이에 디지털교과서의 전면 개발 및 적용 범위가 축소되고, 보급 시기가 2015년에서 2018년으로 연장되기도 하였다(교육부, 2013). 이후, 교육부에서는 2015개정 교육과정에 따라 초등학교 3, 4학년과 중학교 1학년을 대상으로 2018년부터 2020년까지 연차적으로 사회, 과학, 영어 디지털교과서를 개발, 보급할 것을 계획하고 있다(교육부, 2018a). 그럼에도 불구하고, 교실 내에서 디지털교과서를 활용하기 위해서는 많은 문제가 남아 있다. 우선 단말기 보급에 대한 예산이 충분하지 않고, 좀 더 안정적이고 사용자 중심적인 시스템과 플랫폼도 구축해야 하며, 이를 활용하기 위한 교사연수도 해야 한다. 무엇보다 디지털교과서에 대한 인식 개선이 필요한 바, 더 많은 보완과 변화가 필요할 것으로 판단된다(구덕회, 2018; 이경아, 2016).

2. 디지털교과서, 무엇이 바뀌는가?: 과학 교과를 중심으로

2.1 디지털교과서의 개발 방향

2009 개정 교육과정과 2015 개정 교육과정에 따라 개발된 디지털교과서는 기존의 서책형교과서의 내용을 토대로, 여러 디지털 기능들을 통합하여 학습을 적극적으로 지원하고 관리하는 것을 지향한다(교육부, 2018b). 디지털교과서에 통합된 대표적인 디지털 기능과 역할에는 <그림 5.1>과 같이 용어사전이나 멀티미디어 자료, 보충·심화 자료들을 통한 '풍부한 학습 자료' 제공, 수업 지원 도구, 학생별 포트폴리오, 평가자료, 학습 진단 및 처방 시스템을 통한 '학습 지원 및 관리', 에듀넷이나 티-클리어와 같은 '외부 교육용 자료와의 연계'를 들 수 있다. 이러한 기능들을 통해 궁극적으로 학생의 자기주도 학습과 학생 활동 중심의 수업 실현을 기대하고 있다.

특히 디지털교과서의 기능과 철학은 개별 교과를 통해 구현되기 때문에, 여러 기능들을 교과별 성격에 맞게 재해석하여 구현하는 것이 중요하다. 다시 말해, 교과별 디지털교과서는 디지털교과서에 특화된 기능들이 각 교과의 목적과 특징에 맞게 구성되어, 교과 학습을 촉진할 수 있는 방향으로 개발되어야 할 것이다. 현재까지 사회, 과학, 영어

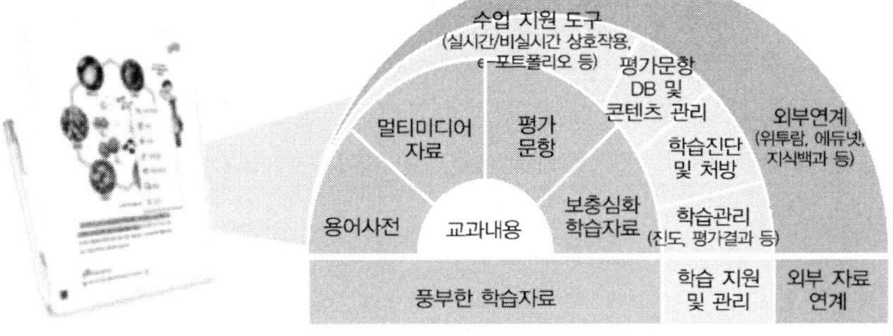

그림 5.1 디지털교과서 개념도 (교육과학기술부, 2011:18)

교과를 중심으로 디지털교과서가 개발되어왔으며(2018년 기준), 이 장에서는 과학 디지털교과서 사례를 중심으로 디지털 기능이 과학 교과와 어떤 결합을 이루고 있는지 살펴보고자 한다.

디지털교과서에서 제공하는 기능들은 과학 학습에 어떻게 활용될 수 있을까? 각 기능들을 어떻게 활용해야 과학 학습을 촉진할 수 있을까? 이러한 질문에 대해 2015 개정 교육과정 기반 과학 디지털교과서에서는 다섯 가지 개발 방향으로서, 첫째, 과학적 사고력과 탐구 능력을 키워주는 교과서, 둘째, 다양한 체험이 가능한 실감나는 교과서, 셋째, 풍부한 자료로 이해를 도와주는 교과서, 넷째, 과학 학습의 즐거움을 주는 교과서, 다섯째, 교과서와 실험 관찰이 함께하는 일체형 교과서를 제안하였다(교육부, 2018b). 각 개발 방향에서는 디지털 기능들이 과학 학습과 어떻게 연결될 수 있는지를 설명하고 있으며, 명확한 구분을 위해 <표 5.2>에서는 디지털교과서의 특화된 기능이나 특징을 밑줄로 표시하였다.

이러한 과학 디지털교과서의 개발 방향과 의도를 과학 학습의 세 가지 측면인 '개념 이해', '과학탐구 활동', '흥미와 태도'를 중심으로 살펴보자. 먼저 과학 개념 이해 측면에서, 디지털교과서에서 제공하는 풍부한 멀티미디어 자료와 평가문항들은 학생들의 개념 이해에 도움이 될 것이다(개발 방향 3). 과학탐구 활동과 관련하여, 디지털교과서가 제공하는 특화된 기능인 가상현실, 증강현실, 멀티미디어 자료들은 일상생활에서 접하기 어려운 현상들을 다각도로 체험할 수 있게 해줄 것이다(개발 방향 2). 또한 스스로 조작, 관찰, 체험하는 활동들, 그리고 이와 관련된 시작퀴즈나 결과 정리 활동은 학생들의 과

표 5.2 과학 디지털교과서의 개발 방향과 특징 (교육부, 2018b)

개발 방향 1. 과학적 사고력과 탐구 능력을 키워주는 교과서
· 동기를 유발하는 시작퀴즈와 탐구 주제, 스스로 조작, 관찰, 체험하는 탐구활동, 실험관찰 결과와 생각 정리로 과학적 사고력과 탐구 능력을 키워주는 구성 · 과학적 사고력, 탐구능력, 문제해결력, 협업능력, 정보활용능력 등을 증진하는 다양한 활동
개발 방향 2. 다양한 체험이 가능한 실감나는 교과서
· 학습의 실재성을 높여주는 가상현실, 증강현실, 360° 동영상으로 생생하고 실감나는 체험 학습 · 오랜 시간 관찰해야 하는 자연 현상, 내부를 직접 확인할 수 없는 현상 등 일상생활에서 접하기 어려운 현상들도 멀티미디어 자료로 간접 체험
개발 방향 3. 풍부한 자료로 이해를 도와주는 교과서
· 과학 개념의 이해를 돕는 풍부한 멀티미디어 자료(사진, 이미지, 음성, 동영상, 애니메이션 등) 제시 · 공부한 내용을 스스로 정리하고 점검하는 마무리 활동과 평가문항 제공
개발 방향 4. 과학 학습의 즐거움을 주는 교과서
· 스스로 조작하며 과학적 현상을 관찰하는 조작형 활동 자료 · 즐겁게 게임하며 핵심 개념을 익히고 과학적 사고력도 높이는 놀이 자료 · 과학 학습의 동기와 즐거움을 더해주는 흥미로운 보충 · 심화자료
개발 방향 5. 교과서와 실험 관찰이 함께하는 일체형 교과서
· 교과서와 실험관찰 두 서책을 하나로 통합한 일체형 교과서로 편의성 향상 · 학습과 연계된 각 실험관찰 내용을 바로 제공하여 실험관찰 활용도 향상 · 학생 스스로 기입하고 정리할 수 있도록 설계 및 기능 구현

학적 사고력과 탐구력 증진에 보탬이 될 것이다(개발 방향 1). 끝으로 과학적 흥미와 태도 측면의 경우, 디지털교과서에서 제공하는 다양한 조작형 활동 자료, 놀이자료, 보충 · 심화자료가 학생들의 흥미와 즐거움을 더해줄 것으로 기대하고 있다(개발 방향 4)

그렇다면 위와 같은 과학 디지털교과서의 개발 의도와 방향은 현장에서 잘 실현될 수 있을까? 과학 디지털교과서가 실제 과학 교실에서의 교수 · 학습 활동과 과학 탐구 과정의 질적 변화를 이끌 수 있을까? 아무리 좋은 교수 · 학습 방법이나 자료일지라도 실제 교실을 변화시키는 것은 매우 어려운 일이다. 교육이 실행되는 과정은 교과서 자체가 지닌 특징과 함께, 수업에 참여하는 교사와 학생, 그리고 학습 환경과 같이 다양한 요인들이 상호작용하며 영향을 미치는 것이기 때문이다. 따라서 과학 디지털교과서를 실제로 활용하는 과정에서 일어나는 특징과 어려움들을 점검하고 이를 반영하여 개발하는 것이 중요하다. 이러한 맥락에서 다음 장에서는 과학 디지털교과서가 직면한 현 주소를 진단하기 위해, 디지털교과서의 개발 방향과 지향점에 비추어 현장에서의 실질적인 효과와 실효성을 점검했던 여러 연구 결과들을 살펴보고 그 시사점들을 논의해보고자 한다.

2.2 디지털교과서에 제시된 과학 교수·학습 자료의 실태

디지털교과서가 갖는 가장 대표적인 특징 중 하나는 서책형교과서에 비해 풍부한 교수·학습 자료들을 제공할 수 있다는 점이다. 여기에서 '풍부한' 자료를 제공한다는 것은 자료의 양적 확장뿐 아니라 질적인 확장까지 포함한다. 다시 말해, 교과서에서 제공하는 정보량의 증가를 의미할 뿐만 아니라, 다양한 매체와 기술을 활용하여 학습자의 이해를 촉진할 수 있는 양질의 자료를 제공할 수 있음을 의미한다. 2015 개정 교육과정 기반 과학 디지털교과서의 개발 방향에서도 풍성한 멀티미디어 자료, 보충·심화 자료들을 통해 과학 개념 이해를 촉진할 수 있음을 강조하였다.

그러면, 실제로 과학 디지털교과서에서는 어떤 자료들을 얼마나, 그리고 어떻게 제공하고 있을까? 김노아 등(2018)은 과학 현상이나 개념들이 글이나 그림, 사진이나 그래프 등을 통해 표현된다는 점에 주목하여, 디지털교과서와 서책형교과서에 제시된 교수·학습 자료들을 표상(representation)이라는 관점에서 분석하였다. 2015 개정 교육과정의 중학교 1학년 과학 '힘' 단원을 분석한 결과, 디지털교과서에 제시된 표상의 개수는 292개인 반면 서책형교과서에서는 204개로서, 디지털교과서에서의 표상이 88개(43.1%) 더 많았다(김노아 등, 2018). 이는 디지털교과서에서는 제공하는 정보의 양이 증가한다는 특징을 잘 보여주는 예이다.

하지만 제공하는 정보의 양보다 중요한 것은 그 제공하는 교수·학습 자료들의 내용이다. 디지털교과서에서 제공하는 교수·학습 자료들이 '어떤' 부분에서 '어떻게' 늘어났는지에 대해 좀 더 자세히 살펴보자. 김노아 등(2018)이 표상을 표현하는 방식(언어적, 시각적, 청각적, 혼합형 표상)과 이러한 표상을 제시하는 방식(정화상, 동화상, 정화상과 동화상)에 따라 비교한 결과를 보면 <표 5.3>과 같다.

표 5.3 2015 개정 교육과정 기반 서책형교과서와 디지털교과서의 외적 표상 비교 결과(김노아 등, 2018)

<table>
<tr><th colspan="2" rowspan="2">기준</th><th colspan="3">전체</th><th colspan="2" rowspan="2">기준</th><th colspan="3">전체</th></tr>
<tr><th>서책형</th><th>디지털</th><th>증감개수</th><th>서책형</th><th>디지털</th><th>증감개수</th></tr>
<tr><td rowspan="4">표현형태※</td><td>언어적 표상</td><td>181</td><td>251</td><td>+70</td><td rowspan="4">제시형태</td><td>정화상</td><td>199</td><td>244</td><td>+45</td></tr>
<tr><td>시각적 표상</td><td>179</td><td>199</td><td>+20</td><td>동화상</td><td>0</td><td>2</td><td>+2</td></tr>
<tr><td>청각적 표상</td><td>0</td><td>18</td><td>+18</td><td rowspan="2">정화상 & 동화상</td><td rowspan="2">0</td><td rowspan="2">46</td><td rowspan="2">+46</td></tr>
<tr><td>혼합형 표상</td><td>0</td><td>26</td><td>+26</td></tr>
</table>

* 표현형태에서 서로 다른 표상이 동시에 활용된 경우, 한 자료가 서로 다른 표상에 중복으로 포함되었다. 예를 들어, 그림과 말로 된 자료의 경우, 언어적 표상 1건, 시각적 표상 1건으로 표기하였다.

<표 5.3>의 결과에서 나타나듯이, 표현 방식에 따라서는 언어적 형태의 정보(언어적 표상)가 서책형교과서 181개, 디지털교과서 251개로 가장 많았다. 특히 서책형교과서와 비교했을 때, 디지털교과서에서는 핵심 과학 용어나 개념에 대한 보충 설명, 심화 자료와 같이 언어적으로 표현된 정보들이 집중적으로 늘어나는 모습을 보였다(김노아 등, 2018). 이에 비해 디지털교과서에서만 제공할 수 있는 시청각자료들은 상대적으로 적게 증가하는 모습을 보였다. 정보를 제시하는 방식에 따른 변화를 살펴보면, 서책형교과서뿐 아니라 디지털교과서에서도 대부분의 정보들은 정지된 형태로 제시되고 있었다.

물론 디지털교과서에 제시된 교수·학습 자료의 특징을 양적인 변화로만 판단할 수는 없을 것이며, 자료들의 교육적 목적이나 초점, 그리고 활용 맥락이 얼마나 적절한지에 대해서도 세밀하게 분석할 필요가 있다. 그럼에도 불구하고 위에서 살펴본 바와 같이 디지털교과서에 추가로 삽입된 자료들이 주로 '언어적 정보'에만 집중되어 있다는 점, 멀티미디어 자료를 충분히 활용할 수 있는 환경임에도 여전히 정지된 화면을 활용한 정보(정화상 244개)가 압도적으로 많다는 점은 주목할 만하다.

이러한 특징은 서책형교과서와 긴밀하게 연계되어 개발되는 국내 디지털교과서의 개발 과정에서 비롯된 것일 수도 있다. 현재 디지털교과서들은 먼저 개발된 서책형교과서의 구성을 따르면서, 추가로 필요한 자료만 부분적으로 삽입하거나 변형하는 방식으로 개발되고 있다(정영식 등, 2016). 이 때문에 디지털교과서의 내용은 서책형교과서와 동일하며, 학습 내용의 배치와 페이지 수까지도 같다. 이처럼 디지털교과서의 내용이 서책형교과서의 프레임에 국한되어 구성되기 때문에, 디지털 학습 환경이 지닌 고유의 강점과 가능성을 충분히 반영하여 구성하지 못하는 것이다(김혜숙 등, 2015).

이처럼 서책형교과서의 틀에 맞춘 디지털교과서가 갖는 구조적 한계를 극복하기 위해 최근, 디지털교과서의 레이아웃에 대한 논의가 이루어지고 있다. 정영식 등(2016)은 서책형교과서의 내용과 편집 형태를 그대로 구현한 '고정형 디지털교과서'와 내용은 준수하되 자유로운 자료 구성과 배치를 제공한 '자유형 디지털교과서'에 대한 전문가 의견을 분석하였다. 이 연구에서 전문가들은 고정형 디지털교과서의 경우 디지털 환경이 갖는 "변화와 신속성을 반영하기 어렵다."(정영식 등, 2016)는 점에서 고정형보다는 자유형 디지털교과서를 선호하였다. 하지만 디지털교과서를 서책형교과서와 별도로 개발하기 위해서는 학습 흐름과 자료들이 유기적으로 구성되어야 한다. 그래야 학습 효과를 볼 수 있다. "제대로 된 자유형 교과서를 구성하지 못한다면, 고정형 디지털교과서보다 못한 결과를 초래"(정영식 등, 2016)할 것이라는 지적도 있었다.

이처럼 서책형교과서의 틀에 맞춘 현 디지털교과서가 갖는 구조적인 한계와 어려움에도 불구하고, 최근 디지털교과서에서 디지털 기술을 적극적으로 활용한 단위 활동들이 개발, 적용되고 있다는 것은 고무적인 일이다. 예를 들어, 2015 개정 교육과정의 초등학교 과학 디지털교과서에서는 가상현실(이하 VR; virtual reality)과 증강현실(이하 AR; augmented reality) 기술을 활용한 탐구 활동을 별도로 제시하였다. '화산 분출물', '화석이 만들어지는 과정', '지구와 달의 모습 비교하기'와 같이 학생들이 경험하기 어려운 주제들을 대상으로 VR이나 AR을 이용한 탐구 활동들이 개발되어 도입되고 있다(<그림 5. 2> 참고).

그림 5.2 과학 디지털교과서에서의 VR(왼쪽), AR(오른쪽) 기술 활용 사례
(교육부·한국교육학술정보원, 2019)

VR, AR 등의 실감형 콘텐츠들은 학생들의 경험과 참여를 확장시킬 수 있다는 점에서 최근 교육적 활용 가능성과 효과가 주목받고 있다(Merchant et al., 2014; Mintz et al., 2001; Shin, 2002). 특히 이러한 기술들을 통해 대상을 입체적으로 살펴볼 수 있기 때문에, 천문학이나 분자 구조 등과 관련한 주제에서 대상의 구조나 관계를 탐구하는 데에 많이 활용되고 있다. 또한 공간 감각과 관련된 과학 개념 학습에서 그 효과가 입증되었다(Dede et al., 1996; Merchant et al., 2014; Mintz et al., 2001). 무엇보다 교실에서 직접 관찰하기 어려운 현상들을 탐색할 수 있다는 것 때문에, 최근에는 국내 교사들도 이와 관련한 기술이나 스마트 기기들을 자발적으로 활용하는 것으로 보고되었다(장진아와 정용재, 2017).

이러한 연구 결과들을 비추어볼 때, VR, AR 등의 기술을 적극적으로 활용한 디지털교과서는 기존의 서책형교과서와 차별화될 뿐만 아니라, 학생들의 개념 이해와 탐구력을 높일 수 있는 질적으로 풍부한 자료가 될 것으로 기대된다. 실제로 디지털교과서에 VR · AR 기술을 적용한 콘텐츠 개발 및 적용 방안을 모색하려는 노력들이 꾸준히 이루어지고 있는 바(정영식과 성영훈, 2017), 이에 대한 논의가 지속적이고 더 구체적으로 진행될 필요가 있다.

지금까지 현 과학 디지털교과서에서 제공하는 교수 · 학습 자료의 특징과 가능성에 대해 살펴보았다. 하지만 풍부한 자료를 제공하는 것과 그것이 실제 수업에서 의미 있게 발현되는 것은 또 다른 문제이다. 양질의 교과서를 개발하는 궁극적인 목적은 실제 교수 · 학습 활동의 개선과 변화에 있다. 이런 점에서 다음 장에서는 디지털교과서가 실제 과학 교수 · 학습 활동에 어떤 변화를 줄 수 있을지에 대해 살펴볼 것이다.

2.3 디지털교과서를 활용한 과학 교수·학습 활동의 실제

학생들은 교사, 친구들, 자료, 교실 환경 등 여러 요인들과 상호작용을 하면서 학습한다(Savery & Duffy, 1995; Jonassen, 2002). 따라서 시공간의 제약을 뛰어넘는 디지털 환경과 인프라를 바탕으로 하여 즉각적이고 풍부한 교수 · 학습 과정의 상호작용을 제공할 수 있다는 것은 디지털교과서의 분명한 강점일 것이다. 윤수경 등(2014)은 디지털교과서에서 제공하는 상호작용의 특성을 '양방향 커뮤니케이션', '동시성', '능동적 제어권'이라는 개념으로 설명하였으며(<표 5.4> 참고), 학습 효과를 높이는 핵심 요인으로 소개하였

표 5.4 디지털교과서에서 제공하는 상호작용 요소 (윤수경 등, 2014)

상호작용 요소	설명
양방향 커뮤니케이션	디지털교과서에서 정보가 양방향으로 흐르는 정도
동시성	디지털교과서에서 일어나는 상호작용의 속도
능동적 제어권	학생이 자발적으로 디지털교과서를 사용하여 상호작용에 영향을 미칠 수 있는 능력

다. 실제로 디지털교과서 개발 과정에서는 교실 내에서 이루어지는 실시간/비실시간 상호작용과 교실 밖에서 이루어지는 전문가와의 상호작용을 지원하기 위한 학습 지원 기능, 그리고 학급 단위 소셜 네트워크 서비스(Social Network Service)인 위두랑[2])과의 연계 활동을 강조해왔다.

하지만 디지털교과서가 시범적으로 개발, 운영된 지 10여 년이 지났음에도, 디지털교과서가 실제 교수・학습 활동과 상호작용 과정에 미치는 영향이나 효과에 대해서는 아직도 의견이 분분하다. 디지털교과서의 실효성에 대하여 상반된 연구 결과들이 보고되는 이유는 무엇일까? 디지털교과서를 활용한 (과학)수업을 분석했던 연구 결과들을 통해 디지털교과서를 활용하는 과정에서 나타났던 효과와 어려움을 함께 살펴보고, 앞으로 해결해야할 과제에 대해 생각해보자.

앞서 소개한 바와 같이 디지털 매체가 갖는 상호작용에서의 특성으로 인해, 디지털교과서를 활용한 수업에서는 교사와 학생, 학생과 학생, 그리고 학생과 학습 콘텐츠 간의 상호작용이 상당히 역동적이고 동시다발적으로 진행될 것으로 기대되며, 이러한 효과는 여러 연구들을 통해 꾸준히 보고되었다(송진여 등, 2017; 윤수경 등, 2014; 최선영과 서정희, 2009). 디지털교과서의 효과성을 보고한 연구들에서는 디지털교과서를 통해 수업시간에 발생하는 상호작용들이 양적, 질적으로 향상되며, 이것이 인지적, 정의적 측면에서 학생들을 향상시킨다고 보고하였다.

2) 학습커뮤니티 위두랑은 디지털교과서와 연계된 학급 단위의 소셜 네트워크 서비스(Social Network Service)이다. 디지털교과서 활용 수업에서 구성원들 간의 실시간 의견 공유, 자료 탑재 및 관리와 협업 활동, 학습 포트폴리오 제작 등을 통해 학생 활동 중심 교실수업을 지원하는 것을 목적으로 한다(교육부, 2018b).

예를 들어, 송진여 등(2017)은 디지털교과서를 활용한 과학 수업에서 발생하는 상호작용을 3가지(학습자-디지털교과서, 학습자-학습자, 학습자-교사)로 유형화하였는데, 디지털교과서 활용 수업모델을 적용한 과학 수업에서의 상호작용 횟수(190회)가 일반 과학 수업에서의 상호작용 횟수(84회)에 비해 두 배 이상 많았다(송진여 등, 2017). 이를 통해 디지털교과서가 학습자의 활발한 참여를 이끌어내고 다양한 상호작용을 일으키는 매개체로서 중요한 역할을 함을 주장하였다.

이처럼 디지털교과서에서 학생들이 경험한 긍정적인 상호작용은 학생들의 학습 태도와 학업능력을 신장시키는 것으로 보고되었다(송진여 등, 2017; 윤수경 등, 2014; 최선영과 서정희, 2009). 송진여 등(2017)은 디지털교과서 활용 수업에 참여한 학생들의 학업성취와 자기주도적 학습 태도가 통계적으로 유의미하게 신장되었음을 보고하였고, 최선영과 서정희(2009)도 과학 디지털교과서를 활용한 학생들이 문제해결 과정에서 콘텐츠와의 의미 있는 상호작용을 통해 과학적 문제해결력이 향상되었음을 보고하였다. 이들은 학생들이 제시된 문제에 맞는 자료를 검색하고 분석하고 정리하는 수업 활동을 통해 문제 상황을 정의하고 파악하는 능력이 발달한다고 보았다(최선영과 서정희, 2009).

주목할 만한 점은 디지털교과서의 긍정적인 효과를 주장한 여러 연구들의 공통적인 결과로서, 다른 교과보다도 '과학' 교과에서의 디지털교과서 활용이 학습 효과가 높았다는 점이다(강보순, 2011; 류지헌과 변호승, 2012). 나아가 디지털 '과학'교과서는 교사와 학생들에게 적합도와 선호도가 가장 높은 교과로 선정되기도 하였다(정광훈 외, 2012; 정영식 등, 2016). 교사와 학생들은 디지털 매체를 통한 멀티미디어 자료들이 학습에 도움을 주고 흥미를 높일 수 있으며, 과학 실험 내용을 자세히 안내해주어 편리하다는 응답을 하였다. 과학 디지털교과서에 대한 높은 기대는 교육적 파급 효과와 영향력을 높여, 디지털교과서를 통해 의미 있는 과학 학습 효과를 가져오고 학습 환경을 조성할 수 있다는 측면에서 긍정적이라고 할 수 있겠다(김노아 등, 2018).

디지털교과서의 효과성과 관련된 또 다른 공통적 연구결과는 학생들의 학업성취 능력에 따라 학습효과가 다르게 나타난다는 것이다. 연구에 따르면, 학업성취 능력이 가장 낮은 학생들이 가장 큰 학습효과를 보았다. 그 이유는 디지털교과서가 본시 학습의 토대가 되는 기초 보충 자료들을 충분히 제공하여 학습 주제를 충분히 탐색할 수 있게 했기 때문이요, 그렇게 함으로써 선수학습 내용을 보완할 수 있는 기회를 제공했기 때문이다(송진여 등, 2017; 최선영과 서정희, 2009).

반면, 과학 디지털교과서가 과학 교수·학습 활동에 별다른 영향을 주지 못하며, 오히려 구성원들 간의 상호작용을 저해할 수 있다는 주장도 있었다(임희준 등, 2014; 임희준과 오필석, 2014). 예를 들어, 임희준 등(2014)은 디지털교과서를 활용했던 초등학생들에 대한 인식 조사에서 디지털교과서의 핵심적 특징 중 하나인 '활발한 상호작용'에 대한 언급이 거의 없었다는 점을 지적하였다. 이는 학생들이 경험한 디지털교과서에서의 상호작용이 기존 서책형교과서와 비교했을 때 큰 변화가 없었다는 점을 반증하는 것이라고 보았다(임희준 등, 2014). 구체적으로, 임희준과 오필석(2014)은 디지털교과서를 활용한 실제 과학 수업의 모습을 분석하였는데, 디지털교과서를 활용한 과학 수업에서 발생하는 상호작용의 양상이나 활동 구조가 기존 과학 수업과 크게 다르지 않다고 분석하였다. 예를 들어, 수업 사례에서 발견된 "동기유발-활동 제시 및 확인-학생 생각 탐색-디지털교과서를 이용한 조별 활동-학급 전체 토론 및 정리"의 활동 흐름은 일반적인 과학 수업의 활동 흐름과 일치했다(임희준과 오필석, 2014).

이와 같은 비판은 다른 교과들에서도 있었다. 디지털교과서는 상호작용을 향상시키지 못하며, 오히려 개별화된 학습 상황을 조장하여 교실 내 상호작용을 더 위축시킬 수 있다는 우려를 제기한 것이다(임정훈, 2010; 임희정, 2011). 이러한 우려의 원인으로서 임정훈(2010)은 디지털교과서를 활용한 수업에서의 상호작용을 "아날로그 상호작용"과 "디지털 상호작용"으로 나누고, 디지털 공간에서의 상호작용에 대한 비중이 높아질수록 아날로그 상호작용, 다시 말해 면대면 상호작용이 줄어들 가능성이 높다고 지적했다. 교수·학습 활동에서는 학습자 간의 다양한 생각을 공유하고 의미있는 지식을 구성할 수 있는 상호작용을 제공해야 하며, 이를 위해서는 구성원들 간의 인지적인 교류를 넘어서 사회적 상호작용과 정서적 유대감이 기반이 되어야 하는데, 아날로그 상호작용이 줄어들면서 학생들의 정서적, 사회적 발달이 제한받게 될 수 있다는 것이다(임유나와 홍후조, 2013; 임정훈, 2010).

특히 어린 아이들의 경우, 발달 단계를 고려했을 때 구체적인 대상과의 상호작용을 통해 직접적인 경험을 갖는 것이 중요하다(임정훈, 2010; 임희준과 오필석, 2014). 같은 맥락에서, 초등학생들의 과학 수업에서는 탐구 대상에 대해 직접 관찰하고 실증적으로 확인해보는 경험이 중요하다(임희준과 오필석, 2014; 장진아와 정용재, 2017). 과학 수업에서 현상에 대한 구체적인 조작 활동(hands-on activities)과 직접적인 상호작용은 현상의 메커니즘을 탐구하는 과학적 실행의 토대가 될 뿐 아니라, 추상적이고 관념적인 과학 개념을 이해하는 데에도 도움이 되기 때문이다. 이에 장진아와 정용재(2017)는 과학 수업에서 디지털 방식과 아날로그 방식의 상호작용이 갖는 장단점을 충분히 고려하고, 도입해야함을 강조하였다.

나아가 임유나와 홍후조(2013)는 아날로그 환경이 제공하는 교육적 가치와 의미에 주목하여, 어려서부터 디지털 환경에 노출되어 디지털 원주민으로 성장하는 아이들에게는 아날로그적인 상호작용과 환경을 의도적으로 제공할 필요가 있음을 주장했다. 이에 디지털교과서를 적용하는 과정에서도 학생의 발달적 특성에 맞는 교육적 방향성을 고려하여, 연령에 따른 교육 환경의 조성, 발달 단계에 따른 교과서의 디지털화 필요 정도를 <그림 5.3>, <그림 5.4>와 같이 제안하였다.

지금까지 살펴본 바와 같이, 디지털교과서에서 제공하는 환경과 상호작용은 여러 가능성과 어려움을 동시에 안고 있다. 특히 학생들의 발달 연령에 따라 디지털 환경이 미칠 영향은 매우 다를 수 있으므로, 그 영향을 학습자의 관점에서 생각해볼 필요가 있겠다.

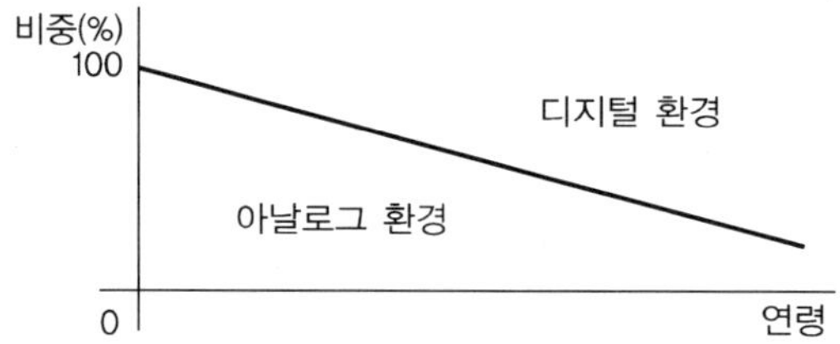

그림 5.3 연령에 따른 적절한 성장 환경(임유나와 홍후조, 2013)

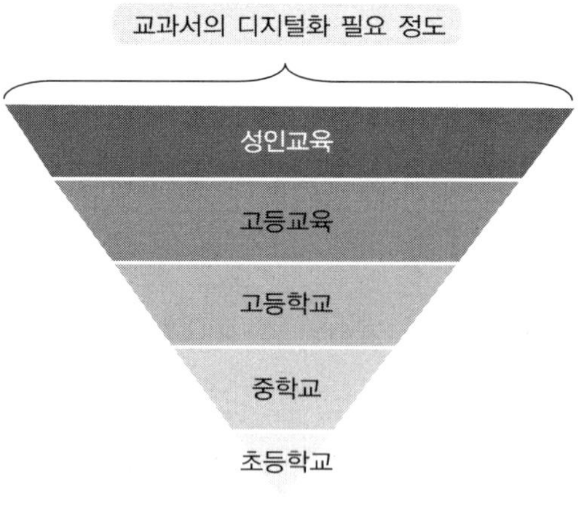

그림 5.4 학생의 발달 단계에 따른 교과서의 디지털화 필요 정도 (임유나와 홍후조, 2013)

이러한 맥락에서 윤수경 등(2014)은 디지털교과서에서 제공하는 기술보다 학생들이 학습 과정에서 실제적으로 '인식하는' 상호작용의 질이 더 중요하다고 하였다. 즉, 의미 있는 교수 · 학습 활동을 하기 위해서는, 학생들이 실제 수업에서 '탄탄한 정서적, 사회적 상호작용'을 토대로 '다양한 생각을 함께 공유하고(양방향성)', '적시에 적절한 피드백을 주고받는(동시성) 상호작용'을 경험할 수 있도록 해야 한다는 것이다.

디지털 환경과 아날로그 환경이 제공할 수 있는 상호작용의 특징은 분명 다르다. 따라서 디지털교과서를 활용한 교수 · 학습 활동을 구성할 때에는 디지털 환경과 아날로그 환경이 가진 강점과 단점을 잘 인식하고, 학습자의 특성에 맞추어 이를 상호보완적으로 조절할 필요가 있겠다. 이를 위하여 다음 장에서는 아날로그 환경과 비교하여, 디지털 환경에서의 과학 학습 활동이 갖는 의미와 변화를 살펴볼 것이다.

2.4 디지털 공간에서 이루어지는 과학탐구가 갖는 변화와 의미

과학 학습 활동의 핵심은 주변에서 일어나는 여러 현상들을 관찰하고, 탐색한 다양한 자료들을 토대로 현상 이면에 담긴 원리나 메커니즘을 탐구하는 것에 있다(Duschl & Grandy, 2008). 과학 교육에서는 지난 수십 년 간, 학생들에게 의미있는 과학탐구 과정을 경험하게 하고자 많은 노력을 기울여왔다. 물론 시대에 따라, 과학탐구(science inquiry), 과학을 한다는 것(doing science), 혹은 과학적 실행(scientific practices) 등과 같이 강조점이 약간씩 달라지고 있지만, 어떤 관점이든 학생들이 탐구할 대상과 어떤 방식으로 상호작용하느냐 하는 것은 매우 중요하다.

디지털 환경을 기반으로 한 AR, VR, 3D 기술들을 가지고 탐구활동을 할 때 학생들은 그 대상들과 어떻게 상호작용을 할까? 디지털교과서에서는 자연이나 생활에서 발생하는 여러 현상들을 AR, VR, 3D 기술들을 활용하여 다양한 방식으로 가공하여 제시한다(<그림 5.5) 참고). 그러한 환경에서 학생들은 구체적인 실물과의 "직접적인 상호작용(임정훈, 2010)"이 아닌 가공된 현상들과 "간접적인 상호작용(임정훈, 2010)"을 하게 된다. 이 장에서는 이와 같이 가공된 현상들과의 간접적인 상호작용이 과학 학습, 특히 과학탐구 과정에서 갖는 의미와 변화에 대해 논의해보자.

과학 지식은 실제 현상들과의 다양한 상호작용을 통해 구성된다(Giere, 1991). Giere (1991)의 모형 <그림 5.5>에서 제시된 바와 같이, 과학적으로 구성된 모델(model)은 실

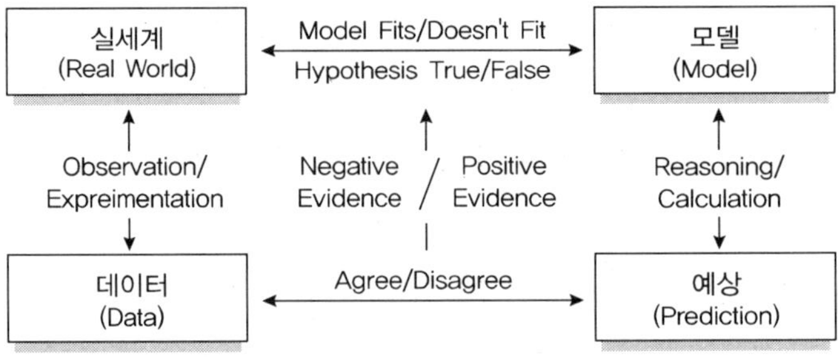

그림 5.5 과학 지식의 발달 과정에서 추론(reasoning), 이론(theory), 논변(argumentation) 사이의 상호작용 모습 (Giere, 1991)

세계에서 일어나는 현상들을 잘 설명해야 하며, 모델의 설명력(예측력)이 과학적인 데이터를 기반으로 입증될 때 인정받는다. 이 때, 활용되는 데이터들은 관찰이나 실험과 같이 실세계와의 물리적인 상호작용을 통해 얻어진다. 이렇듯 과학 지식이 구성되는 과정에는 실세계와의 상호작용이 여러 차원으로 이루어진다. 따라서 탐구 과정에서 학생들이 '어떤' 현상과 '어떻게' 상호작용을 하는가는 매우 중요하다.

그러면 디지털 환경에서 학생들은 현상과 어떻게 상호작용을 할까? 디지털 환경을 기반으로 이루어지는 탐구에서 학생들은 AR, VR, 시뮬레이션 기술로 제시되는 현상들을 통해 자료를 수집하고 모델의 적합성을 판단할 것이다. 디지털 공간에서 제시되는 현상은 특수한 (교육적) 목적에 따라 실제 현상을 재해석하여 구성한 것이기 때문에 실세계에서 일어나는 현상들과는 본질적으로 다르다. 즉, 디지털 공간에서 구성된 세계는 목적에 따라 현상을 재구성하여 표상한 또 다른 '모델'이다. 마찬가지로 디지털 공간에서 수집된 데이터들 역시 실세계에서 수집한 데이터들에 비해 정제된 모습이다(Rutten et al., 2012). 이에 여기에서는 디지털 공간에서 제시된 세계 및 데이터를 Giere(1991)의 본래 모형에 있던 '실세계' 및 '데이터'와 구별하여 <그림 5.6>과 같이 새롭게 제시하였다. 특히 디지털 환경을 기반으로 한 탐구 활동에서는 디지털 공간에서 구성된 세계와 데이터들을 토대로 예상과 추론과 모델 구성 과정이 이루어지기 때문에, <그림 5.6>에서 제시한 '디지털 공간에서 구성된 세계(모델)'와 '디지털 공간에서 수집된 데이터'는 매우 중요한 역할을 하게 된다.

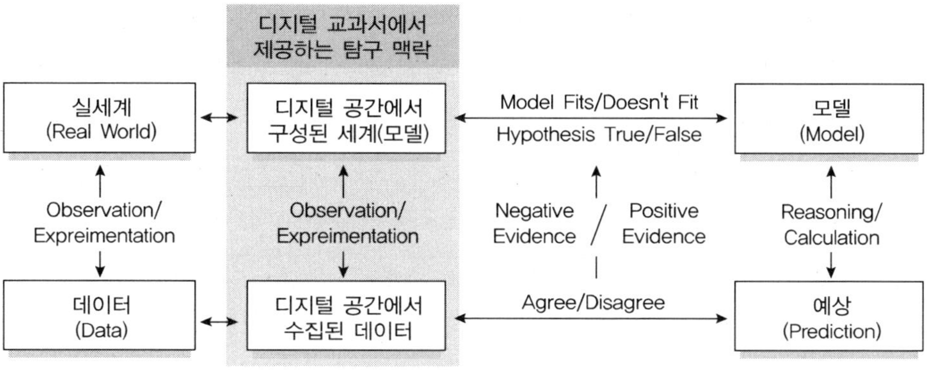

그림 5.6 디지털 공간에서 제시되는 현상과 데이터의 의미와 상호작용

'디지털 공간에서 구성된 세계(모델)'는 실제 현상으로부터 어떤 요소들을 추출하고 추상화하느냐에 따라, 그리고 얼마나 이상화된 상황과 조건을 설정하느냐에 따라 다양한 모습으로 제시될 수 있다. 이에 따라 수집하는 데이터의 특성도 달라진다. 지금까지 이루어진 선행연구들의 결과들을 볼 때(강명희 등, 2011; 이창윤 등, 2018; Milgram & Kishino, 1994), 디지털 공간에서 학생들이 마주하는 현상들은 다양한 모습으로 구성될 수 있다. 여기에서는 <그림 5.7>에 제시된 세 가지 관점을 중심으로 학생들이 디지털 기반 탐구 과정에서 어떤 현상 및 데이터들과 상호작용을 하게 될지 논의할 것이다. 단, 과학탐구에 대한 풍성한 논의를 위해, 디지털교과서에 제시된 탐구 활동 사례 외에도 디지털 기반 탐구 활동 사례들을 제시하여, 교육적 가능성을 폭넓게 살펴보고자 하였다.

첫 번째 관점은 현상에 대한 표상과 관련된 것으로서, 현상을 얼마나 실감나게 혹은

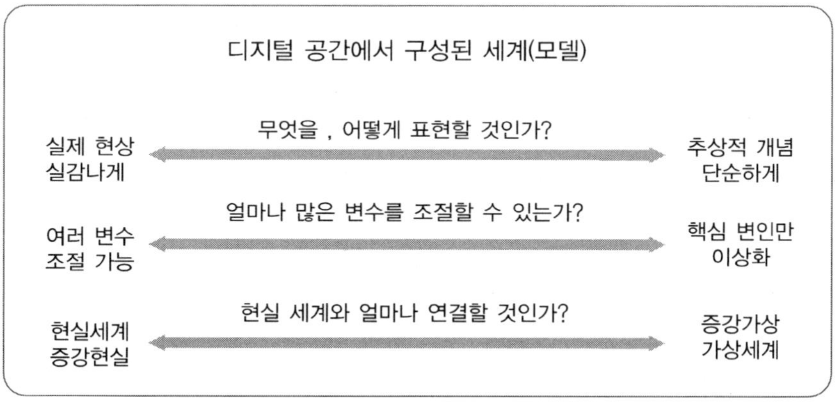

그림 5.7 디지털 공간에서 구성된 세계의 특징

얼마나 추상적으로 표현할까 하는 문제이다. 먼저 현상을 실제적으로 표현하는 경우, 이것은 자연에서 일어나는 역동적인 현상을 최대한 실감나게 표현함으로써, 학생들로 하여금 가능한 한 실제적으로 관찰할 수 있게 도와준다(이창윤 등, 2018). 현 디지털교과서에서도 '핀치새의 부리 모양과 먹이 관계 추리하기', '지구와 달의 모습을 관찰하기', '화산 분출물 관찰하기' 등의 주제에서 VR, AR 기술을 활용하여 현상을 실감나게 표현한 탐구 활동들이 제시되고 있다(<표 5.5> 참고). 학생들은 디지털 공간에서 재현되는 실감나는 현상을 자세히 관찰하고 특성을 기술하는 방식으로 탐구활동을 진행한다. 이러한 활동은 교실에서는 관찰하기 어려운 현상들을 살펴볼 수 있다는 장점이 있지만, 동시에 탐구하는 대상에 대한 좀 더 능동적이고 조작적인 관찰은 어렵다는 제한점도 있다.

반대로 현상을 단순화하거나 추상적 개념으로 나타내는 경우도 많다. 목표로 하는 특정 현상에 초점을 맞추어 부수적인 요소들을 제거하고 단순하게 표현한다든지, '입자의 운동' 같이 눈에 보이지 않는 현상을 추상적인 개념으로 표현하는 것이다. 가장 대표적인 경우가 다양한 시뮬레이션 실험 사례로서, <표 5.5>에서는 고체, 액체, 기체에서의 입자와 입자 운동 같이 비가시적이고 추상적인 개념들을 가시적으로 표현하였다. 이러한 활동을 통해 학생들이 목표로 하는 변인들 사이의 관계를 명확하게 파악하도록 도와준다(Rutten et al., 2012).

표 5.5 현상에 대한 표현 방식에 따른 특징

실제 현상을 실감나게 표현한 사례 (VR 활용)	비가시적인 현상을 표현한 사례 (시뮬레이션 실험 활용)
	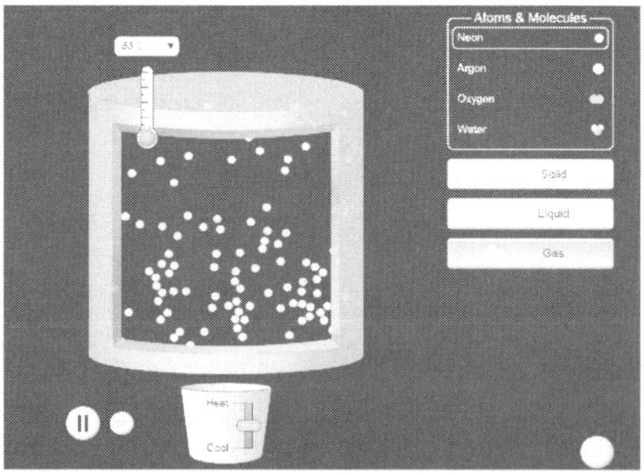
핀치새의 부리 모양과 먹이의 관계 추리하기 탐구활동(초등 과학 4-1 디지털교과서)	물질의 상태에 따른 입자 운동 모습 (PhET의 'States of matter: Basics')

두 번째 관점은 학생들에게 얼마나 다양한 변수를 조절할 수 있도록 할 것인가 하는 문제다. 탐구 과정에 있어서 학생들이 자율적으로 다룰 수 있는 변수들이 얼마나 많은지는 학생의 발달 수준이나 학습 목표에 따라 다르게 설정될 수 있으며. 이에 대해서는 다양한 주장이 있어왔다(Rutten et al., 2012). 가령, 고려해야 할 변수들이 너무 많아 실험 오차가 자주 발생하는 실제 실험에 비해 디지털 공간에서 이루어지는 시뮬레이션 실험은 분명 강점이 있다(Rutten et al., 2012; Sullivan et al., 2017). 이상적인 상황에서 오차 없이 이루어지는 시뮬레이션 실험에서는 불필요한 요인들을 추출하고, 실험 오차를 줄일 수 있으며, 핵심 변수들의 관계만을 효과적으로 보여줄 수 있기 때문에, 이러한 활동들을 통해 학생들은 관련 개념이나 지식을 명확히 얻게 되는 것이다(Sullivan et al., 2017).

그러나 지나치게 이상화된 상황이 자칫 탐구 과정을 단조롭게 하여 다채로운 경험을 못하게 할 뿐 아니라, 실험 오차와 같은 실패로부터 배울 수 있는 기회를 차단한다는 우려도 있었다(이창윤 등, 2018; Balamuralithara & Woods, 2009). 이에 시뮬레이션 실험에서도 가능한 다양한 변수들을 조절할 수 있도록 설정하여, 학생들에게 탐구 과정에 대한 의사결정의 기회를 늘려서 능동적인 참여를 독려해야 한다는 주장이 있었다(강명희 등, 2011; 이창윤 등, 2018). 아래 <표 5.6>에 제시된 바와 같이, 현재 디지털교과서에서도 다양한 시뮬레이션 실험들이 활용되고 있으며, 학년이나 학습 주제에 따라 조절할 수 있는 변인의 개수가 다르다. 이처럼 디지털 기반 탐구에서는 학생들이 수집할 수 있는 데이터의 종류와 양, 그리고 탐구의 개방도가 개발자가 지정한 경로에 따라 결정된다.

표 5.6 조절 가능한 변수에 따른 특징

1개 변인(광원의 위치) 조절	2개 변인(행성, 물체) 조절
 그림자의 크기 변화시키기 탐구 활동 (초등과학 4-2 디지털교과서)	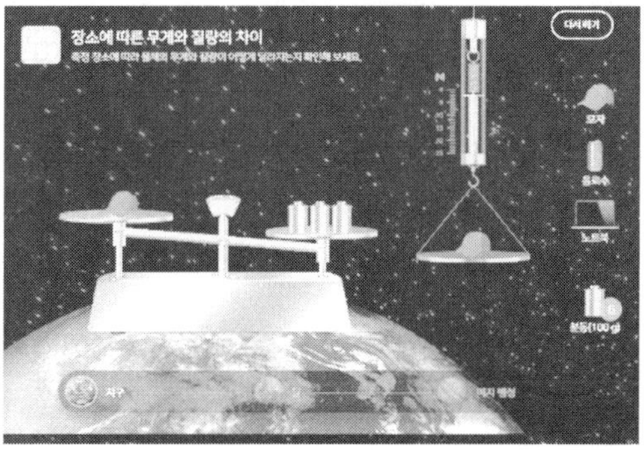 장소에 따른 무게와 질량의 차이 탐구 활동 (중학교 1학년 ㈜천재교과서 디지털교과서)

다양한 변인(물체, 전압 크기, 저항의 크기 등) 조절

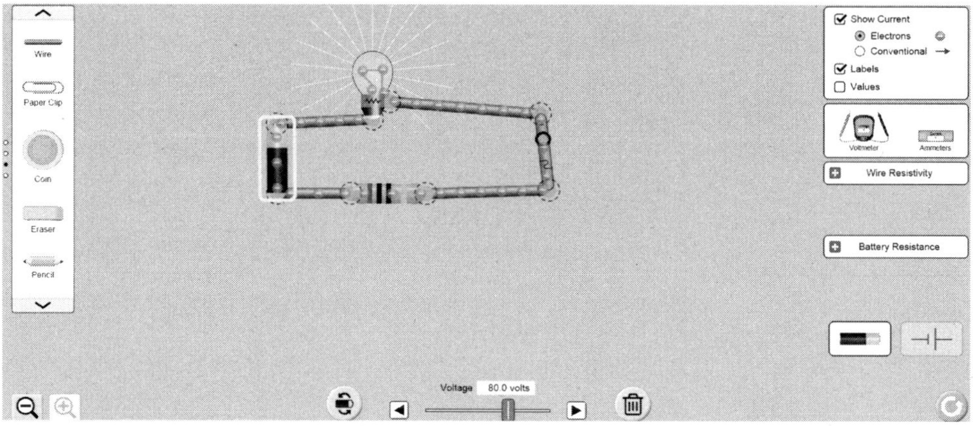

전기회로 구성하기 탐구 활동 (PhET: Circuit Construction Kit: DC)

세 번째 관점은 현실 세계와 디지털 공간 사이의 연결 정도에 따른 구분이다. 실제 세계와 가상 세계 사이에 얼마나 많은 가상 공간이 있느냐에 따라 <그림 5.8>과 같이 현실에 가까울 수도 있고, 가상 세계에 가까울 수도 있다(Milgram & Kishino, 1994). 예를 들어, 최근 활용이 증가하고 있는 AR 같은 기술은 실제 관찰되는 현실 세계에 가상의 대상이 부가적으로 나타나게 되어, 제시되는 정보들이 현실 세계와 연결되는 특성이 있다(Milgram & Kishino, 1994). AV(Augmented Virtuality)는 가상세계에 현실적인 면을 강화한 것이며, VR이나 시뮬레이션 실험 같은 경우는 현실 세계와 독립된 가상 세계에서 이루어지는 것이다.

과학 수업에서도 현실 세계와 가상 세계가 연결된 혼합 현실의 형태로 현상과의 상호작용이 이루어질 수 있다면, 좀 더 다양한 형태의 탐구 활동들이 이루어질 수 있을 것으로 기대된다. 현재 현실 세계와 가상 세계가 연결된 형태의 활동은 AR을 활용하여 AR 마커와 스마트 기기 간의 상호작용만 이루어지는 활동들이 대부분이다. 하지만 혼합 현

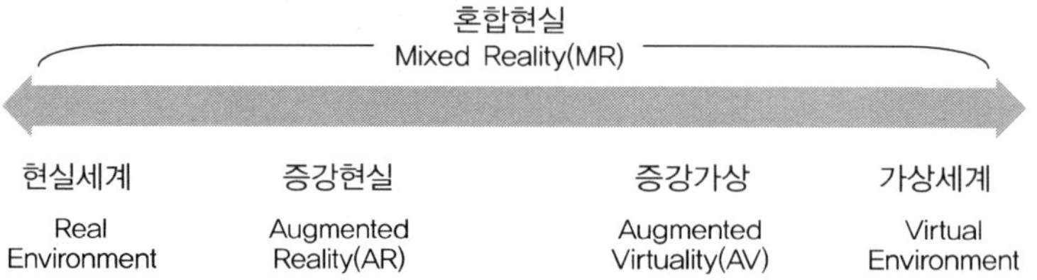

그림 5.8 현실과 가상 세계의 연속성(Milgram & Kishino, 1994)

실을 활용한 적극적인 기술이 도입되어, <표 5.7>의 사례 2에 제시된 것과 같이 매체와 개별 학생의 상호작용뿐 아니라 학생들 간의 상호작용도 자유롭게 이루어질 수 있다면, 사회적 상호작용이 강조된 풍성한 디지털 기반 탐구 활동과 학습 효과를 얻을 수 있을 것으로 기대된다.

요컨대, 디지털 공간에서 이루어지는 과학탐구는 실제 현상들을 가공하여 재구성된 것이기 때문에 개발 의도와 목적을 넘어서기 어려우며, 개발 과정에서 이미 정해진 경로에 따라 진행되는 경우가 대부분이다(Rutten et al., 2012). 따라서 디지털 기반 탐구 활동은 단기적으로 개별 탐구활동이 지닌 목적을 실현하기에는 효과적일 수 있으나, '현상과의 다양한 상호작용을 통해 과학 지식을 구성해나가는' 탐구 본연의 목적을 실현하기에는 제한적일 수 있다. 그럼에도 불구하고, 실제 탐구 활동과 비교해서 디지털 기반으로 이루어지는 탐구 활동이 갖는 강점과 효과를 고려할 때, 학습자의 발달 수준 및 교실 수업 상황에 따라 디지털 방식과 아날로그 방식의 탐구를 적절히 융합하여 활용할 필요가 있다(Sullivan et al., 2017).

이에 디지털교과서 활용 과학수업에서 디지털 방식과 아날로그 방식을 적절히 융합한, 의미 있는 과학탐구를 실행하기 위해서는, 실제 교수·학습 과정에서 스마트한 기술과 디지털 환경을 교실 학습 상황에 적합하게 융합할 수 있는 "스마트한 교사(임희준과 오필석, 2014)"의 역할이 가장 중요하다. 디지털교과서에서 제공하는 효율적인 디지털 환경과 여러 멀티미디어 자료들을 학생들의 단기적, 중장기적 성장에 보탬이 되는 방향으

표 5.7 현실 세계와 디지털 공간의 연결 정도에 따른 특징

현실과 디지털 공간 연결 사례 1	현실과 디지털 공간 연결 사례 2
 (교육부·한국학술교육학술정보원, 2019)	

로 유의미하게 재구조화하고, 이를 적시에 활용해야 하기 때문이다(임희준과 오필석, 2014). 그러한 활용을 이끌어내는 것은 개발자를 넘어서는 교사의 역량이요, 전문성일 것이다.

이러한 맥락에서 지난 10년 간, 디지털교과서에 대한 관심의 축이 디지털 콘텐츠에 초점을 맞추어 무엇을 어떻게 담아낼지에 대한 고민에 있었다면, 이제는 '적용과 활용'의 맥락에도 함께 관심을 둘 필요가 있겠다. 어떤 좋은 자료들도 교사의 질을 넘어설 수 없듯이, 디지털 환경과 스마트 기기, 디지털교과서의 콘텐츠들을 유의미하게 담아낼 교사들의 역량과 전문성에 대한 관심이 필요한 시점이다.

3. 디지털교과서, 무엇을 바꿀 수 있는가?: 기대되는 역할

3.1 디지털교과서의 사회적 기능과 역할

지금까지 디지털교과서에서 제공하는 여러 기능으로서, 온라인 기반 멀티미디어 자료와 실시간 상호작용 같은 기능들이 과학 교수·학습에서 어떻게 실현될 수 있는지, 또 그러한 기능들이 갖는 교육적 가능성과 의미에 대해 논의하였다. 이 장의 서두에서 논의한 바와 같이, 교과서에는 학문적 가치뿐 아니라 사회적 가치와 요구도 반영된다 (English, 1980). 따라서 교과서는 학생의 학문적 성장을 도울 뿐 아니라 사회적 요구에 부응하는 역할도 해야 한다. 이를 고려하여, 여기에서는 디지털교과서가 갖는 사회적 기능과 역할에 대해 살펴보고자 한다.

최근 디지털교과서와 관련하여 주목받는 사회적 기능 중 하나는, 일반 학생들에 대한 개별화 학습을 넘어서서 다양한 요구와 특성을 지닌 학습자를 포괄할 수 있다는 것이다 (Casper & Leuchovius, 2005; Rose & Meyer, 2002). 여기에서 다양한 요구를 지닌 학습자란, 신체적 장애를 지닌 학생, 다문화 가정 학생, 장기입원이나 치료로 학교 교육에 결손이 있는 학생 등을 의미하며, 이들의 학습 결손을 보완해줄 수 있는 방향으로 디지털교과서를 활용하자는 것이다.

가장 대표적인 사례로서, 장애 학생들을 위해 디지털미디어 기술을 활용하는 보편적 학습설계(Universal design for learning: UDL) 이론을 들 수 있겠다(Rose & Meyer, 2002). 가령, 시각 장애나 청각 장애가 있는 학생들을 위해 동일한 내용을 다양한 방식으로 제시하거나, 참여 및 표현 방법을 위한 선택권을 폭넓게 제공하는 것이다(최정임과 신남수, 2009; Rose & Meyer, 2002). 최근 미국에서도 디지털교과서 개발을 위한 방향으로서 보편적 학습설계가 주목받고 있으며(Casper & Leuchovius, 2005), 국내에서도 이를 활용한 디지털교과서 개발 방향이 구체적으로 논의되고 있다(서정희 등, 2011; 최정임과 신남수, 2009).

디지털교과서의 확장적 기능을 활용한 학습설계는 장애 학생들 외에도 학습 결손이 있는 일반 학생을 위한 실질적인 지원 방안으로 이어지고 있다. 구체적인 예들을 살펴보면, 인천신광초등학교에서는 장기입원이나 치료로 학교 교육의 결손이 있는 학생들을 위하여 '디지털교과서 병원학교'를 운영하여, 수업 결손을 보완하고 학습자의 만족도를 높일 수 있었다(김회수 등, 2012). 또한 한국어와 한국 문화가 익숙하지 않은 다문화 학생들을 위하여 모국어 관련 지원을 제공하거나, 어려운 용어에 대한 검색 기능, 언어가 아닌 시청각 자료를 통한 직관적인 이해 증진 방안들이 과학 디지털교과서를 중심으로 탐색되기도 하였다(강다연 등, 2018),

위와 같은 교육 지원 사례들은 특히 다양성이 증가하는 최근 한국 사회의 사회적 변화와 요구를 반영한 디지털교과서의 새로운 사회적 기능이라고 볼 수 있겠다. 디지털교과서의 확장된 기능은 단순히 개별 학생들의 학습을 지원하는 것을 넘어서서, 넓게는 더 많은 학생들의 학습 기회를 보장하고(강다연 등, 2018), 사회적으로 균등하고 형평성 있는 교육적 기회 제공의 통로를 마련할 수 있다는 점에서 중요하다 하겠다.

3.2 디지털교과서와 미래 교육

미래의 (과학) 교실은 어떤 모습일까? 미래 교실의 모습을 구체적으로 상상하기는 어렵지만, 미래 사회의 변화에 부응하는 교육은 온라인과 테크놀로지를 통한 시공간의 확장을 토대로, 기존의 교실과 학교 테두리를 넘어선 확장된 교육 방법과 학습 환경이 조성될 것으로 기대된다(Anderson, 2008). 학습 내용 측면에서도 화석화된 지식 체계를 전달하는 것이 아니라, 실제로 우리가 마주하는 삶과 연결된 문제들을 실질적으로 해결할 수 있는 학습이 이루어져야 한다. 그렇게 되면 확장된 미래 과학 학습을 예측해 볼 때, 지역 중심의 과학 문제들을 지역 과학 전문가들과 함께 디지털 기반의 상호작용을 통해 해결해나가는 온라인 과학 학습이 이루어질 수도 있고, 서로 다른 지역의 지형이나 기후,

생명 현상과 관련된 정보를 여러 지역의 학습자들이 실시간으로 공유하는 형태의 과학 학습도 이루어질 수 있을 것이다(장진아 등, 2018).

미래 교육에서 기대되는 다차원적인 확장성과 변화들을 고려해보면, 정해진 학습 방법과 내용들만을 잘 정리해놓은 '교과서'는 어쩌면 구시대적 산물로 해석될 수도 있을 것이다. 무수한 정보들 속에서 문제 해결에 필요한 자료를 효과적으로 수집, 선택, 활용하는 역량이 강조되는 앞으로의 사회에서(Erstad, 2010), 잘 정리해놓은 지식 체계로서의 교과서가 갖는 교육적 의미와 역할은 과거에 비해 상대적으로 미약할 수 있기 때문이다.

이에 디지털교과서가 진정한 미래 교육의 발판이 되기 위해서는 디지털 '교과서' 이기보다는, '디지털' 교과서라는 점에 좀 더 주목할 필요가 있겠다. 즉, '교과서'라는 틀에서 벗어나, 디지털 공간을 기반으로 이루어지는 여러 학습 모듈과 역동적인 상호작용을 적극적으로 접목시키는 것이다. 예를 들어, 온라인에서의 질 좋은 자료들을 디지털교과서와 연동하여 학습에 활용해볼 수 있겠다. 구체적인 사례로서, 전 세계의 날씨 및 기후 현황을 전지구적 규모로 실시간 제공하는 Earth Nullschool(참고: http://earth.nullschool.net) 같은 빅 데이터(big data)들을 디지털교과서와 연동하여 활용한다면, 유의미한 학습 기회를 이끌어낼 수 있을 것으로 기대된다.

비슷한 맥락에서, 상호작용의 측면에서도 '디지털' 기능을 적극 활용하는 방안을 생각해볼 수 있다. 기존 디지털교과서에서는 레이아웃이 고정되어, 학생 의견을 입력하는 즉시 공유하거나, 학생들의 응답 분포를 즉각적으로 파악할 수 있는 등 디지털 기능을 적극 활용한 상호작용이 제한적이다. 의견 공유 및 자료 탑재 기능은 연계 프로그램인 '위두랑'을 통해서만 간접적으로 제공되고 있다. 만약, 의견 공유나 피드백 시스템이 좀 더 즉각적으로 이루어질 수 있다면, 학생들의 참여를 이끌어내는 데 효과적일 것이다.

특히 과학수업의 대부분을 '참여적 침묵[3]' 형태로 참여하는 한국(나아가 동아시아) 학생의 특성을 고려할 때(최준영 등, 2015), 디지털 기능의 확장은 참여적 침묵 속에 감추어져 있는 학생들의 여러 생각과 고민들을 드러내어, 그들의 참여를 촉진시켜줄 것이다.

---

3) 한국 학생들의 과학수업 행동적 참여 유형 중 하나로서, 경청하기, 주의 집중하기, 관찰하기 등의 행동을 의미한다. '참여적 침묵' 외에도, 과학수업 행동적 참여 유형으로는 '참여적 발화', '비참여적 발화', '비참여적 침묵'이 있으며, 학생들은 수업 중에 '참여적 침묵'을 가장 많이 하는 것으로 보고되었다(최준영 등, 2015),

최근 이루어지고 있는 자유형 디지털교과서, 교사용 디지털교과서에 대한 논의(정영식 등, 2016)는 이러한 확장을 위한 단초가 될 것으로 기대된다.

하지만 이러한 확장을 이끌어내기 위해서는 디지털교과서를 어떻게 또 무엇을 위해 활용할 것인지에 대해 충분한 합의와 준비가 필요할 것으로 판단된다. 먼저, 디지털교과서가 갖는 위상이나 역할에 대한 사회적 합의가 선행되어야 한다. 가령, 디지털교과서를 학교에서의 교실 수업을 위한 근간이자 자료로 전제할 수도 있고, 학생들의 자기주도적인 학습을 위한 하나의 완결된 학습 체제로 지향할 수도 있다(임희준과 오필석, 2014). 다문화 학생, 장기 결석 및 장애 학생을 위한 학습결손 보완책으로 논의되기도 했다. 이처럼 디지털교과서의 목적과 역할을 무엇에 두느냐에 따라 디지털교과서의 구성과 기능 설정이 달라질 수 있기 때문에, 이에 대한 합의와 조율이 반드시 필요한 것이다.

나아가 디지털교과서의 실질적인 활용 측면에서, 디지털교과서의 구성에 대한 고민과 함께 디지털교과서를 활용하는 교사의 전문성 향상을 위한 고민과 관심이 수반되어야 한다. 특히 교사의 전문성에 대해서는 이 장에서 논의한 바와 같이, 디지털교과서 자체에 대한 이해를 넘어서 디지털-아날로그 학습 방식의 차이, 또 이러한 차이를 고려한 학습자들의 연령별 특징, 나아가 미래 교육의 가치와 지향점에 대한 이해 등이 다차원적으로 다루어질 필요가 있다(나지연과 송진웅, 2014). 이러한 고민과 노력들을 통해, 디지털교과서가 단순히 교실 수업을 위한 자료를 넘어서 초연결 시대에 부응하는, '세상과 교실을 연결 짓는' 매체로서의 역할, 또 미래 교육을 실현하기 위한 실질적인 역할을 수행하길 기대한다.

참고문헌

강다연, 장진아, 마틴산야 (2018). 다문화학생들을 위한 과학디지털교과서 구성 원리의 제안 및 교과서 사례 탐색: 초등학교 3-4학년 교과서를 중심으로. 학습자중심교과교육연구, 18(12), 315-344.

강명희, 이지은, 김민정, 윤나라 (2011). 수학 디지털교과서 활용 수업성과에 대한 정보리터러시와 학업적 자기효능감의 예측력과 인지적 실재감의 매개효과 검증. 교육방법연구, 23, 127-150.

강보순 (2011). 저시력학생의 과학과 디지털교과서 멀티미디어 자료 접근성과 수업만족도 분석. 시각장애연구, 27(2), 107-132.

교육과학기술부 (2011). 인재대국으로 가는 길. 스마트교육 추진 전략.

교육부 (2013). '13년 디지털교과서 개발 및 적용 방안 발표: '14학년도 중 1학년 · 초 3~4학년 사회 · 과학 시범 적용. 2013년 8월 14일 보도자료.

교육부 (2018a). 미래교육의 첫발, 디지털교과서와 소프트웨어교육 실시. 2018년 4월 2일 보도자료.

교육부 (2018b). 초등학교 교사를 위한 디지털교과서 활용 가이드. 대구: 한국교육학술정보원.

교육부, 한국교육학술정보원 (2019). 초 3 · 4 디지털교과서 연계 실감형 콘텐츠 활용 안내(1학기). 대구: 한국교육학술정보원.

곽병선, 강숙희, 김성은 (1997). 전자교과서 개발 방안 연구 (I), 서울: 한국교과서연구소.

구덕회 (2018). 디지털교과서 활용 일반화를 위한 개선방안 연구. 서울교육대학교 한국초등교육, 29(2), 81-91.

김노아, 장진아, 송진웅 (2018). 서책형교과서와 디지털교과서에 제시된 외적 표상의 특징 비교: 2009 및 2015 개정 교육과정의 중학교 '힘' 관련 단원을 중심으로. 현장과학교육, 12(3), 309-330.

김민희 (2013). 2020년까지 전 세계 디지털교과서 시장 700억달러. 주간조선. 2272호, 2013.09.02.

김보선, 유지선 (2015). 2015년 교육정보화 글로벌 동향. 대구: 한국교육학술정보원.

김혜숙, 이미미, 조경철 (2015). 디지털교과서의 구조도 및 기능별 구현 양상 분석 연구. 학습자중심교과교육연구, 15(11), 427-459.

김회수, 임병노, 임정훈, 김세리, 박인우, 김희배, 박선아 (2012). 2011년 디지털교과서 효과성 측정 연구. 연구보고 CR 2012-2. 서울: 한국교육학술정보원.

나지연, 송진웅 (2014). 테크놀로지 도입에 대한 과학교육학 연구동향의 분석 및 과학교사의 테크놀로지 활용 교수내용지식(TPCK)을 위한 시사점. 교사교육연구, 53(3), 511-524.

류지헌, 변호승 (2012). 초등학교 디지털교과서의 과목별 적용효과와 성별에 따른 차이효과에 대한 잠재평균비교. 교육방법연구, 24, 617-636.

박진용, 권영락, 김정효, 이동엽 (2014). 미래 사회 교육 환경 변화에 따른 교과서 발전 방안. 연구보고 RRT 2014-4. 서울: 한국교육과정평가원.

서정희, 성정희, 구양미 (2011). 보편적 학습 설계의 관점에서 초등학교 4학년 과학 디지털 교과서 분석. 초등과학교육, 30(4), 442-458.

송진여, 손준호, 정지현, 김종희 (2017). 초등 과학 수업에서 디지털교과서 활용 수업모형 개발 및 효과. 대한지구과학교육학회지, 10(3), 262-277.

양미경 (1998). 교과서 구성의 문제와 발전과제. 교육과정연구, 16(1), 85-123.

윤수경, 김명지, 최준호 (2014). 디지털교과서의 상호작용성이 학습태도에 미치는 영향: 태블릿 PC 기반의 사회와 과학 디지털교과서를 중심으로. 한국콘텐츠학회논문지, 14(2), 205-222.

이경아 (2016). 디지털교과서 전면 도입의 문제점과 개선 방안. 민주정책연구원. 이슈브리핑 29호, 2016.10.04.

이종국 (2013). 한국의 교과서 평설. 서울: 일진사.

이창윤, 박철규, 홍훈기 (2018). Flash 와 Actionscript 3.0 을 이용한 과학 시뮬레이션 앱의 디자인 및 효과-중학교 과학 '물질의 구성'단원을 중심으로. 한국과학교육학회지, 38(4), 527-539.

임유나, 홍후조 (2013). 종이교과서에서 디지털교과서로의 단계적 발전 방안에 대한 시론. 교육학연구, 51(2), 1-36.

임정훈 (2010). 초등학교에서의 디지털교과서 활용 수업: 쟁점과 과제. 교육실천연구, 9(1), 87-114.

임희정 (2011). 구성주의와 상호작용 이론 측면에서 초등 수준별 디지털 영어교과서 연구. 초등영어교육, 17(1), 253-271.

임희준, 오필석 (2014). 디지털교과서를 활용한 초등 과학 수업에 대한 비평적접근. 과학교육연구지, 38(2), 270-285.

임희준, 오필석, 권경필, 신영준, 안성훈, 김종민, 박순홍 (2014). 과학 디지털교과서 활용에 대한 초등학생들의 인식. 초등과학교육학회지, 33(4), 795-805.

장진아, 송진웅, 정용재 (2018). "온라인 학습 공동체" 관련 국내 연구동향 분석. 교과교육학연구, 22, 274-291.

장진아, 정용재 (2017). 스마트 기기 도입이 과학탐구 활동을 어떻게 변화시킬 것인가?: 교육대학원 초등과학 전공 교사의 인식 사례를 중심으로. 한국과학교육학회지, 37(2), 359-370.

정광훈, 안성훈, 노정민 (2012). 디지털교과서 개발 방향 정립을 위한 조사 분석. 서울: 한국교육학술정보원.

정영식, 성영훈 (2017). 미래형 디지털교과서 구현 방안 연구. 연구보고 CR 2017-4. 대구: 한국교육학술정보원.

정영식, 주형미, 권숙진, 한재훈, 이윤정 (2016). 2015 개정 교육과정 대비 디지털교과서 개발 방법 연구. 연구보고 CR 2016-5. 대구: 한국교육학술정보원.

조규복 (2016). 해외의 디지털교과서 추진, 어디까지 왔나. http://happyedu.moe.go.kr/happy/bbs/selectHappyArticle.do?nttId=6699&bbsId=BBSMSTR_000000000216

최선영, 서정희 (2009). 초등과학 디지털 교과서 활용이 학생들의 과학적 문제 해결력에 미치는 영향. 초등과학교육, 28(2), 132-141.

최정임, 신남수 (2009). 보편적 학습설계(UDL)를 반영한 디지털 교과서 설계 원리. 교육공학연구, 25(1), 29-59.

최준영, 나지연, 송진웅 (2015). 과학수업에서 나타나는 학생들의 행동적 참여 분석을 위한 영상 분석 도구의 개발. 한국과학교육학회지, 35(2), 247-258.

Anderson, T. (Ed.) (2008). The theory and practice of online learning. Edmonton: AU Press.

Balamuralithara, B., & Woods, P. C. (2009). Virtual laboratories in engineering education: The simulation lab and remote lab. Computer Applications in Engineering Education, 17(1), 108-118.

Casper, B., & Leuchovius, D. (2005). Universal design for learning and the transition to a more challenging academic curriculum: Making it in middle school and beyond. Parent Brief, 1-6.

Dede, C., Salzman, M. C., & Loftin, R. B. (1996). Science Space: Virtual realities for learning complex and abstract scientific concepts. In Proceedings of the IEEE 1996 Virtual Reality Annual International Symposium (pp. 246-252). New York, NY: IEEE Press.

Duschl, R. A., & Grandy, R. E. (2008). Reconsidering the character and role of inquiry in school science: Framing the debates. Teaching scientific inquiry: Recommendations for research and implementation, 1-37.

English, R. (1980). The politics of textbook adoption. The Phi Delta Kappan, 62(4), 275-278.

Erstad, O. (2010). The assessment and teaching of 21st century skills project Nordic Journal of Digital Literacy, 4(03-04), 204-211.

Giere, R. N. (1991). Understanding scientific reasoning (3rd ed.). Fort Worth, TX: Harcourt Brace Jovanovich.

Jonassen, D. H. (2002). Learning as activity. Educational Technology, 42(2), 45-51.

Kodaira, S., & Watanabe, S. (2013). The Diversifying Media Environment of Japanese Classrooms and Educational Content: From the 2012 school broadcast utilization survey. Retrieved from https://www.nhk.or.jp/ bunken/english/reports/pdf/report_13101001.pdf.

Lau, K. H., Lam, T., Kam, B. H., Nkhoma, M., Richardson, J., & Thomas, S. (2018). The role of textbook learning resources in e-learning: A taxonomic study. Computers & Education, 118, 10-24.

Mardis, M., & Everhart, N. (2013). From paper to pixel: The promise and challenges of digital textbooks for K-12 schools. In M. Orey, S. Jones, and R. Branch (Eds.), Educational media and technology yearbook (pp. 93-118). NY: Springer.

Merchant, Z., Goetz, E. T., Cifuentes, L., Keeney-Kennicutt, W., & Davis, T. J. (2014). Effectiveness of virtual reality-based instruction on students' learning outcomes in K-12 and higher education: A meta-analysis. Computers & Education, 70, 29-40.

Milgram, P. & Kishino, F. (1994). A taxonomy of mixed reality visual displays. IEICE Transactions on information and Systems, E77-D(12), 1321-1329.

Mintz, R., Litvak, S., & Yair, Y. (2001). 3D-virtual reality in science education: An implication for astronomy teaching. Journal of Computers in Mathematics and Science Teaching, 20(3), 293-305.

Savery, J. R., & Duffy, T. M. (1995). Problem based learning: An instructional model and its constructivist framework. Educational technology, 35(5), 31-38.

Sullivan, S., Gnesdilow, D., Puntambekar, S., & Kim, J. S. (2017). Middle school students' learning of mechanics concepts through engagement in different sequences of physical and virtual experiments. International Journal of Science Education, 39(12), 1573-1600.

Shin, Y. S. (2002). Virtual reality simulations in web based science education. Computer Applications in Engineering Education, 10(1), 18-25.

Railean, E. (Ed.). (2015). Psychological and pedagogical considerations in digital textbook use and development (1st ed.). Hershey, PA: Information Science Reference, an imprint of IGI Global.

Rose, D. H., & Meyer, A. (2002). Teaching every student in the digital age: Universal design for learning. Alexandria: Association for Supervision and Curriculum Development.

Rutten, N., Van Joolingen, W. R., & Van Der Veen, J. T. (2012). The learning effects of computer simulations in science education. Computers & Education, 58(1), 136-153.

Wu, Y., Lin, L., Ma, X., & Zhu, Z. (2013). Research on the e-textbook and e-schoolbag in China: Constructing an ecosystem of e-textbook and e-schoolbag. In Proceedings of IADIS International Conference on Cognition and Exploratory Learning in Digital Age (CELDA 2013) (pp. 225-232.). Fort Worth, TX: International Association for Development of the Information Society.

06

ICT 시대의 교사 전문성: 테크놀로지 활용 교수내용지식(TPACK)

나 지 연(춘천교대)

오늘날 세계는 정보통신기술의 발달과 함께 급속하게 변하고 있다. 이러한 변화에 발맞추어 교육도 변해야 한다고 요구받고 있다. 그런데 교육이 변하기 위해서는 교사의 변화가 필수적이다. 21세기 사회 변화와 함께 교사의 전문성이 논의되고 있는데, 그 흐름 중 하나가 바로 TPACK(Technology, Pedagogy, and Content Knowledge: 테크놀로지 활용 교수내용지식)이다. 이 장에서는 TPACK의 개념과 교사의 TPACK 발달에 대해 알아보고, TPACK을 평가하는 방법과 테크놀로지 활용 수업 평가 방법에 대해 살펴본다. 이러한 내용들을 바탕으로 하여 교사 재교육과 예비 교사 양성을 위한 방향을 제안한다.

1. 21세기 사회변화와 대안적 교수법의 등장

세상은 끊임없이 변한다. 그리고 인간은 그 변화에 적응하며, 때로는 그 변화를 이끌어왔다. 초기 인류는 수렵과 채집 생활에서 벗어나 농사를 짓고 가축을 키웠다. 근대에는 증기기관이 등장했고, 현대에는 인터넷이 등장하여 발달했다. 이 모든 변화에도 인간은 스스로 적응하면서 새로운 발전의 토대로 삼았다. 그러나 지금 우리는 인류가 이제까지 경험해 보지 못한 변화의 시작점에 서 있다. 속도와 방향을 가늠하기 어려울 정도로 큰 변화의 시기를 마주하게 되었다(UBS, 2016). 인공지능, 로봇공학, 나노물질, 신경공학, 가상현실, 증강현실 등의 기술이 산업 전반에 사용되는 '4차 산업혁명' 시대(World

Economic Forum, 2017)와 시간과 공간의 제약이 극복된 '초연결 사회'의 시작점에 서 있는 것이다(유영성과 최민석, 2014).

4차 산업혁명과 초연결 사회의 시작은 산업과 직업 세계에 커다란 변화를 가져왔다. 기계가 인간의 노동력을 대체하는 비율이 점점 높아지고 있으며, 결국엔 이 시대의 많은 직업들이 로봇과 인공지능으로 대체될 것이라는 전망이다(World Economic Forum, 2018). 현존하는 많은 직업들이 사라질 것이며, 미래의 인간은 로봇과 인공지능을 개발하거나 유지·보수하는 일, 창작 활동, 사람의 심리를 다루는 직업 등에 주로 종사하게 될 것이다(이용순, 2017; Frey & Osborne, 2013).

이러한 사회변화는 자연스럽게 교육의 변화를 요구하고 있다. 과거 농경시대에는 조상들로부터 농사짓는 법을 그대로 전수받는 것이 중요했다. 이미 형성된 지식과 전통을 다음 세대가 전달받고 그대로 재현하는 방식의 교육이 이루어진 것이다. 산업시대에는 기계의 부품처럼 대체 가능한 인재를 양성하는 것이 중요했으며, 가능한 한 많은 사람에게 기초 문해력과 산술능력 등을 키우는 교육이 이루어졌다. 이 두 시대에는 지식과 정보를 가진 조상이나 교사가 전달한 내용을 그대로 습득하는 것이 성공적인 학습이었다(Trilling & Fadel, 2009). 그러나 오늘날 우리는 지식이 폭발적으로 증가하는 시대에 살고 있기에, 과거의 지식을 답습하는 것만으로는 이 급변하는 사회에 성공적으로 적응할 수 없게 되었다. World Economic Forum(2016)은 '직업의 미래 보고서(The future of jobs report)'에서 이러한 상황을 다음과 같이 설명하였다.

> "교육 시스템에 대해 다시 생각해야 한다. 현재 초등학교에 입학하는 아동의 약 65%는 아직 존재하지 않는 새로운 직업을 갖게 될 것이다. (중략) 기존 교육 시스템은 20세기의 실행을 반복하고 있다. 이러한 모습을 유지해야 할 정당한 이유는 없다."(World Economic Forum, 2016, p. 32)

이러한 가운데, 산업사회의 대량 생산 방식처럼 표준화되고 정형화된 현재의 교육 방식을 탈피해야 한다는 주장들이 제기되었다. 다양성, 창의성, 유연성을 키우는 교육을 해야 한다는 주장(안종배, 2017)과 더불어, 교육 패러다임 자체를 바꿔야 한다는 제안이 다양하게 제시되었다. 그 중 하나가 바로 '핵심역량'이다. 지식과 정보가 폭발적으로 증가하는 미래 사회에서는 단순히 지식을 획득하고 축적하는 것이 아니라 새로운 지식을 창출할 수 있는 능력, 즉 핵심역량을 키우는 교육이 필요하다는 것이다(이근호 등, 2013).

1997년 시작된 OECD의 ‘DeSeCo(Definition and Selection of Key Competences) 프로젝트’가 그 예이다. DeSeCo는 미래 사회에서 개인이 갖춰야 하는 3대 핵심역량으로 ‘도구의 상호교감적 사용(Use tools interactively)’, ‘이질적 집단에서의 상호작용(Interact in heterogeneous groups)’, ‘자율적 행동(Act autonomously)’을 제시하였다(OECD, 2003). 우리나라의 미래창조과학부(2017) 또한 미래전략보고서에서 ‘3대 미래역량’과 ‘11대 세부역량’을 제시하였는데, <표 6.1>에서 보는 바와 같이 주로 함께 살아가는 것 혹은 기계와 협업하는 데 필요한 역량들로 구성되어 있다. 앞에서 언급한 World Economic Forum(2016)의 ‘직업의 미래 보고서(The future of jobs report)’에서는, 미래에는 단순한 육체적 능력보다 복잡한 문제해결력과 사회적 기술 등이 인간에게 더 많이 필요하다고 하였다. 그렇다면 우리는 무엇을 어떻게 교육해야 할까?

교육과 관련하여 Partnership for 21st Century Learning(이하 P21)은 교사, 교육 전문가 및 비즈니스 지도자들의 의견을 바탕으로 새로운 지원 시스템을 제시하였다. 학생들이 직장에서 혹은 시민으로서 성공적인 삶을 살기 위해서는 어떠한 기술과 지식이 필요한지를 정의하고, 이를 바탕으로 필요한 것들을 지원하는 시스템이다. P21이 제시한 바 21세기가 요구하는 학습자 역량은 ‘학습과 혁신을 위한 기술(Learning and Innovation Skills)’, ‘디지털 소양 기술(Information, Media, and Technology Skills)’, ‘직업 및 생활 기술(Life and Career Skills)’이다. 즉, 기존의 지식 중심 교육에서 탈피하여, 기초적이며

표 6.1 미래역량

3대 미래역량	11대 세부역량
인간 고유의 문제 인식 역량	유연하고 감성적인 인지력 능동적 자료 탐색 및 학습 능력 비판적 상황 해석력
인간 고유의 대안 도출 역량	구조화/설계화된 휴먼 모니터링 능력 유인형 협력 능력 휴먼 클라우드 활용 능력 시스템적 사고 협력적 의사 결정력
기계와의 협력적 소통 역량	디지털 문해력 정교한 첨단기술 조작 역량 휴먼-컴퓨터 조합력

* 출처: 미래창조과학부, 2017, p. 7

핵심이 되는 내용을 습득하고 이와 함께 창의성, 비판적 사고, 의사소통 및 협업 능력 같은 기술을 향상시켜야 한다는 것이다. 또한 풍부한 정보에 접근 가능하고, 정보통신기술의 급속한 변화에 적응할 수 있도록 학생들 스스로 정보, 미디어, 기술 등을 만들고 평가하고 활용할 수 있게 해야 한다고 주장했다. 무엇보다 이러한 역량을 키우기 위하여 교육 환경, 교사 전문성, 교육과정과 수업, 평가 등이 뒷받침되어야 한다고 강조했다. 이러한 변화에 발맞추어 우리나라뿐 아니라 뉴질랜드, 싱가포르 등에서도 교육과정에 핵심역량을 포함시켰다(교육부, 2015; Ministry of Education New Zealand, 2018; Ministry of Education Singapore, 2013). 2014년에 발표한 싱가포르 교육과정의 핵심역량은 '시민 소양, 글로벌 의식 및 다문화 기술(Civic Literacy, Global Awareness and Cross-cultural Skills)'과 '비판적이고 독창적인 사고(Critical and Inventive Thinking)', '정보 통신 기술(Information and Communication Skills)'이다. 우리나라의 미래창조과학부(2017)가 제시한 미래역량과 Partnership for 21st Century Learning이 제시한 21세기 학습자 역량, 그리고 싱가포르 교육과정의 핵심역량을 살펴보면, 공통적으로 '디지털 소양을 갖춘 인재 양성'을 강조한다는 것을 알 수 있다.

한편, 웹 기반 정보통신기술의 발달과 더불어 대안적 교수법이 등장하였다. 인터넷 환경을 기반으로 학습자가 원하는 시간과 장소에서 학습자의 결정에 따라 학습이 가능한 '이러닝(e-learning)'이 등장하였으며, 온·오프라인을 결합한 '블렌디드러닝(Blended Learning)'이나 '플립러닝(Flipped Learning)'도 등장하였다. 이 중 정규 학교 교육과 관련성이 높은 것은 블렌디드러닝과 플립러닝이다. 블렌디드러닝이란 "학생이 시간, 장소, 순서 그리고 속도를 조절하는 등 온라인 학습으로 일정 부분을 학습하는 동시에, 집이 아닌 물리적 장소에서 일정 부분 관리를 받으며 학습하는 공교육 프로그램"을 말하는데(Horn & Staker, 2015, p. 87), 이러한 블렌디드러닝의 여러 유형 중 하나가 바로 플립러닝이다. 플립러닝에 대한 명확한 정의와 개념이 확립되어 있지는 않지만, 우리나라 학교 현장에서 주로 관심을 가지고 실천하고 있는 형태의 '플립러닝'은 Bergmann과 Sams라는 미국 콜로라도의 한 고등학교 화학교사들에 의해 시작된 것이다. 그들은 결석한 학생들이 수업을 따라올 수 있도록 수업을 녹화하여 제공하였다. 이러한 형태로 시작된 플립러닝은 현재, 학생들이 집에서 먼저 동영상을 보고 온 후 수업 시간에 학생 참여 활동을 하는 형태로 발전하였다. 플립러닝의 가장 큰 특징은 다음과 같다.

> "플립러닝은 교사의 직접 교수를 집단 학습 공간에서 개인 학습 공간으로 이동시키고,

집단 학습 공간을 변화시키되 학생에게는 개념을 적용하고 교과 주제에 창의적으로 참여하는 공간으로, 교사에게는 이러한 학생을 안내하는 역동적이고 상호작용하는 학습 환경으로 변화시키는 것이다."(Flipped Learning Network, 2014, p. 1)

플립러닝에서 우리가 주목할 것은 정보통신기술을 활용하여 21세기 사회 변화와 함께 그 중요성이 더 커진 창의성, 문제해결력, 비판적 사고력 등의 역량을 키울 시간을 얻게 되었다는 점, 그리고 이러한 교육의 변화를 이론가들의 교육 이론에서가 아닌 일선 현장 교사들의 고민과 실천으로부터 얻게 되었다는 점이다.

2. TPACK의 개념

우리나라는 1995년 제1차 교육개혁방안을 시작으로 초·중등학교 정보통신기술(Information and Communication Technologies: 이하 ICT) 교육을 활성화하고자 하였다. 2000년에 발표된 ICT 교육 지침에서는 ICT 교육을 크게 ICT 소양 교육과 ICT 활용 교육으로 나누어 제시하고 있는데, 특정 하드웨어나 소프트웨어 자체를 가르치는 소양 교육보다는 ICT를 활용하여 학습 및 일상생활의 문제를 해결하고, 자기 주도적 학습 능력을 신장시킬 수 있는 활용 교육을 강조하고 있다. 따라서 ICT 활용은 교과와 분리하여 교육할 수 없다. ICT는 교과 수업에서 사용되어야 하며, 교과의 내용, 학생의 배경이나 수준 등에 의존해야 한다(Mishra & Koehler, 2006). 각 교과의 수업에서 ICT를 활용하는 것은 최근의 일이 아니다. 특히 과학 수업에서는 멀티미디어 자료, 스프레드 시트, 센서와 컴퓨터를 이용하여 수행하는 MBL(microcomputer based laboratory), 컴퓨터 시뮬레이션 프로그램 등도 도입되었다(나지연과 송진웅, 2014).

교과 교육과 관련하여 최근 ICT가 어떻게 활용되는지 살펴보기 위하여 2016년에 발표된 과학교육종합계획을 살펴보자. 과학교육종합계획의 목표 달성을 위한 세부내용 중 ICT 활용에 대한 내용을 살펴보면 다음과 같다(교육부, 2016).

· 거꾸로 과학교실과 블렌디드 학습 지원
· 미래형 과학교실에 ICT 등의 첨단과학기술과 음악, 미술, 인문학 등이 융합된 창의융합형 과학실 모델 개발 및 적용
· 사물인터넷, 빅데이터 등 ICT 활용 첨단 교수학습법 시도를 위한 미래형 과학교육

환경 구축

· 누구나, 어디서나, 무엇이든 데이터를 공유하여 교육 자료화를 할 수 있는 'IoT 과학 수업 플랫폼 1.0' 시범 개발 및 적용

· 직접 실험이 어렵거나, 과학 윤리적 문제가 발생할 수 있는 실험 등을 가상체험하기 위한 실감영상 콘텐츠 개발 및 보급

이처럼 테크놀로지는 이미 교과 교육과 연결되어 있다. 교과 교육에서 활용하는 테크놀로지의 등장은 물리적 환경의 변화에서 그친 것이 아니다. 앞서 언급한 것처럼 21세기 사회 변화와 함께 대안적 교수법이 등장하고, 각종 교육계획들이 발표되고 있다. 이러한 교육 환경의 변화는 교사의 변화 또한 요구하고 있다. 학생들은 이미 일상생활 속에서 수많은 ICT를 접하고 있으며, 태어나면서부터 디지털 도구를 사용하는 디지털 네이티브(Digital Native)라고 불린다. 따라서 근대적인 교육 방식으로는 더 이상 학생들의 눈높이와 흥미를 맞추기 어렵다(강선보, 2017). 그렇다면 교사는 어떻게 변해야 하는가? 21세기의 교사는 어떠한 전문성을 갖추어야 하는가?

교사 전문성에 대한 논의 중 대표적인 개념은 Shulman(1987)의 교수내용지식(Pedagogical Content Knowledge: 이하 PCK)이다. Shulman(1987)은 교사의 지식을 다음과 같이 7개로 세분화하여 제시하였다: 내용지식(Content Knowledge), 일반교수지식(General Pedagogical Knowledge), 교육과정지식(Curriculum Knowledge), 교수내용지식(PCK), 학습자특성지식(Knowledge of Learners and their Characteristics), 교육적 상황지식(Knowledge of Educational Contexts), 교육목표 및 가치, 철학적·역사적 배경 지식(Knowledge of Education Ends, Purposes, and Values, and their Philosophical and Historical Grounds). 이 7개의 지식들 중에서 PCK는 내용지식과 교수지식의 특수한 결합을 말하는 것으로, 교사들만이 가진 특수한 형태의 전문성이라 할 수 있다. 즉, 학생의 다양한 흥미와 능력에 맞추어 특정 주제, 문제, 쟁점들을 조직하고 표현하고 조정하며 또 이에 대해 수업을 하는 지식으로서의 내용지식과 교수지식의 융합이다(Shulman, 1987). 과학 개념을 잘 아는 내용 전문가라고 해서, 혹은 초등 교육 이론과 교수법을 잘 아는 교육전문가라고 해서 어떤 지역 특정 반의 초등학생들에게 과학을 잘 가르칠 수 있을까? 그런 전문가보다는 그 반 학생들을 잘 이해하고, 그 학급, 학교, 지역사회의 상황과 초등 과학 개념, 초등 교육 이론과 교수법 등을 이해하는 현장 교사가 자신의 경험을 토대로 가르칠 때 더 잘 가르칠 수 있다. 바로 그때 그 교사가 보여주는 자기만의 전문

성이 PCK이다.

PCK의 개념과 구성요소는 여러 후속 연구들을 통해 확장되기도 하고 수정되기도 하였다. 그 중에서 ICT를 수업에 활용하는 것과 관련하여 제안된 개념이 테크놀로지 활용 교수내용지식(Technological Pedagogical Content Knowledge: TPCK 또는 Technology, Pedagogy, and Content Knowledge: 이하 TPACK)이다(Mishra & Koehler, 2006). UNESCO(2008)는 교사의 전문성 개발을 위해 내용 및 교수지식을 습득하는 데 필요한 테크놀로지 기능과 웹 자원에 대한 지식을 교사들이 갖추고 있어야 한다고 하였다. 이처럼 ICT의 발달과 함께 학교 교육과 교사 전문성 개발에서도 ICT의 도입이 활발해졌다. 이에 따라 Niess(2005)와 Mishra & Koehler(2006)가 ICT 도입과 관련된 교사 전문성을 제안하였는데, 그 중 Niess(2005)는 Technology-enhanced PCK(TPCK)를, Mishra & Koehler(2006)는 Technological Pedagogical Content Knowledge(TPCK)를 각각 제안하였다. Niess(2005)가 디지털 장비, 스프레드 시트와 관련한 테크놀로지에 대해 논의했다면, Mishra & Koehler(2006)는 학습을 지원하는 모든 테크놀로지(연필, 칠판, 디지털 도구 등)를 논의했다는 것이 차이점이다(Kafyulilo, 2010). TPACK 개념이 처음 등장했을 때는 TPCK라는 용어를 사용했다. 그러나 Thompson & Mishra(2007)가 기억하기 쉽고, 또 3가지 지식(테크놀로지 지식, 내용지식, 교수지식) 전체가 통합된 개념을 강조하기 위하여 TPCK를 TPACK으로 변경하였다.

<그림 6.1>에 제시된 것처럼, TPACK은 PCK의 개념 즉 내용지식(CK)과 교수지식(PK)의 교집합에 테크놀로지 지식(TK)을 더하여 3가지 지식의 교집합으로 이루어진다

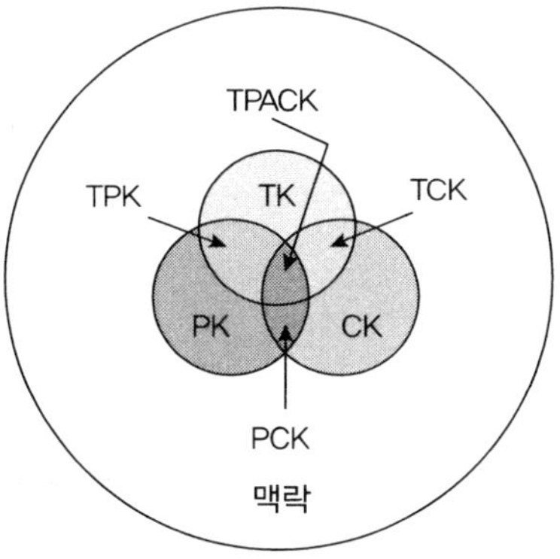

그림 6.1 TPACK 구성요소(Koeher&Mishra, 2008)
출처: http://tpack.org

(Khehler & Mishra, 2008). 내용지식, 교수지식, 테크놀로지 지식은 교사 내에서 통합되어 상호작용을 하게 되는데, 교사는 이 과정을 통해 교사의 전문성으로서의 TPACK을 형성하게 된다. 따라서 TPACK이 테크놀로지를 단순히 PCK에 추가하여 만들어낸 것이라고 인식해서는 안 된다(Jimoyiannis, 2010; Khehler & Mishra, 2008). PCK가 내용지식만 많이 안다고 해서 형성할 수 있는 전문성이 아니듯이, TPACK 또한 내용지식 전문가나 테크놀로지 전문가들이 내용지식이나 테크놀로지 지식을 갖추었다고 형성할 수 있는 전문성이 아니다. 물론 내용지식과 테크놀로지 지식이 부족한 교사도 TPACK을 형성할 수 없다(Mishra & Khehler, 2006). TPACK의 세부 요소를 살펴보면 다음과 같다(Koehler & Mishra, 2009).

TPACK 요소

- 내용지식(CK): 교과의 내용 지식
- 교수지식(PK): 교수학습을 위한 교육학 지식
- 테크놀로지 지식(TK): 정보통신기술 사용 유창성과 같이 테크놀로지 활용이 가능한 지식
- 교수내용지식(PCK): 교수학습과 관련된 교사의 지식, 교사의 전문성과 지식을 대표하는 개념
- 테크놀로지 교수지식(TPK): 효과적인 학습이 일어나도록 교수학습 전략 차원에서 적절한 테크놀로지를 선택할 수 있는 지식
- 테크놀로지 내용지식(TCK): 교과 내용에 적합한 테크놀로지를 선택할 수 있는 지식
- 테크놀로지 활용 교수내용지식(TPACK): 테크놀로지를 활용하여 효과적으로 교육할 수 있는 기초, 내용을 가르치기 위한 건설적 방법으로 테크놀로지를 사용하는 교수 기술, 테크놀로지를 통해 학생들이 직면하는 문제를 해결할 수 있도록 돕는 지식, 학생의 사전 지식과 인식론에 대한 지식, 새로운 인식론을 개발하거나 기존의 인식론을 강화하기 위해 기존의 지식을 바탕으로 테크놀로지가 사용될 수 있는지에 대한 지식 등

이를 교과와 관련지어 예를 들면 다음과 같다. Jimoyiannis(2010)는 TPACK을 과학교육과 관련지어 TPASK(TPASK: Technological Pedagogical Science Knowledge)라는 개념을 제안하였다. TPACK과 마찬가지로 TPASK는 과학지식(SK: Science Knowledge), 교수지식(PK: Pedagogical Knowledge), 테크놀로지 지식(TK: Technology Knowledge)의

집합으로 이루어진다. 이때 2개의 지식들이 교차하는 부분이 각각 교수과학지식(PSK: Pedagogical Science Knowledge), 테크놀로지 교수지식(TPK: Technological Pedagogical Knowledge), 테크놀로지 과학지식(TSK: Technological Science Knowledge)이라면, 3개의 지식이 모두 만나는 교집합 부분이 바로 TPASK이다. PSK, TPK, TSK의 세부 요소를 살펴보면 다음과 같다.

- 교수과학지식(PSK): 과학 내용지식, 과학 커리큘럼, 학생의 어려움, 학습전략, 일반 교수법, 교육적 맥락 등
- 테크놀로지 교수지식(TPK): ICT 도구의 행동 유도성, ICT 기반 학습전략, ICT기반 과학탐구 개발, 정보 기능, 학생 지원, 학생의 기술적 어려움 등
- 테크놀로지 과학지식(TSK): 과학 교과를 위한 자료와 도구, 특정 과학지식에 관련된 조작 및 기술적 기능, 과학지식의 변환, 과학탐구 과정의 변환 등

Yeh et al.(2014)는 지식적 연구뿐 아니라 교사의 실무 경험 또한 교사의 지식 개발에 중요하다는 점을 고려하여 Technological Pedagogical Content Knowledge-Practical (TPACK-P)이라는 개념을 제안하였다. TPACK-P는 테크놀로지를 활용하여, 실제 수업을 '하면서' 발달하고 실제 수업을 '하기 위해' 발달하는 지식을 말한다. TPACK-P는 8개 차원으로 구성되며, 그 내용은 다음과 같다(Hsu et al., 2015).

- 학생을 이해하기 위하여 ICT 사용하기
- 교과 내용을 이해하기 위해 ICT 사용하기
- ICT를 포함하는 교육과정 계획하기
- 교육적 표상을 제시하기 위해 ICT 사용하기
- ICT 통합 교수 전략 사용하기
- 수업 경영을 위해 ICT 적용하기
- 교육맥락에 ICT 포함시키기
- 학생을 평가하기 위해 ICT 사용하기

3. TPACK의 개발

교사의 TPACK은 어떻게 개발할 수 있을까? Jimoyiannis(2010)는 과학교사들의

TPASK를 향상시키기 위하여 교사연수 프로그램을 구성하였다. 예를 들면, 과학교사들이 수업을 할 때 시뮬레이션, 스프레드시트, 모델링 등 ICT를 활용하는 TK를 향상시키기 위하여 실습과 협력이라는 방법을 사용하였다. 자신의 교육 자료를 가지고 강사나 동료들과 토론을 함으로써 TPASK를 향상시키기도 하고, 교사 연수 프로그램에 참여한 교사들이 시뮬레이션 기반 학습 시나리오를 설계하고 개발해보는 활동을 함으로써 TPASK를 향상시키기도 하였다. Jimoyiannis(2010)는 TPASK를 향상시키기 위하여 TK, TSK, PSK, TPK 등의 세부 영역 연수와 이들이 통합되어 나타나는 TPASK 연수가 함께 이루어지도록 프로그램을 구성하였다. 프로그램의 주요 특징은 다음과 같다.

- 과학교육과정, 과학교수방법, 교육에서의 ICT 기초를 통합한 수업활동 및 수업 실습(PSK, PTK)
- ICT 행동 유도성과 수업활동에 핵심 개념을 통합하도록 설계된 과제(TK, TSK)
- 물리, 화학, 생물, 지구과학 같은 다양한 과목에서의 진정한 학습활동 및 시나리오 개발(TPASK)
- 다양한 과목에서 개발한 학습활동 및 시나리오에 대한 발표 및 토론(TPASK)

이 프로그램에 대한 예시는 다음 <표 6.2>와 같다.

표 6.2 TPASK 교사연수 프로그램 예시 일부

구성 요소	영역	교사 학습 전략
기존의 ICT기반 교육과정 자료 (예: 다양한 과학 내용에 대한, 다양한 ICT 도구에 대한)	TPASK	교육과정 자료, 토론, 협력
교실 활용의 실용성에 대한 자료 토의		수업실행에 기초한 학습, 협력
참여 교사들에 의한 시뮬레이션 기반 학습 시나리오 설계와 개발		설계를 통한 학습
참여 교사들에 의한 다양한 ICT 도구를 활용한 시뮬레이션 기반 학습 시나리오 설계와 개발		설계를 통한 학습
과학교사 자신의 교육 자료에 대한 동료 및 강사와의 토론		수업실행에 기초한 학습, 협력
피드백에 기초한 개발된 수업자료 수정		피드백: 동료와의 토론, 강사의 논평
(마이크로티칭) 동료 및 강사 대상 수업자료에 대한 실험적 교육		피드백: 동료와의 토론, 강사의 논평

*출처: Jimoyiannis(2010), p.1264 일부 발췌

앞서 제시한 바와 같이 교사들의 TPACK은 교육을 통해 향상된다. 그렇다면 TPACK은 어떤 단계를 거치면서 개발되는 것일까? 수학 수업에 적용할 수 있는 테크놀로지에 대해 학습한 교사들을 관찰하여 TPACK 발달 단계를 제시한 연구에 따르면, TPACK은 테크놀로지 지식이 확장되고 내용지식과 교수지식이 테크놀로지 지식과 교차하면서 형성된다. 이때 TPACK의 형성은 '인식' → '수용' → '적응' → '탐구' → '발전'의 단계로 진행된다. The Association of Mathematics Teacher Educator's (AMTE) Technology Committee는 이 내용을 바탕으로 TPACK의 발달 단계를 <그림 6.2>와 같이 제시하였다 (Niess, 2009).

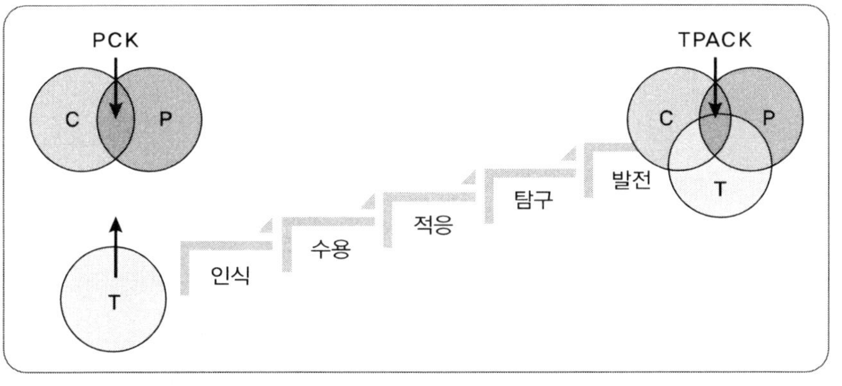

그림 6.2 교사의 TPACK 개발에 대한 단계적 모델(Niess, 2009, p.447)

각 단계의 특징을 살펴보면 다음과 같다(Niess, 2009).

① 인식: 교사는 테크놀로지를 사용할 수 있고 교과 내용에 어떤 테크놀로지를 활용하는 것이 적절한지 알지만, 교수학습 과정에 테크놀로지를 기꺼이 통합하지는 않는다.

② 수용: 자신의 수업에 테크놀로지를 포함시키는 것에 대해 얼마나 호의적인지를 결정하는 과정 중의 하나로, 적절한 테크놀로지를 활용한 교과 학습에 학생을 참여시킬 수도 있다.

③ 적응: 교사는 적절한 테크놀로지를 활용한 교과의 교수학습 활동에 학생을 참여시킨다.

④ 탐구: 교사는 적절한 테크놀로지를 교과의 교수학습에 능동적으로 통합한다.

⑤ 발전: 교사는 자신의 수업에 테크놀로지를 활용하고 통합한 결과에 대한 평가를 할 수 있다.

4. TPACK의 평가

교사들의 TPACK을 향상시키기 위해서는 무엇보다 현재 수준의 TPACK을 점검하는 것이 필요하다. <표 6.3>은 Schmidt et al.(2009)이 예비 교사를 대상으로 개발한 TPACK 평가 도구이다. 예비 교사 및 현직 교사는 아래의 문항들을 통해 자신의 TPACK을 평가하고, 그 결과에 따라 TPACK을 향상시키기 위한 노력을 할 수 있다. 이 도구는 5점 리커트 척도(매우 그렇다 5점, 매우 그렇지 않다 1점) 자기평가로 구성되어 있다. 문항의 내용 중 '교과'로 표현되어 있는 부분은 특정 교과로 변경하여 사용할 수 있다. 예를 들면, CK를 묻는 문항 "나는 교과에 대한 지식이 풍부하다."는 "나는 과학교과에 대한 지식이 풍부하다."로 변경할 수 있다. 실제로 Schmidt et al.(2009)의 설문지는 <표 6.3>에 제시된 CK, PCK, TCK의 문항과 TPACK의 첫 번째 문항을 수학, 사회, 과학, 문해력의 4가지 교과로 구분하여 모두 제시하였다.

위와 같은 교사의 자기평가 방식 외에도 TPACK을 평가하는 방법에는 수업계획이나 교사의 행동을 관찰하는 방식이 있다. TPACK은 PCK처럼 다른 맥락, 다른 학생, 다른 시간에 대한 다양한 수준과 방식으로 나타난다. 따라서 교사의 TPACK을 자기보고식 평가나 교실에서 직접 관찰하는 것만으로 추론하는 것은 상당히 어렵다. 이에 Harris et al.(2010)은 교사의 TPACK를 더 잘 이해할 수 있도록 다양한 방법의 평가가 이루어져야 한다고 주장했으며, 교사의 수업계획을 분석하여 TPACK을 평가할 수 있는 루브릭을 개발하였다. 이 루브릭은 Britten & Cassady(2005)의 Technology Integration Assessment Instrument(TIAI)를 바탕으로 개발되었다. Harris et al.(2010)이 TIAI를 바탕으로 루브릭을 개발한 이유는, TIAI가 수업 계획에서 테크놀로지 통합을 평가하는 데 사용할 수 있기 때문이다. TIAI가 평가한 7개 차원은 '계획하기(자료 및 도구 등)', '기준(학년 수준에 따른 내용 기준 등)', '기준(학생들을 위한 테크놀로지 도입 기준)', '학생의 요구에 주의 기울임', '성취(학습에서 테크놀로지 사용으로 인한 성취)', '성취(교수에서 테크놀로지 사용으로 인한 성취)', '평가'이다. Harris et al.(2010)이 개발한 루브릭은 <표 6.4>와 같다. 교사가 테크놀로지를 활용한 수업을 계획하고, 그 수업이 적절한지를 평가하는 것이다. 예를 들어, 이 루브릭을 사용하여 교사의 TPACK을 평가한다면, 교사가 계획한 수업이 교육과정 목표, 교수전략, 테크놀로지 선택, 조화의 측면에서 어떠한지를 살펴봐야 한다. 만약 교사가 수업에서 테크놀로지를 활용하려고 계획을 했으나 이것이 교육과정 목

표 6.3 TPACK 평가 문항

영역	문항
TK	- 나는 테크놀로지 사용과 관련된 문제가 발생하면 해결하는 방법을 알고 있다.
	- 나는 테크놀로지를 쉽게 배울 수 있다.
	- 나는 중요한 새 테크놀로지가 나오면 쉽게 적응한다.
	- 나는 테크놀로지를 자주 사용한다.
	- 나는 다양한 테크놀로지를 알고 있다.
	- 나는 테크놀로지 사용에 대한 전문적 기술을 가지고 있다.
	- 나에게는 다양한 테크놀로지를 다룰 충분한 기회가 있었다.
CK	- 나는 교과에 대한 지식이 풍부하다.
	- 나는 교과에 적합한 사고방식을 사용할 수 있다.
	- 나는 교과를 이해하기 위한 다양한 방법과 전략을 가지고 있다.
PK	- 나는 수업에서 학생의 수행을 평가하는 방법을 알고 있다.
	- 나는 학생의 이해 여부에 따라 나의 수업을 조정할 수 있다.
	- 나는 다양한 학습자에 맞게 나의 수업을 조정할 수 있다.
	- 나는 다양한 방식으로 학생의 학습을 평가할 수 있다.
	- 나는 수업에서 다양한 교육 방식을 사용할 수 있다.
	- 나는 일반적으로 학생들이 무엇을 이해하고 어떤 오개념을 갖고 있는지 잘 알고 있다.
	- 나는 학급의 조직 및 운영 방법을 알고 있다.
PCK	- 나는 학생의 사고와 학습을 이끌 수 있는 효과적인 교육 방식을 선택할 수 있다.
TCK	- 나는 해당 교과를 이해하고 행하기 위해 사용할 수 있는 테크놀로지를 알고 있다.
TPK	- 나는 교육 방법을 향상시킬 수 있는 테크놀로지를 선택할 수 있다.
	- 나는 학생의 학습을 증진시킬 수 있는 테크놀로지를 선택할 수 있다.
	- 나는 교사 교육 프로그램을 통해 테크놀로지가 내 교육 방법에 미치는 영향에 대해서 더 깊게 생각해보았다.
	- 나는 테크놀로지를 수업에 어떻게 활용할지 비판적으로 생각한다.
	- 내가 배우고 있는 테크놀로지를 다양한 수업 활동에 적용할 수 있다.
TPACK	- 나는 교과 내용, 테크놀로지, 교육 방법을 적절하게 통합하여 가르칠 수 있다.
	- 나는 내가 가르치는 내용과 방법, 그리고 학생들이 학습하는 내용을 촉진할 수 있는 테크놀로지를 선택할 수 있다.
	- 나는 교직이수 과정을 통해 배운 교과 내용, 테크놀로지, 교육 방법을 통합하여 사용할 수 있다.
	- 나는 동료들이 교과 내용, 테크놀로지, 교육 방법을 조직화할 수 있도록 도와주는 리더십을 발휘할 수 있다.
	- 나는 수업시간에 교과 내용 학습을 촉진하는 테크놀로지를 선택할 수 있다.

* 출처: Schmidt et al.(2009), pp. 145-148.

표 6.4 테크놀로지 통합 평가 루브릭

기준	4	3	2	1
교육과정 목표와 테크놀로지	수업에서 사용할 테크놀로지가 교육과정 목표에 잘 부합함	수업에서 사용할 테크놀로지가 교육과정 목표에 부합함	수업에서 사용할 테크놀로지가 교육과정 목표에 일부 부합함	수업에서 사용할 테크놀로지가 교육과정 목표에 부합하지 않음
교수전략과 테크놀로지	테크놀로지가 수업전략을 지원하는 데에 최적화되어 사용됨	테크놀로지를 사용하는 것이 수업전략을 지원함	테크놀로지를 사용하는 것이 수업전략을 극히 적게 지원함	테크놀로지를 사용하는 것이 수업전략을 지원하지 못함
테크놀로지 선택	테크놀로지의 선택이 교육과정 목표와 수업전략에 아주 알맞고 모범적임	테크놀로지의 선택이 교육과정 목표와 수업전략에 적절하지만 모범적이지는 않음	테크놀로지의 선택이 교육과정 목표와 수업전략에 아주 조금 적절함	테크놀로지의 선택이 교육과정 목표와 수업전략에 적절하지 않음
조화 (내용, 교육학, 테크놀로지)	수업계획 내에서 내용, 수업전략, 테크놀로지가 조화를 잘 이룸	수업계획 내에서 내용, 수업전략, 테크놀로지가 조화를 이룸	수업계획 내에서 내용, 수업전략, 테크놀로지가 약간 조화를 이룸	수업계획 내에서 내용, 수업전략, 테크놀로지가 조화를 이루지 못함

* 출처: Harris et al.(2010), p. 3840

표에 부합하지 않는다면, 가장 낮은 단계(1단계)의 TPACK 수준을 가지고 있다고 판단할 수 있다.

수업에서 테크놀로지는 다양한 방식으로 사용할 수 있다. 무엇을 어떻게 사용할지는 교사의 결정에 달려있다. 임병노 등(2013)과 Solomon & Schrum(2007)의 연구를 바탕으로 나지연과 장병기(2016)가 정리한 바, 수업에서 테크놀로지를 사용하는 유형과 예를 살펴보면 다음과 같다.

· 자원형: 스마트 폰을 이용한 누리집 정보검색 및 분석
· 지식안내형: 동영상이나 프레젠테이션 프로그램을 활용한 교육내용 설명
· 상호작용지원형: 웹 커뮤니티를 활용한 탐구과제 제시 및 의견 교환
· 맞춤학습형: Clicker 애플리케이션으로 단원 마무리 문제풀기
· 도구형: 스마트 폰 애플리케이션을 활용한 실험
· 학습기회확장형: 모둠별로 웹기반 파일 공유 서비스에 학습 과정 및 결과물 사진 업로

드

- 이북형: 전자책 앱 북 형태
- 프로그램형: 학습관리 프로그램, 공유 프로그램 등
- 체험형: 학습자들이 체험하는 증강현실, 가상현실 시뮬레이션

이처럼 다양한 유형의 테크놀로지를 사용할 수 있으며, 교사가 어떠한 테크놀로지를 어떤 방식으로 사용하느냐에 따라 얻게 되는 효과 또한 다를 수밖에 없다. 최신 스마트 기기와 소프트웨어들은 학생들을 개별화하여 교육할 수 있고, 차별화된 교육을 제공할 수 있다는 장점이 있다(Solomon & Schrum, 2007). 또한 스마트 교육 콘텐츠가 기존 콘텐츠들과 차별화될 수 있는 핵심 속성은 '기기 활용성', '협력적 상호작용', '지식의 확장성', '즉각적 접근성', '맥락적 적응성'이다(임병노 등, 2013, p. 480). 그러므로 수업에서 테크놀로지를 사용하는 이유가 단순히 디지털 네이티브인 학생들의 흥미와 관심을 끌거나 수업의 물리적 환경을 바꾸는 데에 머물러서는 안 된다. 테크놀로지가 가진 속성과 장점이 드러나고 수업 효과를 극대화하는 데에 사용할 수 있어야 한다. 따라서 수업을 준비할 때에는 다음과 같은 사항들을 유의해야 한다. 첫째, 테크놀로지가 교과의 본질을 훼손하지 않아야 한다. 테크놀로지에 함몰되어 정작 가르쳐야 하는 교과를 놓쳐서는 안 된다. 둘째, 교육 환경에 적절한 테크놀로지를 선택해야 한다. 아무리 좋은 테크놀로지도 나의 교실과 수업, 혹은 교육 환경에 맞지 않는다면 사용하지 말아야 한다. 사용한다 해도 긍정적 효과를 얻을 수 없다. 셋째, 테크놀로지가 소통을 축소해서는 안 된다. 테크놀로지로 인해 교사와 학생, 학생과 학생 간의 직접적 소통과 상호작용이 축소되고, 학생과 기기 간의 상호작용만 강화되어선 안 된다. 미래에 필요한 역량 중 하나가 인간과 인간의 상호작용임을 감안한다면, 테크놀로지를 활발히 이용함과 동시에 학생들의 적극적 참여와 직접적 소통, 즉 상호작용도 활발하게 일어날 수 있게 해야 한다. 기기와 학생뿐 아니라, 학생과 학생, 학생과 교사 간의 상호작용이 잘 유지될 수 있도록 테크놀로지를 사용해야 한다는 것이다. 넷째, 선택한 테크놀로지가 학생의 수준과 발달에 적합해야 한다. 예를 들어, Bloom(1956)은 교육목표분류체계에서 인지적 차원을 지식, 이해, 적용, 분석, 종합, 평가의 6단계로 구분하였는데, Anderson et al.(2001) 등이 이를 보완하여 다음과 같이 신 교육목표분류학으로 발표하였다. 이에 따르면, 인지과정 차원은 '기억하다(remember)', '이해하다(understand)', '적용하다(apply)', '분석하다(analyze)', '평가하다(evaluate)', '창조하다(create)'의 6개 유형으로 구성되어 있다. 이 'Bloom의 신 교육목표

분류학'을 실제 수업에 적용한다면, 예를 들어 학생들의 교육목적을 고려하여 그에 맞는 테크놀로지를 선택한다면 다음과 같이 할 수 있을 것이다: 초등학교 5-6학년 학생들에게 선택형 문제나 단답형 문제로 한 차시를 마무리하면서 그들의 '기억'을 평가하고자 한다면, Clicker 애플리케이션을 사용할 수 있다. 중·고등학생들로 하여금 새로운 산출물을 '창조'하게 하고 싶다면, 동영상 강의 제작 애플리케이션이나 프레젠테이션 프로그램, 3D 설계 프로그램 등을 사용하게 할 수 있다.

5. 교사 재교육과 예비 교사 양성에 대한 제안

정보통신기술의 발달과 함께 세계는 급속하게 변하고 있다. 미래 사회에서 성공적인 삶을 영위하기 위해서는 분명 디지털 소양, 즉 기계와의 협력적 소통 역량이 필요하다. 이러한 변화에 발맞추어 교육도 변화를 요구받고 있으며, 이미 학교 교육에서는 테크놀로지 활용을 위한 물리적 환경들을 지원해나가고 있다. 따라서 이러한 환경을 구성하고 활용해야 하는 교사는 TPACK을 갖출 필요가 있다. 그러나 TPACK이라는 것은 단순히 수업 시간에 테크놀로지를 사용할 수 있는 능력만을 말하는 것이 아니다. 왜 이 테크놀로지를 사용해야 하는지, 이것이 어떠한 교육적 효과를 불러올지에 대한 교육적 판단이 더욱 중요하다. 나지연과 장병기(2017)는 <표 6.5>에 제시된 바와 같이, 예비 초등교사들에게 미래 과학교육의 모습에 대해 물었다. 그들에게 2030년의 과학교육을 물리적 환경, 교사의 활동, 교육 내용, 교수·학습 방법 측면에서 기술하게 하고, 그것을 그림으로 표현하게 하였다. 연구 결과에 따르면, 예비 초등교사들은 다양한 최신 과학기술이 교실로 들어오고, 그러한 시설과 기자재를 사용하는 것에 대해 교사의 활동이 변할 것으로 예상하였다. 하지만 그들 중 많은 이들이 여전히 과학지식 및 개념의 습득을 미래 과학교육의 중요한 목표로 여기고 있었으며, 미래 과학교육의 모습도 학생 중심보다는 교사 중심적으로 생각하고 있었다. 학생이 중심이 되어 기자재를 활용하거나 자유롭고 창의적인 교실 환경이 갖추어질 것이라는 응답은 상대적으로 적게 나타났다. 즉, 과학교육 과정이나 미래 과학교육의 표준 방향, 그리고 학자들이 강조하고 있는 미래교육 연구의 방향과는 거리가 있었다.

표 6.5 예비 초등교사들이 생각하는 미래 과학교육 모습

(a) 교사중심

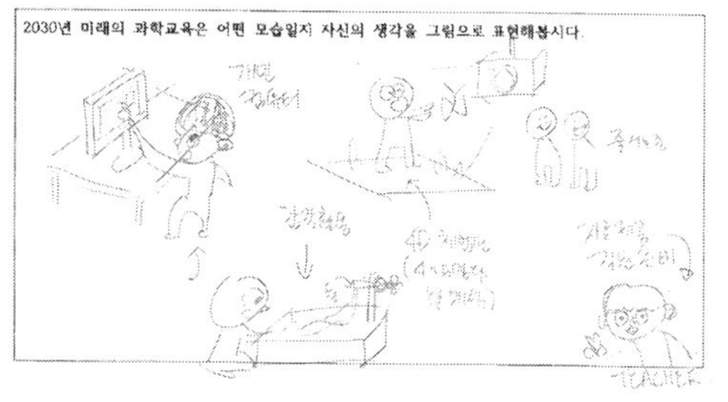

(b) 학생중심

* 출처: 나지연과 장병기(2017), p. 91

이 연구를 통해 우리는 교과 교육의 물리적 환경이 변하고 교사가 테크놀로지를 활용한다고 해서 21세기의 성공적 삶을 영위할 수 있는 교육이 저절로 이루어지는 것이 아님을 알 수 있었다. 물리적 환경이 변하더라도 교사가 여전히 교사 중심의 전달식 · 암기식 직접 교수법을 사용한다면 "단지 칠판을 대형 스크린으로 바꾼 것일 뿐, 20세기 교육을 21세기 교실에서 하고 있는 것과 다를 바 없다"(나지연과 장병기, 2017, pp.68-69).

미래에는 문제해결력, 창의성, 비판적 사고력, 사회적 기술 등이 더 많이 필요하다. 단순 지식의 습득이 아니라 지식을 창출할 수 있는 인재가 양성되어야 한다. 그러나 Martin Prosperity Institute(2015)에서 발표한 '국가별 창의적 인재 비중'에 따르면, 우리나라는 139개국 중에서 78위로 나타났다. 따라서 교사는 테크놀로지를 활용해서 얻을 수 있는 효과가 미래사회에서 필요로 하는 역량을 향상시키는 것과 연결되어 있는지를 고려해야 한다. 또한 교사의 TPACK을 향상시키기 위한 재교육을 실시할 때 테크놀로지 사용 자체에 대한 교육(TK 향상 교육)을 하는 것도 중요하지만, 미래 교육의 방향이 무엇이며 우리가 지향해야 하는 바가 무엇인지에 대해 고민할 수 있는 기회도 제공해주어야 한다.

예비 교사의 TPACK을 향상시키려면 무엇보다 교육대학 및 사범대학에서 이루어지는 교사 양성 교육과정과 수업 개선에 대한 변화가 필요하다. 나지연과 장병기(2016)는 예비 교사들이 테크놀로지 활용 과학수업 실행에서 느끼는 어려움과 필요한 도움을 조사하기 위해, 예비 교사의 TPACK 향상을 위해 관련 강의를 개설하고 교육프로그램을 제공하는 한 교육대학의 예비 초등교사들을 대상으로 연구를 실시하였다. 연구 결과에 따르면, 학생들은 <표 6.6>과 같이 다양한 어려움을 느끼는 것으로 나타났다. 따라서 이러

표 6.6 테크놀로지를 활용한 과학 수업에서 예비 초등교사가 느끼는 어려움

영역	소범주
수업계획	· 학생 수준에 대한 이해
	· 수업 아이디어 선정
	· 테크놀로지의 접목
	· 테크놀로지 사용 필요성 인식
	· 교사 자신의 불충분한 내용 지식
	· 테크놀로지 수업자료 준비
	· 현장 지도교사의 TPACK 이해 부족
	· 현장 지도교사와의 수업에 대한 인식 차
수업실행	· 예상보다 열악한 ICT 수업 환경
	· 수업 분위기 조성
	· 학생의 테크놀로지 사용 지도
	· 적절한 발문 및 설명 구성
	· 시간 배분 및 활용
	· 실험 지도, 안전 및 과학실 사용
	· 학생 참여 유도

* 출처: 나지연, 장병기(2016), p.103.

한 어려움을 극복할 수 있는 강의를 제공하는 것이 필요하다. 연구 참여자들은 교과내용 지식(CK), 교수지식(PK), 테크놀로지 지식(TK) 각각을 채울 수 있는 교육도 중요하지만, 이러한 지식을 채우는 것만으로는 실제 교과 수업을 준비하고 실행하는 데에 어려움이 있었다고 토로하였다. CK, PK, TK 각자보다도 이것들을 통합하여 완성된 수업을 하는 것이 더욱 어렵다고 느낀 것이다. 그들은 CK, PK, TK를 통합할 수 있는 강좌, 혹은 잘 통합된 TPACK을 경험할 수 있는 강좌가 더 많이 마련되기를 바랐다. 또한 현재의 교과 교육과정에 테크놀로지를 활용한 실제적 사례를 배울 수 있기를 바랐으며, 성공적 사례뿐 아니라 현장 교사들의 시행착오까지 공유하는 현장 실천 사례 교육을 받고 싶어 하였다. 따라서 이러한 요구가 반영된 예비 교사 양성 프로그램을 제공할 필요가 있다. 또한 현실적으로 교육의 변화가 다양한 방향으로 빠르게 진행되고 있기 때문에, CK, PK, TK를 모두 갖춘 전문가를 찾기 어렵다면 각 전문가들의 팀티칭 강연이라도 제공할 필요가 있다(나지연과 장병기, 2016).

교육은 '다가올 미래를 대비하는 역량 육성'이라는 핵심적 가치를 포함해야 한다. 그러나 지금 전 세계적으로 다양한 분야의 전문가들이 말하는 것은, 현재의 교육으로는 예

측 불가능한 미래의 변화를 충분히 감당할 수 없다는 것이다. 따라서 교육의 내용과 지식, 방법, 그리고 가장 중요한 교사들의 인식과 능력, 이 모든 측면에서 미래를 감당할 수 있도록 종합적인 제도적 접근과 지원이 이루어져야 한다. 물론 교사들의 전문성 향상을 위한 자체적 노력 또한 필요할 것이다.

참고문헌

강선보 (2017). 왜 공교육을 불신하는가? In 국제미래학회, 한국교육학술정보원(Eds.), 제4차 산업혁명시대 대한민국 미래교육보고서(pp.129-138). 광문각.

교육부 (2015). 초·중등학교 교육과정 총론. 교육부 고시 제2015-74호 [별책 1].

교육부 (2016). "미래세대의 꿈과 행복을 위한 과학교육" 실현을 위한 과학교육종합계획 "We Do Science!".

나지연, 송진웅 (2014). 테크놀로지 도입에 대한 과학교육학 연구동향의 분석 및 과학교사의 테크놀로지 활용 교수내용지식을 위한 시사점. 교사교육연구, 53(3), 511-524.

나지연, 장병기 (2016). 교육실습에 참여한 예비 초등교사들이 테크놀로지 활용 과학수업 실행에서 느끼는 어려움과 요구. 초등과학교육, 35(1), 98-110.

나지연, 장병기 (2017). 미래 과학교육에 대한 예비 초등 교사들의 인식. 초등과학교육, 36(1), 85-94.

미래창조과학부 (2017). 미래 일자리의 길을 찾다: 4차 산업혁명 시대의 일자리 변화 대응을 위한 미래 역량과 시스템 혁신. 미래전략보고서.

안종배 (2017). 제4차 산업혁명 시대 대한민국 미래교육의 목적과 방향. In 국제미래학회, 한국교육학술정보원(Eds.), 제4차 산업혁명시대 대한민국 미래교육보고서(pp.167-171). 광문각.

유영성, 최민석 (2014). 초연결 사회의 개념과 진단. In 경기개발연구원(Ed.), 초연결 사회의 도래와 우리의 미래(pp. 23-47). 한울아카데미.

이근호, 이광우, 박지만, 박민정 (2013). 핵심역량 중심의 교육과정 재구조화 방안 연구. 한국교육과정평가원. 연구보고 CRC 2013-17.

이용순 (2017). 사라지는 직업, 떠오르는 직업. In 국제미래학회, 한국교육학술정보원(Eds.), 제4차 산업혁명시대 대한민국 미래교육보고서(pp.25-33). 광문각.

임병노, 임정훈, 성은모 (2013). 스마트 교육 핵심 속성 및 스마트 교육 콘텐츠 유형 탐색. 교육공학연구, 29(3), 459-489.

Anderson, L. W., Krathwohl, D. R., Airiasian, W., Cruikshank, K. A., Mayer, R. E., Pintrich, P. R., Raths, J., & Wittrock, M. C. (2001). A taxonomy for learning, teaching and assessing: A revision of Bloom's taxonomy of educational objectives. New York: Longman.

Bloom, B. S. (1956). Taxonomy of educational objectives: The classification of educational goals. New York: Longmans.

Britten, J. S., & Cassady, J. C. (2005). The technology integration assessment instrument: Understanding planned use of technology by classroom teachers. Computers in the Schools, 22(3), 49-61.

Flipped Learning Network (2014) The Four Pillars of F-L-I-PTM. Retrieved from https://flippedlearning.org/definition-of-flipped-learning/

Frey, C. B., & Osborne, M. A. (2013). The future of employment: How susceptible are jobs to computerisation?. Technological forecasting and social change, 114, 254-280. Retrieved from https://www.oxfordmartin.ox.ac.uk/downloads/academic/ The_Future_of_Employment.pdf

Harris, J., Grandgenett, N., & Hofer, M. (2010). Testing a TPACK-based technology integration assessment rubric. In Society for Information Technology & Teacher Education International Conference. 2010(1), 3833-3840.

Horn, M. B., & Staker, H. (2017). 블렌디드(Blended). (장혁, 백영경 역). 에듀니티. (Original work published in 2014)

Hsu, Y. S., Yeh, Y. F., & Wu, H. K. (2015). The TPACK-P framework for science teachers in a practical teaching context. In Y. S. Hsu (Ed.). Development of Science Teachers' TPACK (pp. 17-32). Springer, Singapore.

Jimoyiannis, A. (2010). Designing and implementing an integrated technological pedagogical science knowledge framework for science teachers professional development. Computers & Education, 55, 1259-1269.

Kafyulilo, A. (2010). TPACK for pre-service science and mathematics teachers: Scholarly research paper. GRIN Verlag.

Koehler, M. J., & Mishra, P. (2008). Introducing TPCK. In AACTE Committee on Innovation and Technology (Ed.), Handbook of Technological Pedagogical Content Knowledge (TPCK) for Educators (pp. 3-29). NY: Routledge.

Koehler, M. J., & Mishra, P. (2009). What is technological pedagogical content knowledge?. Contemporary Issues in Technology and Teacher Education, 9(1), 60-70.

Martin Prosperity Institute (2015). The global creativity index 2015. Retrieved from http://martinprosperity.org/media/Global-Creativity-Index-2015.pdf

Ministry of Education, Singapore (2013). Science Syllabus Primary. Retrieved from https://www.moe.gov.sg/education/syllabuses/sciences/

Ministry of Education (2018). New Zealand Curriculum. Retrieved from https://parents.education.govt.nz/primary-school/learning-at-school/new-zealand-curriculum/#NZcurriculum

Mishra, P., & Koehler, M. J. (2006). Technological pedagogical content knowledge: A framework for teachers' knowledge. Teachers College Record, 108, 1017–1054.

Niess, M. L. (2005). Preparing teachers to teach science and mathematics with technology: Developing a technology pedagogical content knowledge. Teaching and teacher education, 21(5), 509-523.

Niess, M. L. (2009). Mathematics teacher TPACK standards and revising teacher preparation. Retrieved from http://math.unipa.it/~grim/21_project/Niess445-449.pdf

OECD (2003). Definition and selection of competencies: Theoretical and conceptual foundation. OECD Press.

Schmidt, D. A., Baran, E., Thompson, A. D., Mishra, P., Koehler, M. J., & Shin, T. S. (2009). Technological pedagogical content knowledge (TPACK): The development and validation of an assessment instrument for preservice teachers. Journal of Research on Technology in Education, 42(2), 123-149.

Shulman, L. S. (1987). Knowledge and teaching: Foundations of the new reform. Harvard Educational Review, 57(1), 1–22.

Solomon, G. & Schrum, L. (2009). 웹 2.0과 교육(Web 2.0: New tools, new schools). (엄우용, 최명숙, 박은실 역). 서울: 아카데미 프레스. (Original work published in 2007)

Thompson, A. D., & Mishra, P. (2007). Editors' remarks: Breaking news: TPCK becomes TPACK!. Journal of Computing in Teacher Education, 24(2), 38-64.

Trilling, B., & Fadel, C. (2012). 21세기 핵심역량: 이 시대가 요구하는 핵심스킬(21st century skills: Learning for life in our times). (한국교육개발원 역). 학지사. (Original work published in 2009).

UBS (2016). Extreme automation and connectivity: The global, regional, and investment implications of the Fourth Industrial Revolution. UBS White Paper for the World Economic Forum Annual Meeting 2016.

UNESCO (2008). ICT competency standards for teachers: Competency standards modules.

World Economic Forum (2016). The future of jobs report: Employment, skills and workforce strategy for the fourth industrial revolution. Retrieved from http://www3.weforum.org/docs/WEF_Future_of_Jobs.pdf

World Economic Forum (2017). The Global risks report 2017. Retrieved from https://www.weforum.org/reports/the-global-risks-report-2017

World Economic Forum (2018). The future of jobs report 2018. Retrieved from https://www.weforum.org/reports/the-future-of-jobs-report-2018

Yeh, Y. F., Hsu, Y. S., Wu, H. K., Hwang, F. K., & Lin, T. C. (2014). Developing and validating technological pedagogical content knowledge practical (TPACK practical) through the Delphi survey technique. British Journal of Educational Technology, 45(4), 707-722.

07

ICT 핵심역량으로서의 디지털 읽기와 협력적 문제해결

임 효 진(서울교육대학교)

오늘날 세계 각국은 공교육 과정에 미래 사회를 대비한 핵심 역량과 관련된 내용들을 포함시키며 이에 관심을 기울이고 있다. 따라서 OECD와 같은 국제 기구들은 대규모 성취도 평가에서 다양한 영역의 인지적, 정의적 역량의 수준을 측정, 비교하고 있는데, 전통적으로 평가되어 오던 읽기, 수학, 과학 교과의 평가뿐만 아니라 디지털 읽기(디지털 문해 digital reading literacy)나 협력적 문제해결(collaborative problem-solving) 등의 혁신적 영역의 역량들도 평가에 포함되고 있다.

이러한 혁신 영역의 성취에서는 기존에 알려진 역량 관련 요인들이 중요하지만, 최근 들어 관심이 한층 높아진 정보통신기술(이하 ICT)과 관련된 요인 역시 중요하다. 이 장에서는 ICT 소양과 함께 최근 강조되고 있는 디지털 읽기와 협력적 문제해결력에 대한 우리나라 학생들의 성취와 관련된 변인들의 관계에 대해 실제 연구 결과들을 중심으로 시사점을 논의하고자 한다.

1. 서론

1.1 국제 평가 결과에서 나타난 우리나라 학생들의 성취

학생들 다양한 역량을 측정, 평가하는 도구로는 PISA(Programme for International Student Assessment)나 TIMSS(the Trends in International Mathematics and Science Study) 외에도, AHELO(Assessment of Higher Education Learning Outcomes)나 PIAAC (Programme for the International Assessment of Adult Competencies)와 같은 공인된 시

스템들이 있다. 이러한 평가 시스템에서는 오늘날의 지식정보사회가 요구하는 미래 인재상을 반영하여 주어진 과제의 목표에 맞는 지식과 정보를 선별, 통합하여 문제를 해결하는 능력을 총체적으로 측정하고 있다(Griffin, Care, & McGaw, 2012). 범국가적으로 시행되는 이러한 평가들은 각 국가들에서 교육정책의 구안과 수립을 위한 근거 자료로 활용되고 있다(OECD, 2013). 이 장에서는 컴퓨터 기반 평가의 연구가 가장 활발하게 이루어지고 있으며 2000년 이래 꾸준히 결과가 축적되어 온 PISA의 컴퓨터 기반 평가를 중심으로 우리나라 학생들의 성취 특성을 알아보고자 한다.

PISA는 OECD 주관 하에 대부분의 나라에서 의무교육이 종료되는 시점[1]인 만 15세 학생을 대상으로 3년마다 평가하되, 특히 미래 사회 시민이 갖추어야 할 역량을 점검하고 이러한 핵심 역량을 얼마나 습득하고 있는지에 초점을 두고 있다(OECD, 2014, p.24). 즉 측정하는 내용은 각국의 교육과정에 바탕을 둔 교과 지식이 아니라, 일상생활에서 직면하는 문제 상황을 해결하기 위해 영역별 지식과 기술을 활용할 수 있는 역량과 관련되어 있다. PISA에서는 각 나라의 성취 수준을 상대적으로 비교할 수 있는 다양한 지표들을 제공하기 때문에, 평가에 참여한 국가들은 각 국가의 교육시스템에 대한 교육적 성취의 결과를 국제적인 기준에서 판단하고 그 결과를 기초로 자국의 교육을 개선하고자 한다(구자옥 외, 2015).

PISA는 최초 시행된 2000년에 32개국이 참여한 것을 필두로, 2003년에 41개국, 2006년에 57개국, 2009년에 65개국, 2012년에 65개국, 2015년에 72개국이 참여했으며, 2018년에는 약 80개국이 참여함으로써 그 수가 계속 증가하고 있다. 이러한 참여국 수의 증가는 미래 교육에 대한 관심과 국제 비교 연구의 중요성을 모든 나라에서 인지하고 있음을 보여준다(구자옥 외, 2016). 우리나라는 1996년 OECD에 가입한 이후 최초 주기인 2000년부터 PISA 연구에 참여해 왔으며, 매 주기마다 국가센터(한국교육과정평가원)는 예비 검사와 본 검사 시행, 국제 비교 분석 등의 연구를 실시해왔다. 일반 연구자들 역시 OECD 웹사이트에 공개된 PISA 데이터를 활용하여 각종 분석 및 연구들을 실시하고 있

1) 만 15세라는 기준은 OECD가 지정한 의무교육 종료 연령이다. 우리나라에서 표집된 학생들은 해당 나이의 약 90%가 고등학교 1학년에 해당하므로 약간의 차이가 있다. 예를 들어 2015년의 경우 우리나라에서는 고등학교 145개교(5,201명), 중학교 23개교(548명)가 참여했으므로, 대부분이 의무교육 과정 중에 있었다고 볼 수 있다.

으며, 이러한 연구 결과는 매년 축적, 발표되고 있다.

PISA는 기본적으로 읽기, 수학, 과학의 3개 영역을 평가하되, 매 주기마다 한 영역을 주 영역으로, 나머지 두 영역을 보조 영역으로 정하고 검사를 시행한다. 본 검사의 주 영역은 새로 개발된 문항과 그간 실시된 추이 문항을 함께 평가하는 반면, 보조 영역은 추이 문항만을 평가한다. 또한 읽기, 수학, 과학에 영향을 줄 수 있는 교육 맥락 변인(개인, 가정, 학교 특성)들을 설문조사로 실시하고 있는데, 컴퓨터 기반으로 평가된 것은 2006년 수학 영역이 최초이다. 아래 <표 7.1>은 컴퓨터 기반으로 시행된 평가 영역을 시기별로 보여주고 있다.

이러한 평가 결과에서 우리나라 학생들의 성취 수준은 국제적으로도 우수함이 증명되고 있다. PISA의 국가별 순위는 각 국가별로 평균점수에 해당하는 등수를 제공하지 않고, 표본 조사임을 감안하여 95% 신뢰수준에서 그 국가가 위치할 수 있는 최고 등수와 최하 등수를 추정하여 순위를 범위의 형식으로 나타난다. <표 7.2>에서는 우리나라 학생들의 성취 결과를 보여주고 있는데, 이를 보면 우리나라 학생들은 대부분의 영역에서 상위권을 유지하고 있으며, 특히 디지털 읽기에 있어서 압도적으로 높은 성취를 보이고 있음을 알 수 있다.

성취 결과에서 주목할 만한 사실은 해당 영역에 대한 흥미, 자신감, 가치 인식 등을 다루는 정의적 영역에서는 상대적으로 낮은 수준을 보이고 있다는 것이다. 이는 인지적-정의적 영역 성취의 불균형 또는 불일치를 주제로 자주 논의되어 온, 우리나라를 비롯한

표 7.1 PISA 주기에 따른 컴퓨터 기반 평가 실시(우리나라 참여기준)

	2006	2009	2012	2015	2018
읽기	○	○	○	◎	◎
수학	○	○	○	◎	◎
과학	○	○	○	◎	◎
혁신영역	-	-	◎문제해결력	◎협력적문제 해결력	◎글로벌역량
선택영역	◎수학	◎디지털읽기	◎디지털읽기 ◎수학		

* ○: 지필평가 ◎: 컴퓨터 기반 평가
* 음영 처리된 영역은 각 주기의 주 영역에 해당
출처: 구자옥 외(2016)를 바탕으로 수정함

표 7.2 PISA 주기에 따른 컴퓨터 기반 평가 실시(우리나라 참여기준) 우리나라 학생들의 PISA 영역별 순위 (2006년 이후)

	2006	2009	2012	2015
읽기	1위	1-2위	1-2위	3-8위
수학	1-2위	1-2위	1위	1-4위
과학	5-9위	2-4위	2-4위	5-8위
혁신영역	-	-	문제해결(1위)	협력적 문제해결 (2-5위)
선택영역		디지털읽기(1위)	디지털읽기(2위)	

* 결과는 OECD 회원국 기준임. OECD 비회원국까지 포함한 기준의 순위는 약간 다를 수 있음.
출처: e-나라지표(https://www.index.go.kr)를 바탕으로 수정

몇몇 국가(일본, 싱가폴 등) 학생들의 특성이라 볼 수 있다. 정의적 영 역에 대해서는 각 주기별로 주 영역에 해당하는 교과만을 측정하고 있는데, 예컨대 2006년에는 과학 과목에 대해서만 흥미, 자신감, 가치를 묻는 설문을 실시했고, 2009년에는 읽기, 2012년에는 수학에 대해서만 해당 설문을 실시하였다. 정의적 영역은 공통적으로는 흥미, 자신감(자기개념, 자기효능감), 가치를 측정하지만, 그 과목에 해당하는 특수한 요소를 측정하기도 한다. 예컨대 읽기의 경우에는 읽기에 대한 즐거움(독서 태도), 수학의 경우에는 수학 불안, 과학의 경우에는 인식론적 신념 같은 것들이다. 이처럼 교과별로 정의적 태도에 대한 설문 문항이 서로 다르게 구성되기 때문에, 우리나라 학생들의 정의적 특성의 수준을 전체적으로 비교하거나 일반화된 결론을 내리기에는 보다 면밀한 분석이 필요하다[2]. 그럼에도 불구하고 매 주기 측정되는 정의적 특성들의 수준 자체는 일반적으로 OECD 평균보다 낮은 수준을 보이고 있고, 이 같은 결과는 교육연구자, 정책입안가의 관심 사항이 되고 있다.

2) 우리나라 학생들이 과학에 대해 '낮은' 가치인식을 한다고 보고된 2006년 결과의 경우, 심층분석(조지민 외, 2012)에 의하면 일반적인 가치(과학이 세계를 이해하는데 중요하고 사회 발전에 도움이 된다고 인식하는 수준)의 점수는 OECD 평균보다 높다. 단, 개인적인 가치(과학이 자신의 미래에 도움이 된다고 인식하는 수준)의 점수는 OECD 평균보다 낮아서, 단순히 우리나라 학생들이 "과학에 대한 가치 수준이 낮다"고 할 때 어떠한 정의적 특성을 나타내는지 구분할 필요가 있음을 보여준다.

1.2 국제성취도검사의 혁신적 평가(innovative assessment) 영역

앞 절에서는 PISA에서 주로 강조되어 온 역량 평가가 전통적인 읽기, 수학, 과학에서 어떻게 이루어졌으며 우리나라 학생들이 이러한 평가에서 어떤 성취를 보였는지를 간단하게 검토하였다. 이어서 이 장에서 전체적으로 다룰 내용은 PISA에서 소위 '혁신 평가 영역'이라고 부르는 것들 중 디지털 읽기와 협력적 문제해결 역량에 관한 것이다.

2000년대 초반부터 각 국가들이 주목해 온 핵심역량 중 공통적으로 강조되는 것은 '타인과의 효과적인 의사소통' 또는 '정보의 수집과 처리'를 다루는 역량이다. 이미 OECD에서는 DeSeCo(Definition and Selection of Competence) 프로젝트를 통해 미래 사회에서 요구되는 핵심 역량의 종류를 지정하고 위에서 말한 역량들을 측정·평가했으며, 이러한 평가 결과를 바탕으로 하여 역량 향상을 꾀할 수 있는 교육적 지원이 어떻게 이루어져야 하는지를 지속적으로 연구했다.

DeSeCo 프로젝트가 수행된 이후 많은 국가들은 이를 토대로 '역량중심 교육과정'이라는 이름하에 교육과정 개편 작업을 진행했으며, 우리나라도 이에 발맞추어 학교교육을 통한 역량의 향상을 목적으로 교육과정을 구조화했다. OECD가 DeSeCo 프로젝트에서 강조했던 핵심역량들은 그 이후 10여 년이 지나 또 다른 국제 공동 프로젝트인 ESP (Education and Social Progress) 연구로 이어지고 있는데, 이 연구에서는 두 가지 부분 즉 학교 교육을 마친 시점에서 사회인으로 성공하기 위해 갖추어야 하는 능력을 강조하는 부분과, 이를 좀 더 확대하여 개인적 행복과 사회의 발전을 도모할 수 있는 능력을 강조하는 부분을 통합하였다.

최근 ESP 프로젝트에서 강조하고 있는 것은 역량의 역동성이다. 이는 역량이라는 것을 정체되어 있거나 정해진 수준만큼만 획득 또는 달성된다고 보는 것이 아니라, 유동적인 상황과 환경에 맞추어 얼마든지 역동적으로 변할 수 있다고 보는 것을 말한다. 또한 ESP에서는 각 국가의 정책적 관심이 이제는 더 이상 경제발전이 아닌 행복감(well-being)이나 사회 진보(social progress)로 옮겨가고 있음에 주목하여, 이와 관련된 새로운 역량들을 중심으로 구조화한 바 있다.

구체적인 역량의 종류에 있어서는 차이를 보이지만, DeSeCo 프로젝트나 ESP 프로젝트 등에서 과거 20여 년 동안 강조되어 온 핵심 역량 중에는 '정보처리'와 관련된 내용이 공통적으로 포함되어 있다. 이는 정보처리 역량 자체의 중요성을 반영할 뿐만 아니라,

이를 활용한 교수-학습의 과정과 결과에 있어서도 획기적인 변화가 일어나고 있음을 보여준다. 최근 ICT에 대한 지식, 기술, 태도를 포함하는 특성을 'ICT 소양'이라는 이름하에 컴퓨터나 소프트웨어 교육처럼 정규 교육과정 안에 포함시키게 된 것도 이와 같은 흐름을 반영한다. 하지만 이러한 ICT 소양이 더욱 중요해진 것은 교수-학습 현장에서 ICT의 활용이 없이는 수업이나 과제 수행을 포함한 대부분의 활동이 제한되고 있기 때문이다. 특히 지금의 현장에서는 '초연결'(hyperconnected)라는 말이 어색하지 않을 정도로, 학생들은 교실과 같은 물리적인 공간을 넘어서 인터넷을 통한 가상공간에서의 상호작용을 통해 학습 경험을 이어가고 있다.

이러한 사회적 흐름에 발맞추어 학생 평가 체제나 방법도 지난 10여 년 동안 큰 변화를 겪었다. 앞에서 살펴본 국제성취도 평가 PISA는 2006년부터는 부분적으로, 또 2009년부터는 지필검사와 병행하여 컴퓨터 기반의 검사를 실시했고, 2015년부터는 컴퓨터 기반의 검사로만 실시하는 것으로 전면 전환된 상태다. 비단 시대적 흐름 때문만이 아니라, 평가의 목적과 내용에 따라 다양한 평가 방법을 활용하는 것은 평가의 기본 원칙 중 하나다. 예컨대 수학에 대한 능력을 다양하게 평가하기 위해서는 학생에게 계산기, 컴퓨터, 소프트웨어 등의 공학적 도구를 이용할 수 있게 해야 한다는 주장이 제기되었다. 이는 전통적인 평가 방식에서 부족했던 점을 보완하는 차원에서 제시된 것인데, 특히 OECD(2012)는 컴퓨터 기반 평가의 우수성을 강조하면서, 이를 통해 지필 평가로 측정하기 어려웠던 능력을 측정할 수 있다고 하였다. 협력적 문제해결력이나 개인적 인식론에 기반을 둔 과학적 탐구 능력을 평가하는 데에는 컴퓨터 기반의 검사가 훨씬 용이하다. 학생들이 문제에 어떻게 접근하는지, 문제를 어떻게 이해하는지, 또는 협력을 위해 어떻게 의사소통을 하고 있는지 등을 측정, 처리, 분석하는 데에는 컴퓨터의 사용이 필수적이기 때문이다(임해미, 2013). 이미 많은 교과 교육 연구자들은 이 같은 주장을 받아들이고 있으며 예컨대 최인선(2013)은 수학 교과에서 컴퓨터 기반의 학업성취도 평가가 어떻게 구현될 수 있는지를 탐색하였고, 국가 수준의 학업성취도 평가가 컴퓨터 기반 평가로 전환할 때 나타나는 장점들을 제시했다. 즉, 통계 소프트웨어, 기하 작도, 시각화 도구, 가상 측정 도구 등이 구현됨으로써 전통적인 지필 검사에서 평가하지 못했던 수학적 소양을 평가할 수 있다는 것이다(p. 209).

다양한 영역에서 실행되고 있는 컴퓨터 기반 평가의 목적과 배경, 과정을 이 장에서 모두 설명하는 것은 주제의 범위를 벗어나는 것이기 때문에, 이하에서는 실제로 행해졌던 국제성취도 검사 중 컴퓨터 기반 평가가 대규모로 이루어진 두 가지 영역(디지털 읽기, 협력적 문제해결)의 결과를 통해 이들 역량에 관련된 요인들을 알아보고 시사점을 도출하고자 한다.

2. 디지털 읽기와 협력적 문제해결 역량

2.1 디지털 읽기 역량의 특성과 관련 요인

디지털 읽기(digital reading)는 텍스트의 이해가 기본이 된다는 점에서 기존의 인쇄물 읽기(print reading)와 유사한 면이 많다. 디지털 읽기의 중요성과 역할, 그리고 인쇄물 읽기와의 차이점 등에 대해서는 이미 2000년대 초반부터 연구되기 시작했다. 현재까지 다양한 연령층에 걸쳐 디지털 읽기 활동이 증가하고 있으며, 특히 학령기 연령에서는 압도적인 비율로 이러한 활동이 이루어지고 있다. 2017년 조사한 자료에 의하면 인쇄물과 디지털 기기를 활용한 독서 활동은 성인이 62.3%인데 비해 초중고 학생은 93.2%라는 높은 비율로 나타났다(백원근 외, 2017).

이러한 현상과 맞물려 읽기라는 활동을 과거와는 다른 관점으로 바라보아야 할 필요성이 제기되었으며, 따라서 PISA에서는 평가 초기부터 주요 교과 영역으로서의 읽기 소양(reading literacy)[3]을 다음과 같이 정의하였다. 읽기 소양은 "자신의 목적을 성취하고 지식과 잠재적 능력을 계발하며 사회에 참여하기 위해, 다양한 텍스트(written text)를 이해, 활용하고 텍스트를 바탕으로 성찰하며, 다양한 텍스트의 읽기 활동에 참여하는 능력"(OECD, 2009, p. 32)이다. 여기서 주목할 점은 '다양한 텍스트'에 해당하는 대상이 인쇄 매체(책, 신문, 잡지 등)에서 디지털 매체(컴퓨터, PDA, 모바일폰 등)로 확장되었다는 것이다.

4차 산업혁명 시대에는 디지털 환경에서의 의사소통이 더욱 중요하게 인식되고 있는

3) '소양'에 해당하는 literacy는 국어교육이나 유아교육 쪽에서 '문식성' 또는 '리터러시'로 표기하는 경우가 있다(김경희 외, 2010). 단 PISA에서는 다른 영역에 있어서도 능력 또는 역량으로 literacy를 사용하기 때문에(예: mathematical literacy, scientific literacy) 여기서는 소양 혹은 역량의 개념으로 이해하기로 한다.

바, 디지털 읽기에 대한 용어와 정의도 관련 분야에 따라 다양하게 제시되고 있다. 예를 들면 '디지털 리터러시'(디지털 문해 또는 문식성, Martin & Grudziecki, 2006)나 '컴퓨터 리터러시'(Shapiro & Hughes, 1996) 같은 용어들이 나타났고, 이러한 용어들은 본 절에서 말하고 있는 디지털 매체 읽기뿐 아니라 디지털 기기 또는 테크놀로지 전반에 대한 사용 태도나 윤리, 가치까지 포함하고 있는 광범위한 용어들이다.[4)]

이와 같은 정의는 위에서 나온 '읽기 소양'이라는 정의보다 다소 확대되었지만, 핵심적인 부분은 유사하다고 할 수 있다. 읽기의 대상을 인쇄물뿐 아니라 디지털 텍스트로까지 확장하였을 뿐 아니라, '읽기 활동에 참여하는 능력'이라는 문구에서 알 수 있듯이 참여(engagement)를 위해 필요한 동기, 태도, 가치 등을 포함하고 있다. 이로써 디지털 읽기에서는 읽기에 필요한 인지적, 정의적 특성을 모두 고려하고 있음을 알 수 있다.

다시 말해, 평가에서 중요시하는 역량으로서의 디지털 읽기를 말할 때에는 읽은 내용에 대한 이해를 넘어서, 이해의 수준을 높이기 위한 태도나 행동까지도 포함하고 있다는 것인데, 이는 디지털 읽기와 인쇄물 읽기의 차이점을 보면 더 뚜렷해진다. 가장 중요한 차이점은 주어진 내용에 대한 이해를 돕는 정보나 자료들이 (인터넷을 활용한) 하이퍼텍스트를 통해 훨씬 광범위하게, 때로는 무한대로 제시된다는 것이다. 그렇기 때문에 디지털 읽기에서는 이러한 정보나 자료들을 이해에 도움이 되는 방식으로 선별하는 능력, 그리고 진위를 파악하기 위해 비판적으로 사고하고 평가하는 능력이 중요하게 여겨진다. 다음 <표 7.3>에서는 PISA 읽기 영역(2009, 2018)에서의 평가틀에 나타난 범주와 하위 요소들이 제시되어 있는데, 평가틀에 의하면 읽기에 작용하는 개인의 인지 과정, 텍스트, 맥락(목적)의 체제를 유지하고 있다(박혜영, 2017).

---

4) 한국교육학술정보원(KERIS)의 정의에 따르면 디지털 리터러시는 다음과 같이 정의된다. "디지털 매체와 테크놀로지를 사용할 수 있는 기술과 지식을 습득하고 필요한 정보를 인식하고 정보를 찾을 수 있는 정보원을 찾고 전략을 세우며 더 나아가 찾은 정보를 비판적으로 선별하여 문제해결, 커뮤니케이션, 그리고 지식을 창출함으로써 개인, 사회, 국가 발전에 기여하고 더 나아가 세계에 공헌할 수 있는 능력"(2017, p.11). 또 다른 정의는 영국의 정보화기관 JISC에 따른 것으로, 디지털 사회에서 적합하게 살고, 학습하며, 일하는 역량을 말한다. 여기에서 핵심적인 요소는 디지털 정체성과 웰빙, 정보/데이터, 미디어 리터러시, 디지털 학습과 자기계발, 디지털 창조 혁신, ICT 능력 등이다(홍명희, 이순영, 2018). 이처럼 디지털 리터러시에 정체성, 웰빙, 창조 등의 요소를 포함시키는 것으로 볼 때, 디지털 리터러시라는 용어는 광범위하고 포괄적으로 사용되고 있음을 알 수 있다.

표 7.3 PISA 2009, 2018의 읽기 평가틀

<table>
<tr><th></th><th colspan="2">2009</th><th colspan="2">2018</th></tr>
<tr><td rowspan="7">과정</td><td colspan="2" rowspan="2">접근 및 확인</td><td rowspan="7">텍스트
과정
×
과제
관리</td><td>훑어읽기와 위치파악</td></tr>
<tr><td>관련텍스트 검색과 선택</td></tr>
<tr><td colspan="2" rowspan="2">통합 및 해석</td><td>축약된 의미의 표상</td></tr>
<tr><td>통합과 추론 생성</td></tr>
<tr><td colspan="2" rowspan="3">성찰 및 평가</td><td>내용과 형식 성찰</td></tr>
<tr><td>정보의 질과 신뢰성 평가</td></tr>
<tr><td>상충 내용의 발견과 처리</td></tr>
<tr><td rowspan="4">텍스트</td><td>매체</td><td>인쇄, 디지털</td><td>자료</td><td>단일 또는 다중 텍스트</td></tr>
<tr><td>환경</td><td>저작자 중심,
메시지 중심</td><td>조직, 탐색</td><td>정적, 동적</td></tr>
<tr><td>체제</td><td>연속적, 비연속적, 혼합적, 다중적</td><td>체제</td><td>연속적, 비연속적, 혼합적</td></tr>
<tr><td>유형</td><td>기술, 논증, 서사, 지시, 설명, 상호작용</td><td>유형</td><td>기술, 서사, 설명, 논증, 지시, 상호작용</td></tr>
<tr><td>목적</td><td colspan="4">개인적, 공적, 직업적, 교육적</td></tr>
</table>

출처: 박혜영(2017)을 바탕으로 수정함.

디지털 읽기와 전통적인 인쇄물 읽기의 차이를 좀더 자세하게 설명하면 다음과 같다. 우선, 디지털 읽기는 자료가 하이퍼텍스트(hypertext)로 구성된다. 하이퍼텍스트는 비선형적(non-linear)이고 분절적이며 복합양식적(multi-modal)이라는 점에서 전통적인 인쇄물 읽기와 뚜렷한 차이를 보인다(Coiro, Castek, & Guzniczak, 2011). 또 다른 차이는 디지털 읽기에 사용되는 기능과 전략이다. Afflerbach & Cho(2008), Coiro & Dobler(2007)는 디지털 읽기에 필요한 기능을 정보탐색, 정보분석/평가, 정보종합, 정보소통이라는 요소를 포함한 모형으로 제안하였다. 이는 Leu, Kinzer, Coiro, & Cammack(2004)에 의해서 구체화되었고, 현재는 미국의 ORCA(Online Research and Comprehension Assessment)에 의해 (1) 정보탐색을 위한 읽기(reading locate), (2) 평가하며 읽기(reading to evaluate), (3) 종합하며 읽기(reading to synthesize), (4) 의사소통하기(reading and writing to communicate)의 평가 요소가 제안되었다(최숙기, 2013).

앞에서 언급했듯이, 인쇄물 읽기와 디지털 읽기의 가장 큰 차이점은 자료 자체가 하이

퍼텍스트로 제공된다는 것이다. 하이퍼텍스트를 통하여 내용의 진실성, 신뢰성, 편향성 등(다시 말해 텍스트의 질)을 판단하며, 가능한 정보에 접근하고 추출하는 것이 얼마든지 가능하다. 즉 기존 인쇄물 읽기에서는 내용의 진위를 판단하는 근거가 주어진 텍스트에만 있었다면, 디지털 읽기에서는 하이퍼텍스트 구조 속에서 다양한 정보의 탐색, 평가, 종합이 이루어지게 된다. 따라서 이와 관련된 능력이 디지털 읽기 역량의 핵심적인 요소라고 볼 수 있다.

또한, 다양한 정보에의 접근과 추출이 용이해지면서 정보의 신뢰성을 평가하는 분석적, 비판적 능력도 한층 더 요구된다(Strømsø, Bråten, & Samuelstuen, 2008). 이러한 디지털 읽기 평가가 처음으로 이루어진 것은 PISA 2009부터인데, 이때의 자료를 분석한 연구 결과들은 미래 사회의 읽기 역량에 있어서 어떠한 점에 주목해야 하는지를 잘 보여주고 있으며, 읽기 교과에서의 교수-학습이 어떻게 변화하고 있는지에 대한 시사점을 제공해준다[5]. 이하에서는 우리나라 학생들의 디지털 읽기 성취 결과를 중심으로 이와 관련된 요인들을 살펴볼 것이다.

먼저, 디지털 읽기에서는 기존 인쇄물 읽기와 관련된 요인들(읽기태도, 동기, 행동)이 여전히 중요하게 다루어진다. 읽기에 대한 인지(전략), 동기, 행동을 포괄적으로 설명하고 있는 읽기참여 모형(reading engagement model)(Wigfield & Guthrie, 2000)에서는 참여적 독자(engaged reader)를 "개인적 목표, 열망, 의도를 충족시키기 위해(동기) [이해에 효율적인] 지식과 전략을 조절(인지)"하는 독자(p. 404)라고 설명한다. 디지털 읽기에 있어서도 이러한 읽기 동기나 읽기 전략이 중요한 역할을 하고 있음이 많은 연구들에서 밝혀졌다. Lim, Bong, & Woo(2015)는 우리나라 학생들의 PISA 2009 자료를 분석하면서, 가정환경(가정에서의 도서 보유, 문화자산 수), 부모(읽기 태도와 읽기 지원), 교사(읽기 수업에서 교사가 제공하는 전략) 등이 학생의 읽기 태도, 인지전략, 온라인 읽기 행동에 어떠한 영향을 끼치는지 확인하였다. 연구 결과 온라인 읽기(이메일 읽기, 온라인 정보 탐색 등)에 미치는 읽기 태도의 효과가 가장 크게 나타났으며, 가정의 읽기 환경(도서 보유 수, 읽기를 자극하는 환경), 부모의 읽기 지원(도서관 같이 가기, 책 같이 읽기 등), 교

---

5) 이 절에서 이하의 내용은 임효진, 정혜경(2014), Lim, Bong, & Woo(2015), Lim & Jung(2019) 연구의 일부 내용을 요약, 발췌하고 재구성하였다. 이들 연구는 모두 동일한 PISA 2009 자료를 사용하였고, 첫 번째와 세 번째 자료는 실제 디지털 읽기 점수(성취 점수)를 포함하고 있다.

사의 과제 제시 전략(학생의 읽기 과제에 대해 교사가 피드백 해주기, 읽기 과제가 어떻게 평가될 것인지 미리 알려주기 등)도 유의한 예측력을 보여주었다. 이는 기존의 읽기 모형에서 말하던, 인쇄물 읽기와 관련된 요소들이 여전히 중요하다는 것을 보여준다.

이어 디지털 읽기 역량을 분석한 임효진, 정혜경(2014), Lim & Jung(2019)에서는 디지털 읽기의 선행 요인들이 어떤 구조로 영향을 주고 있는지에 대한 결과를 제시하고 있다. 임효진, 정혜경(2014)에서는 읽기참여 모형에 읽기 성취 결과를 추가, 학생과 학교의 2수준 다층 구조방정식 모형을 분석하였다. 여기서는 인쇄물 읽기와 디지털 읽기 평가 점수를 종속 변인으로 하여, 이에 영향을 미치는 읽기참여의 종류를 인지적 참여(학습전략, 메타인지전략), 동기적 참여(읽기에 대한 흥미, 즐거움, 가치), 행동적 참여(읽기 시간, 도서관 활동)로 규정지어, 각 참여 변인들의 예측력을 알아보았다. 전체적으로는 인쇄물 읽기와 디지털 읽기에 미치는 참여의 효과들이 유사하게 나타났다. 구체적으로는 읽기에 대해 즐거움을 느끼고 가치를 인식한 학생일수록 효과적인 학습전략과 메타인지 전략을 사용하고, 독서에 시간을 더 많이 투자하는 학생일수록 도서관을 더 많이 활용하는 것을 알 수 있다. 인지적, 행동적 참여가 읽기 성취(인쇄물, 디지털 텍스트)를 직접적으로 예측하는 가운데 특히 주목할 것은 메타인지가 상대적으로 중요한 요인으로 부각되었다는 것이다.

메타인지는 읽기 전반에 있어서 매우 중요한 역할을 하며, 디지털 읽기에서 특히 주목해야할 요인 중 하나이다. 메타인지는 간단히 말해 '인지에 대한 인지'로, 스스로의 인지 활동을 계획, 점검, 조절, 평가하는 순환적 과정, 즉 상위인지에 속하는 활동을 말한다. 읽기 영역에 있어서 PISA 2009의 메타인지는 기존의 다른 연구자들이 많이 사용하는 것처럼 응답자가 자기에 대한 평가를 스스로 내리는 자기보고식 설문(예: '당신은 얼마나 다음 전략을 사용합니까?')이 아니라, 실제 전략의 유용성 정도를 '이해'하는 정도를 측정하였고, 따라서 응답자의 주관성을 배제하고 객관성을 확보하였다. 구체적인 방법으로는 학생에게 해당 읽기 과제를 설명한 뒤, 각 메타인지 전략이 얼마나 문제해결을 위해 활용가능한지 그 여부를 평가하게 함으로써[6], 전문가들이 평정한 유용성의 정도와 비교

6) 예를 들면 메타인지의 문항은 다음과 같다. "아프리카 온난화에 대한 2쪽 분량의 글을 읽고 요약하려고 합니다. 다음에 제시된 전략이 얼마나 유용한지를 각각 1점에서 6점까지 평가해보세요" 제시된 전략은 유용성이 높은 것과 낮은 것이 섞여 있어, 실제로 유용성이 낮은 전략에 높은 점수를 주거나, 높은 전략

한 결과치를 제공하였다.

이와 같은 메타인지의 종류는 다음과 같은 두가지가 제시되었다. 먼저 이해 및 기억(understanding and remembering) 전략은 텍스트를 이해하고 기억하기 위한 6가지 전략(이해하기 쉬운 부분에 먼저 집중, 빠르게 읽기, 토론하기, 밑줄 긋기, 자기말로 요약하기, 소리 내어 읽어주기)을 얼마나 유용하게 평가하고 있는지를 묻고 있다. 그 다음 요약하기(summarizing) 전략은 긴 글을 읽고 주요 내용을 중심으로 요약하여 정확히 전달하는 데 필요한 5가지 전략(요약 후 문단 확인, 가능한 많은 문장 쓰기, 텍스트를 여러 번 읽기, 중요한 사실을 확인하기, 자기말로 요약하기)의 유용성을 평가하도록 되어 있다(OECD, 2009). 주목할 것은 위에서 제시한 전략 중 유용한 전략과 그렇지 않은 전략이 혼합되어 있다는 것이다. 즉 읽기의 메타인지라는 것은 이러한 차이점을 구분하고, 실제로 자신이 사용하는 전략이 어떠한 것인지를 모니터링하면서, 더 유용한 전략을 사용할 수 있도록 노력하는 것까지 포함한다.

연구에서 메타인지는 인쇄물 읽기와 디지털 읽기 모두에 큰 효과 크기를 보였고, 이는 다른 학습 전략(읽기 내용의 조직화[마인드 맵 그리기, 표 만들기], 정교화[이미 알고 있는 것과 연결, 실생활과 연결])보다도 크게 나타났다. 특히 메타인지가 디지털 읽기에서 중요한 요소로 평가되는 것은, 앞서 설명한 것처럼 디지털 읽기에서는 정보의 수집과 평가에 대한 비판적 능력이 무엇보다 필요하기 때문이다. 온라인상에서 서로 다른 다양한 텍스트를 접하고 빠른 시간 동안 과제에 도움이 되는지 그렇지 않은지를 판단하기 위해서는 내용에 대한 이해와 이를 위한 정보의 정리, 요약 활동을 촉진하는 전략이 필요하다. 인쇄물 읽기뿐만 아니라 디지털 읽기에서도 메타인지의 예측력이 높게 나타난 것은 이와 같은 이유라고 볼 수 있다.

이러한 디지털 읽기에 미치는 인지적, 동기적, 행동적 요인들에 대해 심층적으로 분석한 Lim & Jung(2019)의 연구에서는 메타인지와 관련이 높으면서도 디지털 읽기만의 고유한 전략으로 분류될 수 있는 ICT 소양(지식, 태도, 자신감)과 온라인 활동, 내비게이션(navigation)을 추가하였다. ICT 소양 즉 ICT에 대한 지식, 기술, 태도에 관해서, PISA

에 낮은 점수를 주는 학생은 메타인지 수준이 낮은 것으로 파악할 수 있다. 이는 어떤 학생이 A전략에 대해 실제 유용성의 정도를 알지 못하거나 잘 사용하지 않는 상태에서 그 전략을 '잘 알고 있다' 혹은 '자주 사용한다'와 같이 응답할 가능성을 배제할 수 있어, 객관성을 유지할 수 있다는 장점이 있다.

2009에서는 디지털 기기의 사용과 이를 기반으로 한 온라인 활동에 대해 얼마나 유능감을 느끼고 있으며 얼마나 긍정적으로 생각하고 있는지를 묻는다. Lee & Wu(2012)는 디지털 기기에 대해 긍정적으로 생각하고 잘 사용할수록 디지털 읽기에 대한 흥미, 즐거움, 자신감 등이 높아졌다고 하였으며, 기존 연구에서도 디지털 읽기에서 낮은 성취를 보인 학생일수록 컴퓨터에 대해 부정적인 인식을 가지고 있다고 보고한 바 있다(Collins, Onwuebuzie, & Jia, 2008).

한편, 이러한 ICT 소양 못지않게 디지털 읽기에 직접적인 영향을 주는 중요한 요소가 있는데, 이것은 학생들이 온라인상에서 참여하는 활동의 내용에 관련된 것이다. 구체적으로 말하면 Lim & Jung(2019)이 분석한 두 종류의 온라인 활동으로서, '정보수집 활동'(information-searching activities)과 '사회적 상호작용 활동'(social interaction activities)이다. 전자는 숙제를 위해 인터넷 정보를 찾아보거나 온라인 백과사전을 이용하는 등 학습의 목적으로 온라인을 사용하는 활동이고, 후자는 채팅, 메신저 등과 같이 사교나 여가의 목적으로 사용하는 활동이다. Naumann(2015)은 사회적 상호작용 활동이 종종 유희나 오락으로 전락하여 실제 공부나 숙제를 할 시간을 빼앗기 때문에 부정적인 효과를 가져다준다고 하였던 반면, Gil-Flores, Torres-Gordillo, & Perera-Rodríguez(2012)는 학습 목적이든 오락 목적이든 온라인 읽기 활동은 모두 디지털 읽기에 긍정적인 영향을 준다고 하였다. Lim & Jung(2019)을 비롯한 국내 연구에서도 어떤 종류의 활동이 디지털 읽기에 더 큰 도움이 되는 것인지에 대해 뚜렷한 결론을 내리지 못하고 있다. 이는 아마도 활동 자체의 효과보다는 이에 관여하는 다른 요인과의 상호작용이 더 크게 나타나기 때문으로 여겨진다.

마지막으로 살펴볼 것은 내비게이션이다. 내비게이션은 앞서 디지털 읽기에서 중요한 전략으로 지목되었던 온라인상의 정보에 대한 접근과 평가(access and evaluation) 능력과 함께 디지털 읽기에서 중요한 역할을 하고 있다. 하이퍼텍스트가 관여된 인터넷 상에서는 해당 정보를 찾기 위해 적절한 경로를 검색하는 단계를 거치게 되는데, 네트워크상에서 정보가 분기되는 지점인 '노드(nod)'마다 해당 정보와의 관련성을 판단하여 경로를 재설정해야 한다(박혜영, 2017). 내비게이션을 간단히 정의하면, '하이퍼텍스트 페이지에 있어서 정확하고 적절한 정보가 있는 경로를 설정하고 이동하는 능력/행동'을 말하며(Lawless & Schrader, 2008), 다른 말로는 '디지털 텍스트를 탐색(locate)하고 독자가 필요한 이해를 구성하기 위해 다양한 경로(페이지)를 선택하고 순서화함으로써 적절한 정보를 얻으려고 조직화하는 과정'이라 할 수 있다(Hahnel et al., 2016). 보통 내비게이션은 디지털 텍스트를 트래킹하거나 스크롤하는 행동으로 구현되며, 이에 대한 지표로 웹페이지 방문 횟수를 사용하는 경우가 많다(OECD, 2015).

디지털 읽기에서 내비게이션이 그 자체로 전략적인 활동이 되려면, 페이지를 선택하고 이동하는 등의 행동이 필요한 정보를 얻기에 적절한 형태로 조직되어야 한다. 디지털 읽기에서 전략적 내비게이션 행동의 중요성은 아무리 강조해도 지나치지 않은데, 그 이유는 앞에서도 반복해서 강조하였듯이 디지털 읽기 활동에서는 독자 자신이 외부의 정보를 수집하고 선별하는 역할을 하기 때문에, 독자들 스스로가 그 효율성과 효과성을 판단해야 하고 이에 따라 다양한 웹사이트 검색, 방문, 이동 등이 이루어져야 하기 때문이다.

이렇듯 디지털 읽기에서 내비게이션이 매우 중요함에도 불구하고, 이에 대한 연구는 아직까지 상대적으로 많지 않다. 먼저 어떤 활동을 내비게이션으로 정의하느냐에 대한 문제도 여전히 남아 있다. 예를 들어, OECD는 PISA 2009의 내비게이션 측정 방법을 세 가지 지표로 조직화하여 제시하고 있는데(OECD, 2011, p. 228), 방문한 페이지 수(number of page visits), 적절한 정보가 있는 페이지를 [반복하여] 방문한 수(number of visits to relevant pages), 적절한 정보가 있는 페이지들을 방문한 수(number of relevant pages visited)가 그것이다.

좀 더 자세히 설명하면, 첫 번째 지표인 '독자가 방문한 페이지 수'라는 것은 해당 페이지에 필요한 정보가 있을 수도, 없을 수도 있기 때문에, 그것으로는 상대적인 내비게이션의 효율성을 판단하기가 어렵다. 두 번째 지표인 '필요한 정보가 있는 페이지를 방문하되, 같은 페이지를 반복해서 방문한다는 것'은 이 과정에서 독자가 필요한 정보를 제대로 찾고 있는지에 대한 확신이 상대적으로 덜하다는 것을 보여준다. 반면 세 번째 지표인 '관련 정보가 있는 (서로 다른) 페이지들을 방문한 수'를 보면 얼마나 효율적으로 다양한 정보를 수집하고 있는지를 판단할 수 있다[7]. 따라서 디지털 읽기와의 상관관계가 가장 높게 나타나는 것은 세 번째 지표라고 할 수 있다(OECD, 2011, p. 261).

관련된 연구에서 Lim & Jung(2019)은 기존 연구와는 다르게, 인쇄물 읽기의 수준을 통제함으로써 디지털 읽기 역량에 고유한 예측력을 보이는 변인들을 탐색하고자 하였으

---

7) 연구에 따라서는 일부 지표를 선택하여 조작화한 결과를 내비게이션으로 정의하기도 한다. 예컨대 관련 정보가 있는 페이지의 방문수를 전체 페이지 방문수로 나누어 비율로 환산하는 것이 그것이다.

며, 그중 내비게이션이 유독 중요한 영향을 미치는 것을 발견하였다. 이를 자세히 설명하면, 2009년 디지털 읽기 평가에 참여한 OECD 참여국 16개국을 분석한 내용 중, 먼저 내비게이션을 제외한 변인들을 투입한 결과를 살펴보면 다음과 같다. 첫째, 인쇄물 읽기 수준을 통제하고도 남학생의 디지털 읽기 점수가 높았다(즉, 인쇄물 읽기 능력이 같다고 가정하면 디지털 읽기 능력은 남학생이 뛰어나다는 것으로 해석된다). 또한 인쇄물 읽기 능력을 통제한 뒤에는 이전에는 성취에 유의하다고 알려졌던 SES의 효과가 유의하게 나타나지 않았다. 둘째, 기존 연구에서와 마찬가지로 ICT에 대한 긍정적 태도와 자신감이 높을수록, 사회적 상호작용(SNS, blogging 등)을 위한 온라인 활동을 많이 할수록 디지털 읽기 점수가 높았다. 셋째, 메타인지가 높을수록 디지털 읽기 점수가 높게 나타났다. 다음으로 내비게이션을 포함한 모형의 결과는 첫 번째 단계 분석의 결과와 패턴이 유사하지만, 유의했던 변인들의 효과 크기가 모두 줄어들어, 내비게이션의 설명력이 그만큼 높음을 보여주었다.

이 연구에서 흥미로운 것은, ICT 소양 중 ICT에 대한 긍정적인 태도나 자신감 등은 내비게이션이 투입되면 상대적으로 그 중요성이 덜해진다는 것이다. 물론 ICT 소양은 그 정의에 따라 다양한 요소들이 포함되지만, 크게 보면 ICT를 사용하는 데 필요한 인지적인 기술과, ICT로 상호작용하기 위해서 필요한 사회적인 기술을 둘다 포함하고 있다. 전자의 경우에는 디지털 읽기에 유의한 예측력을 가지지 못했던 반면 후자의 경우에는 유의한 예측력을 가진 것으로 나타났다. 따라서 메타인지, 내비게이션과 함께 이러한 온라인 활동의 목적이나 활용 양태를 구체적으로 살펴볼 필요가 있다.

디지털 읽기가 어디까지나 개인적 수준의 '읽기' 영역에서 나타나는 역량을 다루고 있다면, 다음 절에서 말할 협력적 문제해결 역량은 사회적 수준의 '문제해결' 영역에서 나타나는 역량을 다루고 있다. 디지털 읽기 못지않게 협력적 문제해결 역시 미래 사회의 핵심 역량이자 혁신 평가 영역의 내용으로 줄곧 언급되는 주제이다. 이 역시 PISA 2015에서는 컴퓨터 기반으로 실시되었고, 이하에서는 그 결과에 대해 자세히 살펴보기로 한다.

2.2 협력적 문제해결 역량의 특성과 관련 요인

협력적 문제해결력의 중요성은 미래 사회를 대비한 교육과정과 교수학습에서 협업을 강조하게 된 배경과 맞물려 더욱 강조되고 있다. 그 이유로는 이전까지는 보다 효과적인 학습을 위한 도구나 ‘과정’으로서 협력을 강조했다면, 최근에는 학습의 ‘결과’ 또는 학교 교육의 성과물로 나타나는 협력이나 협동 관련 역량에 주목하고 있기 때문이다(Tan, 2006). 그런 의미에서, 협력은 교과 활동에서 부가적으로 얻어지는 능력이 아니라 학교에서 구체적으로 가르쳐야 하는 기술이나 역량의 하나로 볼 수 있다.

협력적 문제해결(collaborative problem-solving)에서는 기존의 협동학습에서처럼 한 과제를 공동으로 성공시키기 위한 개개인의 책임을 중시하는 것이 아니라, 집단의 책임을 중시한다. 즉 모든 구성원의 참여와 합의, 공유된 지식을 통해 목표를 달성하는 과정이 중요하게 다루어진다(Brewer & Klein, 2006). 구체적으로 말하면, 협력적 문제해결을 위해서는 구성원간 상호의존성이 부각되어야 하는데, 그렇기 때문에 구성원 전체가 리더가 되는 활동이 중요하며 구성원 전체가 리더가 된다는 것은 의사결정의 전 과정에서 모든 구성원들이 참여하여 토론과 논쟁을 통해 합의점을 찾아간다는 것을 의미한다(Graham & Barter, 1999).

이와 같은 협력적 문제해결의 과정에서는 집단 활동이나 집단 의사결정이 중요시되며, 문제해결 과정은 개인, 집단, 기관 수준에서 평가될 수 있다. 그러나 한 개인의 수준에서 협력적 문제해결력 또는 협력적 문제해결 역량이라고 부를 수 있는 것은 바로 공동체적 상황에서 개인이 얼마나 효과적으로 문제해결에 참여하는가 하는 것이다. 문제해결 과정에 효과적으로 참여하기 위해서는 개인의 인지적, 정의적 기술이 모두 필요하다. 여기서 인지적 기술이라 함은 개인적 수준에서 문제를 해결하는 다양한 능력을 말하는데, 따라서 문제해결력은 “문제의 해결이 명확하지 않은 상황에서 문제를 이해하고 해결하려는 인지적 과정에 참여하는 능력”(OECD, 2013, p. 122)으로 정의되며 이에 속하는 인지적 과정은 문제 탐색과 이해(exploring and understanding), 표현과 형식화(representing and formulating), 계획과 실행(planning and executing), 점검과 반성(monitoring and reflecting) 등이다(OECD, 2013, p. 130).

협력적 문제해결력에서는 이와 같은 인지적 기술 외에, 사회적 기술을 한층 더 강조하고 있다. 다시 말해 협력이 필요한 과제를 제시하였을 때, 그 과제를 이해하고 해결책을 탐색하는 과정이 얼마나 구성원 간에 공유되고 협력되었는지가 중요하기 때문에, 이러한 사회적 상호작용의 과정도 협력적 문제해결력 안에 포함되어야 한다. 종합하면, PISA에서 제시한 협력적 문제해결력은 다음 <표 7.4>의 왼쪽 열에 해당하는 (개인적) 문제해결 역량 4가지(A,B,C,D)에, 윗줄에 해당하는 협력적 역량 3가지(1,2,3)를 교차하여 12가지

표 7.4 PISA 2015 협력적 문제해결력의 평가구조

		협력적 문제해결력		
		(1)공유된 이해를 수립하고 유지하기	(2)문제해결을 위해 적절하게 행동하기	(3)팀을 조직하고 유지하기
문제해결과정	(A)탐색과 이해	(A1)팀원들의 관점과 능력을 발견하기	(A2)문제해결을 위해 상호작용의 유형 발견하기	(A3)문제해결을 위해 역할 이해하기
	(B)표현과 형식화	(B1)공유된 표현 구성과 문제의 의미를 협상하기	(B2)과제를 식별하고 설명하기	(B3)역할과 조직 설명하기
	(C)계획과 실행	(C1)행동에 대해 팀원과 커뮤니케이션하기	(C2)계획 실행하기	(C3)약속 규칙 따르기
	(D)점검과 반성	(D1)모니터링과 수정하기	(D2)조치 결과를 모니터링하고 문제 해결의 성공 정도를 평가하기	(D3)모니터링, 피드백 제공, 팀 조직 및 역할 조정하기

출처: OECD(2017), p. 50

역량으로 제시되고 있다.

디지털 읽기와 마찬가지로, 협력적 문제해결력 평가에서의 협력활동은 모두 컴퓨터 기반의 검사로 실시되었다. 문제가 주어진 상황에서 협력은 둘 이상 가상 인물들(agent) 간의 상호작용으로 행해져야 한다. 이 '가상 인물'은 사람과 컴퓨터 가상 참여자를 모두 지칭하는데, 가상 인물은 목표를 생성하고 행동을 수행하며 메시지로 의사소통을 하고 변화하는 환경에 적응하고 학습하는 능력을 가지고 있다(OECD, 2013, p. 7). 아래의 <그림 7.1>은 실제 문항에서 가상인물과 채팅한 화면이다. 화면에서 응답자(You)는 가상인물(George, Brad)과 대화를 나누어야 하고, 평가자는 대화 내용을 기반으로 하여 '공유된 표현 구성과 문제의 의미를 협상'(<표 7.4>에서 B1)하는 능력을 얼마나 가지고 있는지를 측정한다.

현재까지의 연구를 통해 밝혀진, 협력적 문제해결력에서 중요한 요소는 다음과 같다.[8] 먼저, 협력 상황이 아닌 개별적으로 문제를 해결하는 능력을 측정한 결과(예: PISA 2012

8) 이하의 내용 중 일부는 우리나라 학생들의 협력적 문제해결력 성취 자료를 가지고 분석한 임효진, 이순영(2018), 김성숙, 임효진, 정혜경(2018)의 연구결과 중 일부를 요약, 발췌하였다.

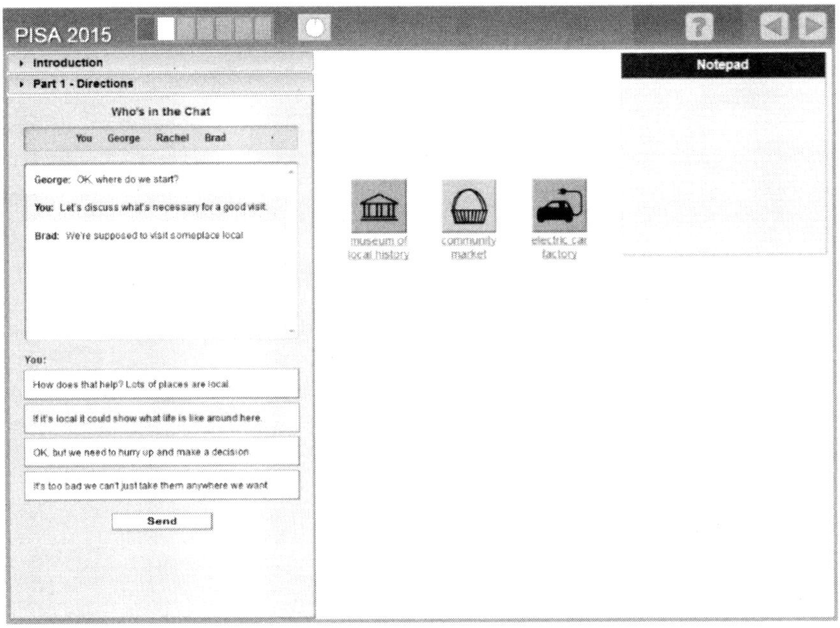

Item	CC101102
Credited Response	If it's local it could show what life is like around here.
Classification	(B1) Building a shared representation and negotiating the meaning of the problem (common ground)

그림 7.1 협력적 문제해결력 문항 예시 화면

출처: http://www.oecd.org/pisa/test/PISA2015-Released-FT-Cognitive-Items.pdf

의 문제해결력)에서는 앞서 디지털 읽기에서와 마찬가지로 메타인지가 특히 중요하게 드러났다(임효진, 김정수, 2014). 문제해결에 있어서 메타인지 전략은 모든 문제해결 단계를 통제하는 상위 차원의 인지활동으로, 자신의 지식과 사고와 인지에 관련된 활동을 계획하고 실행하고 점검하고 반성하는 전 과정을 통해 드러난다. 이는 창의적 문제해결을 위해서도 반드시 필요한 요소라고 알려져 있다(박승기, 2000; 이종연 등, 2007).

개인적 문제해결력 성취에 중요한 영향을 끼치는 또 다른 요소로는 끈기(perseverance)가 있다. 끈기란 어려운 문제를 포기하지 않고 끝까지 해내고자 하는 특성을 말하며, 과제 지속이나 인내심 등으로 나타난다. 끈기는 목표달성을 위한 열정과 노력을 뜻하는 그릿(Grit)과 관련하여 미래 사회에서 성공을 이끄는 핵심역량으로 인정받고 있는 바, OECD의 교육과 사회발전(Education and Social Progress) 프로젝트에서도 꾸준히 강조되고 있는 특성이다(OECD, 2014).

메타인지나 끈기가 개인적 수준에서 문제해결력을 돕는 요소라면, 사회적 수준의 문제해결력 즉 협력적 문제해결력에 영향을 미치는 고유한 요소들은 팀 활동과 관련된 인식, 태도, 가치 등이다. Griffin, Care, & McGaw(2012)에 의하면 이는 참여와 협동, 관점 채택, 사회적 조절 같은 사회적 능력을 말하는데, 이 역시 크게 보면 인지적이라기보다는 사회적 영역이라 할 수 있다. 이와 유사한 관점을 제시한 연구자들(Hesse et al., 2015)에 따르면, 협력적 문제해결력에서의 고유한 부분은 '사회적' 기능으로, 이는 개인이 가지고 있는 정보를 공유하는 참여의 능력, 다른 구성원의 관점을 수용하는 관점채택의 능력, 그리고 구성원의 다양성을 조율하는 능력을 말한다.

협력적 문제해결에 필요한 사회적 기술들은 한 마디로 사회적 상황에서 발생하는 타인과의 상호작용 관련 능력으로, 정서 지능(EQ, Emotional Intelligence)처럼 지능의 한 요소로 간주되기도 한다. 정서 지능은 사회적 관습이나 기대, 또 사회적 문제해결과 관련된 지식을 말한다. 개인은 자신과 타인의 태도나 행동을 이해하는 수준에 따라 사회적 상황에서 행동을 달리하며(Marlowe, 1986), 그렇기 때문에 협력이 필요한 상황에서 집단 구성원들과 상호작용을 할 때 이러한 능력이 특히 중요하게 다루어진다.

협동 상황이 필요한 학습 장면을 보면 대인관계 능력과 협동은 밀접한 관련이 있다. 구체적으로 남창우, 이현응(2010)은 컴퓨터 기반 환경에서 시행한 초등학생 대상 연구에서 대인 지능이 높은 학습자일수록 학습 활동 내에서 이루어지는 상호의존성에 대해 긍정적인 태도를 보였으며, 이러한 긍정적인 태도를 보이는 학습자일수록 집단 활동에 활발히 참여하였다고 보고했다. 이 결과로, 집단적으로 문제해결이 필요한 상황에서는 타인의 관점을 인식하고 존중하는 태도가 필요하지만, 그보다 먼저 학습자 자신이 개인적 활동보다는 집단적 활동을 선호하는 경향성이 있어야 한다는 것을 알 수 있다.

특히 학습 양식이나 학습 스타일 등에 대한 연구에서 알려진 바와 같이, 학습자는 사회적 상호작용 패턴이나 선호 양식에 따라서 교사나 또래 등과 의사소통하고 교류하는 방식이 달라진다(Cassidy, 2004; Reichmann & Grasha, 1974). 이 이론에 따르면, 학습 환경을 대하는 개인의 양식은 협동적, 경쟁적, 독립적, 의존적, 참여적, 회피적 양식으로 나뉘는데, 이 중 협동적 학습 양식은 수업 내의 다른 학습자들을 동료로 인식하고 협력적인 태도를 견지하며, 집단 토의나 프로젝트 활동을 좋아하고 이러한 기회가 오면 적극적으로 참여하는 양식이다. Reichmann & Grasha(1974)는 이러한 태도를 가지는 학생들은 팀 구성원들과의 공유와 협력을 통해 정보를 획득하고 학습과제를 달성하는 것을 선호하며, 자신의 지식이나 기술, 아이디어를 구성원들과 공유함으로써 더 많은 것을 배울 수 있다고 하였다. 이처럼 협력적 활동을 선호하는 태도는 당연히 학습활동의 과정이나 결과에 영향을 미친다. 권성연(2009)의 연구에서는 협동적 활동에 긍정적인 태도를 가진 학습자들은 주로 토론하기, 조별과제, 질문하기 등의 활동을 선호하며 강의듣기나 검색하기는 선호하지 않는다는 것이 밝혀졌다.

또한 협동적 활동에 대한 선호도는 학업성취와 관련이 높은 적극적이고 긍정적인 학습전략(정교화, 조직화, 초인지 등)과 관련이 깊다. 이용진(2016) 역시 협동적 학습에 우호적인 학생들이 팀 기반 학습에 있어서도 책임감이 높고 협력활동을 선호하며, 결과적으로 인지적 성취에 긍정적인 결과를 나타낸다고 했다.

협력적 문제해결력이 측정되는 문제 상황에서 우리나라 학생들의 경우 팀워크를 중요시하는 태도(예: "나는 다른 사람들의 관심사를 고려한다." "나는 다양한 관점이나 시각을 고려하는 것을 좋아한다.")나 팀활동을 선호하는 태도(예: "나는 혼자 하는 것보다 팀의 일원으로 일하는 것을 더 좋아한다.")가 모두 성취 결과에 유의한 영향을 미쳤다. 이로써 집단 활동에 대한 학생들의 긍정적인 태도가 협력적 문제해결력의 중요한 요소가 된다는 사실을 알 수 있다. 이러한 영향력은 읽기, 수학, 과학 같은 인지적 능력이 같다고 가정할 때도 여전히 유의하게 나타났다(김성숙, 임효진, 정혜경, 2018).

한편, 협력적 문제해결력 역시 컴퓨터 기반으로 실시되고 있기 때문에, ICT 소양은 디지털 읽기에서와 마찬가지로 협력적 문제해결력에서도 중요하게 다루어진다. 디지털 읽기 성취에서 학습 목적의 온라인 상호작용 활동과 오락 목적의 온라인 상호작용 활동이 각각 성취에 영향을 주었던 것처럼, 협력적 문제해결력에서도 이 두 가지 상호작용 활동이 성취에 영향을 주는 것을 알 수 있다. 구체적으로 말하면, 학습 목적의 온라인 상호작용 활동이 높을수록, 그리고 오락 목적의 온라인 상호작용 활동이 낮을수록 협력적 문제해결력 성취가 높은 것으로 나타났다.

이와 같은 사실은 온라인 활동의 목적뿐만 아니라 그 활동에 작용하는 학습자의 심리적 상태 역시 협력적 문제해결력에 중요한 영향을 미친다는 것을 보여준다. 이처럼 협력적 문제해결력에 영향을 주는 ICT 태도 중에는 ICT에 대한 흥미/자신감과 더불어, 디지털 기기 사용에 대한 자율성(autonomy)이 있다. 자율성은 PISA 2015에서 새롭게 측정된 요인으로, 새로운 테크놀로지에 대한 관심을 가지고, 그것의 장단점을 나름대로 분석함으로써 주체적이고 자율적으로 테크놀로지를 선택하고 사용하고자 하는 태도를 말한다.

이것은 소프트웨어(SW) 교육에서 특히 강조하고 있는, 컴퓨터 사용에 대한 자기효능감(self-efficacy)과 맞닿아 있는 부분으로(송정범, 2018), 연구에 의하면 SW교육의 유용성에 대한 학생들의 인식과 프로그래밍에 대한 학생들의 자율성이 SW학습을 지속하게 해주는 것으로 나타났다. 앞으로 이루어질 ICT 활용에 대한 연구에서는 이러한 자율성과 관련된 정의적 태도를 좀 더 깊이 있게 살펴볼 필요가 있을 것이다.

3. 결론

이 장에서는 미래 사회의 핵심역량으로 간주되는 영역의 평가들이 최근 어떻게 이루어지고 있는지를 대규모 국제성취도 검사 결과를 중심으로 살펴보았고, 그 중에서도 디지털 읽기와 협력적 문제해결 역량에 영향을 미치는 인지적, 정의적 특성을 주로 살펴보았다. 디지털 읽기 능력이나 협력적 문제해결력은 정보 기반 사회에서 필수 불가결한 역량들로 여겨지는 바, 이하에서는 이 두 가지 역량 평가의 결과를 요약하고 이를 통해 어떤 시사점을 얻을 수 있는지를 논의하기로 한다.

3.1 디지털 읽기 역량 개발에 대한 시사점

현재 학교 장면에서 이전과 같은 형태의 인쇄물들은 점차 자취를 감추거나 형태를 변화시키고 있으며, 교과서, 참고서, 교재, 활동자료 등도 모두 디지털 매체를 중심으로 구성되고 있다. 뿐만 아니라 초중고 학생들은 그 연령층이 어릴수록 학습 외 일상적 장면에서까지 디지털 기기를 생활의 일부로 사용하고 있다. 이와 같은 현상 속에 이미지나 영상 같은 수단이 텍스트보다 더 익숙하게 사용되기도 하나, 아직까지 지식의 생성, 전달, 공유에 대한 많은 부분은 텍스트 수단에 의존하여 이루어지는 면이 없지 않다.

앞서 살펴본 대로 기존에 축적된 읽기 이론에 대한 연구들에서는 읽기 태도나 동기, 참여 등에 대한 중요성이 강조되었고, 디지털 읽기에서도 많은 부분 이러한 요인들의 중요성은 반복적으로 지적되고 있다. 그러나 매체로서 '디지털 기기'가 중심이 되는 경우, 그 특수성에 관련된 다른 요인들 또한 주목하여 살펴볼 필요가 있다. 그러한 요인들에 해당하는 것들로서 메타인지, 내비게이션 능력 등이 중요하다는 사실을 앞에서 확인하였다.

이 중 메타인지는 소위 말하는 텍스트 이해를 위한 정보에 '비판적 평가'를 가능하게 해주는 필수적인 요소로, 비단 디지털 읽기뿐만 아니라 모든 종류의 학습에서 중요하다고 간주되는 상위 인지 능력이다. 또한 (학습) 행동을 계획, 점검, 조절, 평가하는 동시에 이러한 과정을 순환적으로 인식하며 반성적 사고를 함으로써 보다 나은 상태로 이끌어 가려는 고차원적인 인지 작용이다.

때문에 메타인지는 미래 사회에서 더욱 필요한 특성이라 할 수 있으며, 디지털 읽기 즉 다양한 하이퍼텍스트들을 연결하여 필요한 정보를 검색하고 선택하고 추출하고 종합하는 모든 과정에 있어서 이러한 메타인지는 중요한 작용을 하는 것을 알 수 있다. 메타인지가 비판적 사고력과 매우 깊은 관련이 있음을 주지할 때, 여러 종류의 정보 중에서 가치가 있는 것과 없는 것을 구별하는 능력, 또 정보의 원천이나 진위 등을 판단하는 디지털 읽기 능력을 높이기 위해서는 학생들이 가지고 있는 메타인지가 무엇이며 이를 제대로 측정하고 있는지, 또한 이러한 능력을 개발하기 위해서는 어떻게 해야 하는지에 대한 고민이 필요하다.

이미 기존의 교육학, 심리학 등 여러 학문 영역에서 메타인지 훈련법이나 증진 프로그램 같은 연구들이 나름대로 이루어졌지만, 디지털 기기로 평가되는 수행 결과에서도 같은 방식으로 효과를 거둘 수 있는지, 혹은 타 영역에서 길러진 메타인지가 디지털 읽기 영역에도 전이될 수 있는지에 대한 결론은 아직 내려지지 않았다. 이에 대한 분석이나 연구 또한 차후에 이루어져야 할 과제임이 분명하다.

내비게이션 능력은 메타인지에 비해 그 연구 역사도 짧고 일반인에게도 덜 알려져 있는 요인이지만, 디지털 읽기에서 그 어떤 요인보다 설명력이 컸다는 사실에 주목할 필요가 있다. 네비게이션이 연구 주제로 자주 분석되지는 않았지만, 이것이 설명하는 디지털 상에서의 읽기 능력은 단지 통계적 유의성을 보이는 것 이상으로 의미를 갖는다. 왜냐하면, 분명 상식적으로 생각할 수 있는 결과들이 이 요인으로 인해 다르게 해석될 수 있기 때문이다. 일례로 보통 읽기 영역에서는 남학생이 여학생보다 낮은 성취를 보이는 것이 통념으로 인식되고 있지만 디지털 읽기에 있어서는, 적어도 내비게이션 능력이 같다고 한다면, 이러한 성차가 나타나지 않거나 전복되는 결과를 보이고 있다. 읽기에서 내비게이션은 단순히 페이지를 넘나들며 필요한 정보를 추출해내는 것이 아니라, 앞서 말한 메타인지와도 관련되어 불필요한 정보에는 주의를 기울이지 않고, 필요한 정보에만 주의를 기울이는 효과적인 주의집중 방식과 연결되어 있다.

효과적인 주의 집중은 비단 새로운 것을 학습하는 것에만 필요한 능력이 아니다. 그것은 한정된 인지 능력을 최대한 효율적으로 활용하기 위한 미래 사회의 생존 전략이라고 할 수 있다. 지금과 같은 디지털 사회에서 우리가 선택해야 하는 정보의 양은 갈수록 막대해진다. 그 중에서 양질의 정보 혹은 옳은 정보를 얻기 위한 '선별' 작업은 효과적인 내비게이션 능력이 없이는 불가능하다. 그럼에도 불구하고 내비게이션에 대한 연구는 아직 시작 단계이며, 내비게이션의 효과에 대한 것들은 산발적으로 이루어지고 있기 때문에 디지털 읽기에서 내비게이션의 측정 방법이나 개발 방법 등 심층 연구가 필요한 부분이 많다고 할 수 있다.

PISA 평가에서 내비게이션 능력을 확인하기 위한 지표도 한계가 있는데, 아직까지는 독자가 각 웹사이트를 방문한 기록(log file)을 추출해서, 유용한 정보가 있는 페이지를 얼마나 더 방문했는지, 유용한 정보가 없는 페이지를 얼마나 덜 방문했는지 등을 단순하게 계산하는 데 그치고 있는 실정이다. 그러나 페이지의 방문(클릭) 횟수라는 지표 외에, 학습자가 흥미나 관심을 보일 때 나타나는 변화를 보다 정확히 측정할 수 있는 안구 운동 추적기(eye-movement tracker)나 바이오마커(biomarker) 등을 사용하여, 실제 유용한 '정보'를 담고 있는 지점에 얼마나 주의를 기울였는지를 생리적 지표를 통해 확인하는 방법도 있다. 내비게이션 능력이 디지털 읽기 역량에 중요한 역할을 하고 있는 만큼, 이것에 대한 연구도 보다 활발히 이루어져야 할 것이다.

3.2 협력적 문제해결 역량 개발에 대한 시사점

소위 초연결 사회의 특성을 가지고 있는 미래 사회에서는 문제 해결을 위한 창의적이고 협력적인 의사소통이 더욱 필요하며, 따라서 핵심 역량으로서의 협력적 문제해결력에 무엇보다 주의를 기울일 필요가 있다. 집단 지성이 발휘하는 효과에 대한 연구들에서 볼 수 있듯이, 이제는 개인적인 수준에서의 문제해결력은 그리 중요하지 않게 되었으며, 보다 중요한 것은 다양한 영역에서 이루어지는 사회적 수준에서의 문제해결력이다. 학교 현장에서는 "협동 학습"이라는 이름으로 이러한 활동에 대한 관심이 1990년대부터 연구가 진행되어 왔으나, 이는 어디까지나 교수법의 하나로 학습 효과를 높이기 위한 방법에 그쳤을 뿐이었다. 그러나 이 장에서 제시한 협력적 문제해결력은 학습의 수단으로서가 아닌, 학습에서 이루어내야 하는 결과로서 받아들여지고 있으며, 교육과정에서 이를 반영하는 한편 성취도 검사를 통해 이를 평가하고자 하는 추세이다. 따라서 이제는 어떠한 교수-학습적 요소들에 의해 협력적 문제해결력이 높아지는지에 주목할 필요가 있다.

국제학업성취도 평가에서는 협력적 문제해결 역량을 2015년부터 혁신적 평가 영역의 하나로 측정하고 있다. 협력적 문제해결 역량과 맥을 같이 하는 또 다른 혁신적 평가 영역들로는 2018년의 "글로벌 시민 역량", 2021년의 "창의적 문제해결 역량" 등이 있다. 우리나라는 이미 2018년 글로벌 시민 역량 평가에 참여하였으며, 2021년 창의적 문제해결 역량 또한 참여를 결정하였다. 이 둘은 각각 시민성과 창의성이라는 영역을 다루고 있지만, 개인적 수준이 아닌 사회적 수준에서 발생하는 다양한 상황에서의 문제를 이해하고 효율적인 방식으로 해결하려는 노력들을 평가하고 있기 때문에, 이 또한 협력적 문제해결력의 큰 테두리 안에서 이해될 수 있으며, 이와 관련된 역량의 중요성이 더욱 높아지고 있음을 알 수 있다.

한편, 협력적 문제해결력 역시 정보통신사회의 흐름에 맞추어 컴퓨터 기반으로 평가되며, 이는 동료 학습자가 아닌 컴퓨터상의 가상 인물, 즉 agent들과 협력하는 상황에서 이루어진다. 이는 상당히 중요한 의미를 지니는데, 왜냐하면 미래 학습자들이 당면하게 될 초연결사회에서의 '협력'은 반드시 면대면으로 이루어지는 게 아니며 가상공간에서의 작업이 점점 더 많은 비율로 늘어날 것이기 때문이다.

네트워크를 통한 정보 교환이나 의사소통의 상호작용으로 인해 가상공간에서의 협력적 문제해결은 지금도 이미 상당 부분 구현되고 있다. 가상공간은 컴퓨터 기술의 발달과 함께 가상'현실'공간으로까지 진화했고, 공감각적 몰입과 함께 새로운 체험을 제공할 수 있도록 변화되어 가고 있다. 또한 가상현실공간에서의 인터페이스 영역은 이미 네트워크를 기반으로 실시간 상호작용하고 있어, 막강한 데이터베이스에 접근하여 정보를 재창조하고, 원격으로 현존감을 느끼게 한다. 무엇보다 이러한 것들은 각종 교수-학습 상황에서 활용도가 높아지고 있다. 이 장에서 예시로 들었던 협력적 문제해결의 상황은 단지 컴퓨터를 통하여 가상의 인물과 '채팅'하는 수준에 그치고 있지만, 앞으로는 문제 상황을 가상현실공간에 창조하고, 직접 그 공간에서 만나는 주체들과 함께 문제를 해결하는 것이 가능하며, 동시에 협력적 문제해결력을 평가하는 방법도 다양해질 것이다.

이는 단지 성취도 평가에만 적용되는 것이 아니며, 오랜 역사를 가진 문제중심학습(problem-based learning)을 가상현실공간에서 실현하고자 했던 연구자들에 의해서도 제안되고 있는 것들이다. 문제중심학습은 특정 상황을 기반으로 한 복잡하고 비구조화된 과제를 해결하기 위해 '소집단' 안에 참여하는 학습자들이 스스로 목표를 설정하고 역할을 분담하며 자료를 공유하고 토론을 거쳐 협력적으로 문제를 해결하는 교수-학습모형이라고 볼 수 있는데, 우리는 이러한 문제 중심의 교수-학습법을 새롭게 재조명하면서, 현 사회에서 주목하고 있는 협력적 문제해결력 역량에 관심을 기울일 필요가 있다.

주의해야 할 것은 개인적 수준에서의 문제해결력과 마찬가지로 협력적 수준에서의 문제해결력 또한 과학, 수학, 읽기 등의 인지적 영역의 능력과 상당 부분 겹친다는 것이다. 이 장의 논지를 벗어나는 것이기는 하지만, 이러한 인지적 영역의 능력을 통제하고 남는 협력적 문제해결 고유의 역량이 무엇인지를 밝히고, 그 구성 요소에 대해 탐색하는 것 또한 중요한 일이다. 현 단계에서 알려진 바로는, 그러한 인지적 능력을 통제하고 협력적 문제해결력 고유의 능력과 관련된 요인의 구체적인 예로는 끈기(perseverance)와 개방성(openness)이 있다. 끈기는 협력적 문제해결력 뿐만 아니라 학업성취, 진로, 직업, 삶의 만족 등을 예측하는 중요한 변인이며, 성실성과 함께 다양한 영역에서의 성공을 이루는 중요한 성격적 특성으로 간주되고 있다. 단, 끈기는 반드시 타고나는 성격이나 기질로만 판단할 것이 아니라, 후천적인 노력이나 환경적 개입의 결과로도 판단할 수 있다는 것이 교육자와 연구자들 사이에서 지배적인 의견이다. 예컨대, 노력에 의한 변화가 가능하다고 믿는 신념(성장 마인드셋)을 높여주는 훈련에 참여한 것만으로도 끈기 수준은 괄목할 정도로 높아진다고 연구자들은 보고한다.

끈기와 더불어, 새로운 시도를 두려워하지 않고 문제 해결을 위해 다양한 시도를 하려는 경향이 있는데, 이는 바로 개방성이다. 개방성은 주어진 상황에서 편협하지 않고 열린 시각을 제공해주며, 주변 사람과의 원활한 협력을 가능하게 해주고, 문제해결을 위한 방안을 제안하고 수용하는 데 적극적인 태도를 갖게 해준다. 개방성이 높은 학습자가 창의적, 협력적 문제해결력이 높았다는 사실이 이를 증명하며, 또한 팀으로 진행되는 활동이나 학습의 선호 정도가 협력적 문제해결의 정도를 예측하게 해준다는 사실이 개방적 태도의 중요성을 설명해준다. 즉 협력적 문제해결의 상황에서는 소속된 집단의 활동에 얼마나 적극적으로 참여하는가가 중요한데, 여기서 자기만의 의견을 고집하거나, 타인의 의견을 이끌어내고 수용하는 것이 부족하다면 집단 활동의 과정과 그 결과에도 좋지 않은 영향을 미칠 것이다. 개방성은 바로 이런 부분에 관여하고 있다.

개방성이야말로 교실 안팎의 현장에서 학생들의 학습 내외적인 문제를 통해 길러질 수 있는 특성이다. 예컨대 교사는 주어진 답을 고수하지 말고 학생들로 하여금 다른 대안을 탐색해보게 하거나, 학생이 대답할 때까지 충분한 시간을 주고 기다려 주어야 한다. 학생들이 다양한 대답을 하면 그들의 관점을 놓치지 말고 주목하여 그 대답들에 건설적인 피드백을 제공하는 것도 필요하다. 교사들은 때때로 수업의 원활한 진행을 위해 학생들의 다양한 의견을 충분히 들어주지 못하며, 학생들의 의견을 수용하는 과정은 수업 프로젝트나 활동의 극히 일부에만 한정되는 경우가 많다. 그러나 사실 교사들이 개방성의 중요성을 인식하고 학생들의 자율성을 보장하는 관점을 인식한다면 수업 유무에 관계없이 어떤 활동에서도 마치 브레인스토밍처럼 학생들이 다양한 의견을 제시하고 토론하는 상황을 만들어낼 수 있다. 요는 학생들의 자율성과 개방성을 얼마나 중요시하고 지지하느냐가 중요하며, 이는 학생을 바라보는 교사의 인식에 좌우될 수밖에 없다.

3.3 후속 연구의 제언

첫째, 이 장에서는 디지털 읽기나 협력적 문제해결 역량을 예측하는 중요한 요인으로 ICT와 관련된 특성들을 지적한 바 있다. 읽기나 문제해결 역량은 서로 다른 인지 영역으로 파악될 수도 있겠지만, 두 영역에 대한 평가가 컴퓨터 기반으로 이루어지고 있다는 점에서 두 역량에 공통적으로 효과를 미치는 요인은 바로 ICT 소양과 관련된 부분이라고 볼 수 있다. 선행 연구 결과들을 통해 다양한 ICT 요인들이 각 영역에 미치는 영향들을 부분적으로 검토한 바 있지만, 그 중에서도 지속적으로 유의한 결과를 나타내는 ICT 상호작용에 주목할 필요가 있다.

이는 구체적으로 ICT 기반 상호작용이 학습 목적으로 이루어지는 경우(예: 온라인 검색)와 오락 목적으로 이루어지는 경우(예: 채팅, SNS)를 구분해서 말하는 것인데, 대다수의 연구들은 학습 목적의 ICT 사용빈도가 결과에 더 중요하다고 보고하면서, 오히려 오락 목적의 사용빈도가 높으면 중요한 역량 개발에 방해가 된다고 결론짓고 있다. 그러나 이는 해당 역량에 따라 차이가 있으며, 예컨대 디지털 읽기와 같은 경우, 때로는 오락 목적의 ICT 기기를 사용하는 빈도가 높다고 하더라도 반드시 읽기 성적이 낮아지는 것은 아니라는 결과가 나타났다. 즉 사용 빈도가 아니라 사용 환경과 밀접한 관련이 있다고 봐야 한다. 즉, 게임이나 인터넷 중독 수준까지 가지 않도록 적절한 감독이 이루어질 수 있다면, ICT 기기는 학습 외적인 목적에서도 유용하게 사용될 수 있고, 관련 역량들을 지원할 가능성도 충분히 있다.

여기서 중요한 것은 앞서 설명했던 것처럼 학습자가 ICT 기기를 자율적, 주도적, 적극적으로 사용할 수 있느냐 하는 것이다. 여기서 ICT에 대해 최신의 복잡한 기술을 습득했는지의 여부는 그다지 중요하지 않다. 물론 ICT 자신감과 같은 영역은 ICT 기기를 다루는데 있어서 어느 정도 이상의 지식과 기술이 있어야 하지만, 그럼에도 불구하고 긍정적인 ICT 기기의 사용, 나아가 핵심 역량을 개발하기 위해 필요한 ICT의 사용 방법은 학습자가 효율적인 자기관리를 통해 통제하고 조절하는 능력에 달려 있음을 명심해야 한다. 따라서 ICT를 다루는 학습자의 정의적 태도에 대한 연구가 수행되어야 하며, 사용 유형이나 빈도뿐 아니라 학습자가 가진 자율성이나 주도성을 포함한 다양한 특성을 알아볼 필요가 있다. 이러한 특성이 무엇인가를 밝힌 이후에야, 학교나 교실 현장에서 바람직한 ICT 태도를 길러주기 위한 전략이나 프로그램이 어떻게 구현될 수 있는지 그리고 그 효과는 무엇인지를 확인할 수 있을 것이다.

둘째, 이 장에서는 국제성취도 결과를 바탕으로 한 연구들을 검토하고 이에서 얻을 수 있는 시사점을 중심으로 논의하였다. 연구 결과들이 대부분 유사하게 나타난 것에 기인하기는 하지만, 교사나 학교 요인이 중요하게 다루어지지 않았음은 논의의 한계로 남는다. 사실상 이전의 경험적 연구들에 따르면, 학생의 개인 특성과 학교 특성을 분석한 연구들의 결과는 주로 학생의 특성으로 설명되는 부분이 많으며, 그렇기 때문에 학교 특성에 대한 설명력은 통계적인 유의성이 떨어지는 것으로 분석되고 있다. 이러한 이유에서 디지털 읽기나 협력적 문제해결력에 미치는 특성도 학생 개인 수준의 일부 측면에서만 살펴볼 수 있었다.

또한 학교 특성을 분석한 대다수의 연구들이 보고하는 바로는, 어떤 학교의 특성이 유의하게 나타나더라도 전체적으로는 학교 간의 차이가 너무 큰 것으로 나타난다. 때문에 어떤 결과를 개별 학교의 특성으로 수용하는 것은 가능해도 전체 학교로 일반화하는 것은 다소 무리가 따른다. 일례로 디지털 읽기나 협력적 문제해결 역량을 높이는 학교 수준의 특성으로 거론되는 것들은 학교 풍토(예: 학교 분위기가 얼마나 학구적인지)나 교사들의 만족도나 열의와 같은 것들이 일반적이다. 하지만 이것은 딱히 읽기나 문제해결력에만 영향을 주는 게 아니며, 전반적인 학업성취도나 교사-학생 관계, 학생의 행복도나 만족도 등 모든 분야에 영향을 미치는 요인이라 할 수 있다. 뿐만 아니라 이러한 학교 요인들은 특정 학교가 가지고 있는 배경, 역사, 문화에 지대한 영향을 받는데 반해, 이를 양적으로 분석할 수 있는 방법은 상당히 제한적이다.

또한, 학교 풍토나 교사의 열의와는 달리 눈에 보이는 물리적, 환경적 특성을 확인한다고 해도, 이 또한 양적으로만 확인할 수 있을 뿐 일반화된 결론을 내리기에는 부족한 면이 있다. 한 예를 들어보면, '학교 내의 인터넷에 연결된 컴퓨터의 수가 많을수록 학생들의 협력적 문제해결력이 높아진다.'고 쉽게 결론지을 수는 없는데, 연구들에 의하면 오히려 문제해결력이 낮아지는 경향도 발견되는 등 일관적이지 않은 결과가 나타나기 때문이다. 또한 이와 같은 관계는 성별, 성취 수준, 그리고 특정 교과 영역과 상호작용을 할 가능성이 있다. 남학생과 여학생의 차이, 성적이 높은 학생과 낮은 학생, 어떤 교과에서 컴퓨터를 사용하는가 등에 따른 차이, 이런 것들이 복잡하게 관련되어 있다.

물론 학교 수준의 특성 요인들이 성취 결과에 (상대적으로) 큰 영향을 미치지 않으며 또 결과를 전체 학교에 일반화할 수 없다고 해서, 학교 수준의 특성을 간과하고 학생 수준의 특성 요인에만 집중하는 것은 바람직하지 않다. 오히려 학교별 '차이' 자체에 관심을 두고 학교의 세부적인 특성을 질적으로 파악하며, 그러한 차이를 가져오는 원인에 관심을 기울일 필요가 있다. 그렇게 함으로써 교실 현장에서 필요로 하는 역량을 더 잘 개발할 수 있을 것이며, 이를 위한 전략과 프로그램 역시 더 잘 구현해낼 수 있을 것이다.

참고문헌

구자옥, 김성숙, 임해미, 박혜영, 한정아 (2015). OECD 국제 학업성취도 평가 연구: PISA 2015 본검사 시행 보고서. 한국교육과정평가원 연구보고 RRE 2015-6-2. 서울: 한국교육과정평가원.

구자옥, 김성숙, 이혜원, 조성민, 박혜영 (2016). OECD 국제 학업성취도 평가 연구: PISA 2015 결과보고서. 한국교육과정평가원 연구보고 RRE 2016-2-2. 서울: 한국교육과정평가원.

권성연 (2009). e-learning 환경에서 성인학습자의 독립적, 협동적 학습양식에 따른 학습전략 사용 및 학습활동 선호도 분석. Andragogy Today, 12(2), 1-28.

김경희, 시기자, 김미영, 옥현진, 임해미, 김선희 (2010), OECD 학업성취도 국제비교 연구(PISA 2009) 결과 보고서. 한국교육과정평가원 연구보고 RRE 2010-4-2, 서울: 한국교육과정평가원.

김성숙, 임효진, 정혜경 (2018). 우리나라 학생들의 PISA 2015 협력적 문제해결력과 협력적 태도에 대한 관계 비교. 교육과정평가연구, 21(3), 155-179.

남창우, 이현응 (2010). 웹기반 환경에서 학습자의 대인지능과 협동학습에 대한 태도 사이의 관계. 인간발달연구, 17(2), 23-35.

박승기 (2000). 창의적 문제해결의 교육적 이해. 교육심리연구, 15(1), 49-81.

박혜영 (2017). PISA 읽기 평가틀의 변화 특징 탐색. 국어교육, 157, 259-283.

백원근, 이기재, 남춘호, 이용훈, 박몽구, 김종명, 임덕성 (2017). 2017년 국민 독서실태 조사. 서울: 문화체육관광부.

송정범 (2018). SW 교육에 참가하는 학생의 학습 지속의도에 미치는 변인에 관한 연구. 정보교육학회논문지, 22(1), 91-102.

이용진 (2016). 대학의 팀 기반 수업에서 협동적 학습양식과 팀 구성 방식에 따른 학습성과. 한국교육학연구, 22(4), 115-139.

이종연, 구양미, 남민우, 박상훈, 김병수, 박도인, 서정희, 고범석, 진석언 (2007). 창의적 문제해결력 신장을 위한 초등학교 사회과 수업에서 학습효과에 영향을 미치는 학생변인 분석. 교육정보미디어연구, 13(1), 279-308.

임효진, 김정수 (2016). 문제해결능력과 학습동기 및 인지전략과의 관계. 사고개발, 12(1), 21-42.

임효진, 이순영 (2018). 컴퓨터 기반의 협력적 문제해결력 성취를 예측하는 학생과 학교 및 ICT

요인: 다층모형 분석을 중심으로. 정보교육학회논문지, 22(4), 457-471.

임효진, 정혜경 (2014). Students' reading engagement in print and digital reading achievement: Using a multilevel structural equation modeling. 교육과정평가연구, 17(2), 123 - 151.

임해미 (2013). OECD PISA 수학 소양 평가의 특징 및 문항 특성 분석. 교과교육학연구, 17(4), 971-990.

조지민, 옥현진, 이상하, 임효진, 차성현, 김동원, 임재근, 손수경 (2012). 국제 학업성취도 평가 결과에 기반한 교육정책 개선 방안. 한국교육과정평가원 연구보고 CRE2012-1. 서울: 한국교육과정평가원.

최숙기 (2013). LESC 온라인 독해 과정 모형에 따른 청소년 독자의 읽기 특성 분석. 독서연구, 30, 169-224.

최인선 (2013, 4). 수학에서 컴퓨터 기반 학업성취도 평가 도입 방안 탐색. 한국수학교육학회 춘계학술대회논문집. 서울: 한국수학교육학회.

홍명희, 이순영 (2018). 오픈 콘텐츠를 활용한 디지털 리터러시 학습 요소 구성과 활용. 정보교육학회논문지, 22(6), 711-721.

Afflerbach, P., & Cho, B.-Y. (2008). Identifying and describing constructively responsive comprehension strategies in new and traditional forms of reading. In S. E. Israel, & G. G. Duffy (Eds.). Handbook of research on reading comprehension (pp. 69 - 90). New York: Routledge.

Brewer, S., & Klein, J. D. (2006). Type of positive interdependence and affiliation motive in an asynchronous, collaborative learning environment. Educational Technology Research and Development, 54(4), 331-354.

Cassidy, S. (2004). Learning styles: An overview of theories, models, and measures. Educational Psychology, 24(4), 419-444.

Coiro, J., Castek, J., & Guzniczak, L. (2011). Uncovering online reading comprehension processes: Two adolescents reading independently and collaboratively on the Internet. In P. J. Dunstan, C. L. Massey (Eds.), 60th yearbook of the Literacy Research Association (pp. 354-369). Oak Creek WI: Literacy Research Association.

Coiro, J., & Dobler, E. (2007). Exploring the online reading comprehension strategies used by sixth grade skilled readers to search for and locate information on the Internet. Reading Research Quarterly, 42(2), 214-257.

Gil-Flores, J., Torres-Gordillo, J. J., & Perera-Rodríguez, V. H. (2012). The role of online reader experience in explaining students' performance in digital reading. Computers & Education, 59(2), 653 - 660.

Graham, J., & Barter, K. (1999). Collaboration: A social work practice method. Families in Society: The Journal of Contemporary Social Services, 80(1), 6-13.

Griffin, P., Care, E., & McGaw, B. (2012). The changing role of education and schools. In P. Griffin, E. Care, & B. McGaw (Eds.), Assessment and teaching of 21st century skills (pp. 1-15). New York: Springer.

Hahnel, C., Goldhammer, F., Naumann, J., & Kröhne, U. (2016). Effects of linear reading, basic computer skills, evaluating online information, and navigation on reading digital text. Computers in Human Behavior, 55, 486 - 500.

Hesse, F., Care, E., Buder, J., Sassenberg, K., & Griffin, P. (2015). A framework for teachable collaborative problem solving skills. In P. Griffin & E. Care (Eds.), Assessment and teaching of 21st century skills (pp. 37-56). Dordrecht: Springer.

Lawless, K. A., & Schrader, P. G. (2008). Where do we go now? Understanding research on navigation in complex digital environments. In J. Coiro, M. Knobel, C. Lankshear, & D. J. Leu (Eds.). Handbook of research on new literacies (pp. 267 - 296). New York: Lawrence Erlbaum Associate.

Lee, Y. H., & Wu, J. Y. (2012). The effect of individual differences in the inner and outer states of ICT on engagement in online reading activities and PISA 2009 reading literacy: Exploring the relationship between the old and new reading literacy. Learning and Individual Differences, 22(3), 336 - 342.

Leu, D. J., Kinzer, C. K., Coiro, J., & Cammack, D. W. (2004). Toward a theory of new literacies emerging from the Internet and other information and communication technologies. In R. B. Ruddell, & N. J. Unrau (Eds.). Theoretical models and processes of reading (pp. 1570 - 1613). (5th ed.). Newark, DE: International Reading Association.

Lim, H. J., Bong, M., & Woo, Y. K. (2015). Reading attitude as a mediator between contextual factors and reading behavior. Teachers College Record, 117(1), 1-16.

Lim, H., J., & Jung, H. (2019). Factors related to digital reading achievement: A multi-level analysis using international large scale data. Computer & Education, 133, 82-93.

Marlowe, H. A. (1986). Social intelligence: Evidence for multidimensionality and construct independence. Journal of Educational Psychology, 78(1), 52-58.

Martin, A., & Grudziecki, J. (2006). DigEuLit: Concepts and tools for digital literacy development. Innovation in Teaching and Learning in Information and Computer Sciences, 5(4), 249-267.

Naumann, J. (2015). A model of online reading engagement: Linking engagement, navigation, and performance in digital reading. Computers in Human Behavior, 53, 263 – 277.

OECD (2009). PISA data analysis manual: SAS (2nd ed.). Paris: OECD publishing.

OECD (2011). PISA 2009 results: Students on line: Digital technologies and performance. Paris: OECD publishing.

OECD (2012). PISA 2015 proposed screen design for computer-based cognitive items. Paper presented at the 34th meeting of the PISA Governing Board. Paris: OECD.

OECD (2013). PISA 2015 draft collaborative problem solving framework. Paris: OECD. Unpublished manuscript.

OECD (2014). PISA 2012 Results: Creative problem solving: students' skills in tackling real-life problems (volume V). Paris: OECD Publishing.

OECD (2015). Students, computers and learning: Making the connection. Paris: OECD Publishing.

OECD (2017). PISA 2015 results: Collaborative problem solving. Paris: OECD Publishing.

Riechmann, S. W., & Grasha, A. F. (1974). A rational to developing and assessing the construct validity of a student learning styles scale instrument. Journal of Psychology, 87(2), 213-223.

Shapiro, J. J., & Hughes, S. K. (1996). Information literacy as a liberal art?. Educom Review, 31, 31-35.

Strømsø, H. I., Bråten, I., & Samuelstuen, M. S. (2008). Dimensions of topic-specific epistemological beliefs as predictors of multiple text understanding. Learning and Instruction, 18(6), 513 – 527.

Tan, C. (2006). Creating thinking schools through 'Knowledge and Inquiry': The curriculum challenges for Singapore. The Curriculum Journal, 17(1), 89-105.

Wigfield, A., & Guthrie, J. T. (2000). Engagement and motivation in reading. In M. L. Kamil, P. B. Mosenthal, P. D. Pearson, & R. Barr (Eds.), Handbook of reading research (vol. 3, pp. 403-422). New York, NJ: Routledge.

ㄱ

ㄴ

ㄷ

ㄹ

ㅁ

ㅂ

ㅅ

ㅇ

ㅈ

ㅊ

ㅌ

ㅍ

ㅎ

기타

미래 학교교육:

무엇을 어떻게 준비할 것인가

인쇄 | 2019년 6월 05일
발행 | 2019년 6월 10일

지은이 | 송진웅 · 박휴용 · 정용재 · 마틴산야
임효진 · 나지연 · 장진아 · 조형미 · 강다연

펴낸이 | 조승식
펴낸곳 | (주)도서출판 북스힐

등 록 | 1998년 7월 28일 제22-457호
주 소 | 서울시 강북구 한천로 153길 17
전 화 | (02) 994-0071
팩 스 | (02) 994-0073

홈페이지 | www.bookshill.com
이메일 | bookshill@bookshill.com

정가 16,000원

ISBN 979-11-5971-215-9

Published by bookshill, Inc. Printed in Korea.